国家级精品课程教材
汽车专业高技能职业教育系列教材

U0793103

事故车查勘与定损

主　编　张红英
副主编　卫登科　曾　鑫
主　审　刘　广

机械工业出版社

本书是根据培养高素质技术技能型人才一体化教学需要和特点而编写的，是国家级精品资源共享课程“事故车查勘与定损”的配套教材。全书以事故车的查勘与定损实际工作过程为主线，依据工作流程和复杂程度设置6个学习情境，归纳提炼为12个教学任务，重点突出了职业技能和职业素养的培养。学习情境有：交通事故的判别与处理，轻微事故车的查勘与定损，一般事故车的查勘与定损，重大事故车的查勘与定损，特大事故车的查勘与定损，特殊事故车的查勘与定损。

本书主要供高等职业院校汽车类专业教学使用，也可作为汽车保险从业人员的岗位培训教材或自学用书。

图书在版编目（CIP）数据

事故车查勘与定损/张红英主编. —北京：机械工业出版社，2010.5（2025.2重印）

国家级精品课程教材．汽车专业高技能职业教育系列教材

ISBN 978-7-111-30461-6

Ⅰ. ①事… Ⅱ. ①张… Ⅲ. ①交通运输事故－处理－高等教育：职业教育－教材②交通运输事故－损伤－鉴定－高等教育：职业教育－教材 Ⅳ. ①U491.31

中国版本图书馆CIP数据核字（2010）第069335号

机械工业出版社（北京市百万庄大街22号 邮政编码100037）

策划编辑：齐福江 责任编辑：齐福江

封面设计：赵颖喆 责任印制：单爱军

北京虎彩文化传播有限公司印刷

2025年2月第1版第14次印刷

184mm×260mm・17.75印张・416千字

标准书号：ISBN 978-7-111-30461-6

定价：45.00元

电话服务

客服电话：010-88361066

010-88379833

010-68326294

网络服务

机 工 官 网：www.cmpbook.com

机 工 官 博：weibo.com/cmp1952

金 书 网：www.golden-book.com

机工教育服务网：www.cmpedu.com

前 言

随着我国汽车保有量的快速增长，汽车保险已经成为汽车后市场的一个重要组成部分，其份额越来越大，从事事故车查勘定损的人才需求量也越来越大。事故车的查勘定损工作主要是对汽车事故现场进行查勘，以获取资料，认定责任，审查保险单据，对事故车的损失进行科学合理的勘查与评估，填写估损单，为事故车的理赔和修理提供准确的数据和合理的维修方案。本书的编写就是为了满足高职院校汽车技术类专业培养社会急需的查勘定损岗位高素质技术技能型人才而编写的，也适合作为保险公司汽车保险的查勘定损岗位工作人员及汽车维修4S店车辆保险从业人员学习和培训的教程。

本书的突出特点如下：

1. 工作过程系统化的教材开发模式。本书以事故车的查勘与定损实际工作过程为导向，以系统化的工作过程中真实的典型的工作任务为载体，按照工作的实际过程组织内容，充分体现教材为课程服务、课程为培养高技能人才服务的宗旨。

2. 任务驱动、理实一体的课程教学模式。以职业岗位的典型工作任务为驱动，确定理论与实践一体化的学习任务，按照工作过程组织和设计学习过程。每个学习任务既有知识学习、又有技能训练，全面培养查勘定损职业岗位的综合能力。

3. 采用全新的结构编排模式，内容丰富具体。打破了传统教材的章节体例，以典型学习任务为一个相对完整的学习过程，每个学习任务的内容相互独立，但又有内在的联系。每个任务都是按照学习目标、任务导入、知识准备、典型案例、技能训练5个栏目组织内容，非常全面系统，还安排有职业素养环节。

4. 具有较强的针对性和实用性。本书涵盖了车险查勘与定损各个环节最基本的操作技能和具体流程。其编著的指导思想就是面向保险公司车险查勘定损岗位，充分体现报险与接险、查勘前的准备、事故现场的拍照、事故现场的测量、绘制草图、维修方案的确定、材料费和工时费的核定等具体内容，具有很强的实用性和针对性。使学生在掌握基本理论的前提下，能够尽快熟悉岗位基本技能，为将来从事车险查勘定损工作打下坚实的专业基础。

课时分配及进度安排建议见下表，具体课时安排可由任课教师根据实际情况确定，总的教学课程可控制在88学时左右或者三周。

事故车查勘与定损课时分配及进度安排建议表

<table>
<tr><th>学 习 情 境</th><th>学习任务（建议学时）</th><th>技能训练任务（建议学时）</th></tr>
<tr><td rowspan="2">一、交通事故的判别与处理</td><td>任务1：报案与处理（2）</td><td rowspan="2">一、查勘人员的交通事故接险（2）</td></tr>
<tr><td>任务2：报险与接险（2）</td></tr>
<tr><td rowspan="3">二、轻微事故车的查勘与定损</td><td>任务3：查勘前的准备（2）</td><td>二、查勘前的准备（2）</td></tr>
<tr><td>任务4：现场车损照片的拍摄（2）</td><td>三、事故车车损照片的拍摄（2）</td></tr>
<tr><td colspan="2">项目训练一：轻微事故车的查勘与定损（4）</td></tr>
</table>

（续）

学 习 情 境	学习任务（建议学时）	技能训练任务（建议学时）
三、一般事故车的查勘与定损	任务5：现场测量、绘制草图（2）	四、事故现场测量及草图绘制（2）
	任务6：收集物证、缮制查勘记录（2）	五、收集物证、缮制查勘记录（2）
	项目训练二：一般事故车的查勘与定损（6）	
四、重大事故车的查勘与定损	任务7：事故车维修方案的确定（6）	六、事故车维修方案的确定（4）
	任务8：材料费、工时费的核定（4）	七、材料费的核定（2）
		八、工时费的核定（4）
	项目训练三：重大事故车的查勘与定损（6）	
五、特大事故车的查勘与定损	任务9：现场施救和人员伤亡处理（2）	
	任务10：残值处理（2）	
	项目训练四：特大事故车的查勘与定损（8）	
六、特殊事故车的查勘与定损	任务11：水灾事故车的查勘与定损（4）	
	任务12：火灾事故车的查勘定损（4）	
学时合计	学习任务34＋技能训练20＋项目训练22＝76	

本书的编写凝结了黄冈职业技术学院国家级精品课程“事故车的查勘与定损”课程建设团队（张红英、苏义虎、曾鑫、姜云贤、陈鹏、卫登科、王建成、刘传法、彭刚、黄伟、陈小磊、聂进）的大量心血。本书由原中华联合财产保险股份有限公司黄冈支公司总经理刘广担任主审。同时编写过程中得到了中国人民财产保险股份有限公司黄冈分公司、中华联合财产保险股份有限公司黄冈支公司领导和工作人员的大力支持，保险公司为本书的编写提供了很多真实的素材，提出许多宝贵性的意见和建议，在此表示诚挚的谢意。

本书在编著过程中，参考借鉴并选用了一些有关的著作、教材、论文、资料及部分保险公司的培训教材，在此一并表示诚挚的谢意。

由于作者水平有限，书中错误、疏漏及不足之处在所难免，敬请广大读者和同行批评指正。

编　者

目录

情境三 一般事故车的查勘与定损

情境四 重大事故车的查勘与定损

情境五 特大事故车的查勘与定损

情境六 特殊事故车的查勘与定损

情境一　交通事故的判别与处理

任务1　报案与处理

★ 学习目标

知识目标		能力目标	
1	熟悉交通事故的类型，了解其产生的成因	1	能够判别交通事故的类型
2	掌握当事人应对交通事故的处理方法	2	交通事故发生后能采取正确的处理措施
3	掌握交通警察对交通事故处理的基本流程	3	能完成交通事故报案处理中的具体操作

★ 任务导入

交通事故处理流程主要从当事人（被保险人）、交警部门及保险公司三方面进行分析，一旦车祸发生，保险公司应及时告知和指导当事人该如何处理才能减少人身伤亡和财产损失。交警部门协同保险公司按照程序规章办事，完成对现场进行处理，做出事故认定，处罚责任者，对当事人进行调解，事故定损及理赔等工作。

一、知识准备

（一）交通事故的定义及分类

1. 交通事故的定义

"交通事故（Traffic Accident）"是指车辆在道路上因过错或者意外造成人身伤亡或财产损失的事件。与现行的《道路交通事故处理办法》中的道路交通事故定义相比，新定义有了明显变化：

第一，交通事故不仅是由特定的人员违反交通管理法规造成的，也可以是由于地震、台风、山洪、雷击等不可抗拒的自然灾害造成的。

第二，交通事故的定义和含义基本与国际接轨。

车辆包括机动车和非机动车，机动车中有各类汽车、摩托车和拖拉机等，是用发动机或电动机驱动的车辆，非机动车中有畜力车和自行车等。

道路是指公路、街道、胡同、里巷、广场、停车场等供公众通行的地方。其中供车辆通行的为车行道，供人通行的为人行道。与道路成为一体的桥梁、隧道、轮渡设施以及作业道路用的电梯等统统包括在"道路"中，作为道路附属设施。

根据交通事故的定义，下列情况不能作为交通事故：

1）各种军用车辆在野外（不是在道路上，或虽是在道路上但已断绝交通时）演习中所造成的人身伤亡事故或军用车辆之间的碰撞事件。

2）农机车辆在田野或场院作业中，或在往返作业区的途中轧死、轧伤本单位参加劳动的人员。

3）汽车和机械专用车辆在施工现场或厂矿、企业内部所发生的事故。

4）参加体育竞赛的车辆在体育场地所发生的事故。

5）虽是道路或广场但临时作为集体游行场所、文化娱乐场所而发生的挤伤人、踩死踩伤人的事故。

6）利用交通自杀或制造撞车事件。

2. 交通事故的分类

按交通事故的形态（即交通事故的外部表现形态）来分类，可分为碰撞、刮擦、碾轧、翻车、坠车、失火事故等类型。

按交通事故的对象来分类，可分为车辆间事故、车辆对行人的事故、车辆对自行车的事故、车辆单独事故、车辆与固定物的碰撞事故以及铁路道口事故等。车辆间事故即车辆与车辆碰撞的事故，包括正面碰撞型、追赶碰撞型、侧面碰撞型以及接触性碰撞型等；车辆对行人的事故包括车辆在车行道和人行道轧死、撞伤行人的事故，也包括车辆闯出路外所发生的轧死、撞伤人的事故；车辆对自行车的事故包括机动车辆在机动车行车道和自行车道轧死、撞伤骑自行车人的事故；车辆单独事故包括翻车事故以及坠入桥下或江河的事故；车辆与固定物的碰撞事故是指车辆与道路上的作业结构物、路肩上的灯杆、交通标志杆、广告牌杆、建筑物以及路旁的树木等相撞的事故；铁路道口事故是指车辆或行人在铁路道口被火车撞死、撞伤的事故。

按违反交通规则的对象来分类，可分为机动车事故、非机动车事故和行人事故三种。机动车事故是指机动车负主要责任的交通事故，包括机动车单独、机动车与机动车、机动车与摩托车、机动车与自行车、机动车与行人以及机动车与火车等六种情况；非机动车事故主要是指自行车事故，它是指骑自行车人过失或违反交通规则所造成的交通事故，包括自行车单独、自行车与机动车、自行车与自行车、自行车与其他非机动车、自行车与行人以及自行车或其他非机动车与火车等七种情况；行人事故是指由于行人过失或违反交通规则而发生的交通事故，包括行人负主要责任的机动车和非机动车轧死、撞死行人的事故，也包括火车在铁路道口撞死、撞伤人的事故。

最普遍最常用的分类是按交通事故的等级来划分的，可分为以下四种类型：

1）轻微事故，是指一次造成轻伤1～2人，或者造成财产损失，机动车事故为不足1000元、非机动车事故为不足200元的事故。

2）一般事故，是指一次造成重伤1～2人，或者轻伤3人以上，或者财产损失不足3万元的事故。

3）重大事故，是指一次造成死亡1～2人，或者重伤3人以上10人以下，或者财产损失 3 万元以上不足 6 万元的事故。

4）特大事故，是指一次造成死亡 3 人以上，或者重伤 11 人以上，或者死亡 2 人同时重伤 5 人以上，或者财产损失 6 万元以上的事故。

3. 交通事故成因分析

交通事故是在特定的交通环境影响下，由于人、车辆、道路、环境诸要素配合失调偶然发生的。因此，分析交通事故成因最主要的是分析人、车辆、道路、环境对交通事故形成的影响，可用下式来描述事故的发生：

$$A = f(P,V,R,E)$$

式中 A 为发生交通事故行为；P 为影响交通安全的人为因素；V 为影响交通安全的车辆因素；R 为影响交通安全的道路因素；E 为影响交通安全的环境因素。

（1）人为因素

人是影响交通安全最活跃的因素。在人—车辆—道路—交通环境构成的体系中，车辆由人驾驶，道路由人使用，交通环境要有人管理。因此，对交通安全的研究应对人予以足够的重视。据近年来统计，人为因素是造成交通事故的主要因素，由此造成的交通事故约占总事故的 95.30%，其中，因机动车驾驶员的过失造成交通事故的约占 87%，因非机动车驾驶员的过失造成交通事故的约占 4.7%，因行人、乘客的过失造成交通事故的约占 5.19%，因其他人员过失造成交通事故的约占 3.11%。分析历年交通事故的成因可以发现，驾驶员的违章操作和失误是引发交通事故的主要原因。

（2）车辆因素

车辆是现代道路交通的主要运行工具。车辆技术性能的好坏，是影响道路交通安全的重要因素。在 2004 年各种形态的交通事故中，单车事故占有一定比例，这类事故通常是由于肇事车辆安全技术状况不良引起的。如车辆制动失灵，制动不良，机件失灵，灯光失效和车辆装载超高、超宽、超载，货物绑扎不牢固所致。另外，由于车辆在行驶过程中，各种机件承受交变载荷，当超过一定数量也会突然发生疲劳而酿成交通事故。

对客、货运输企业而言，由于单位维修制度不完善、不落实，车辆检验方法落后，致使一些车辆常常因带病行驶而肇事，这也是车辆本身造成事故的原因。从我国交通事故的统计资料中可知，制动系和转向系故障是车辆因素造成事故的主要原因，现有运行车辆中有 50%左右属于机构失调、带病运行，特别是个体车辆和挂靠车辆更为严重。这些都构成了交通事故的机械隐患。

（3）道路因素

道路交通的安全取决于交通过程中人、车辆、道路、环境之间是否保持协调。涉及道路因素导致或影响交通事故过程的现象则比较复杂，因此，除了前两个因素以外，道路本身的技术等级、设施条件及交通环境作为构成道路交通的基本要素，它们对交通安全的影响是不容忽视的。近几年，由于机动车数量增长迅速远远超过交通基础设施增长速度，而我国低等级公路还比较多，道路狭窄或破损，大部分道路未设中央分隔带和路边两侧护栏，警告和限制等标志数量不足，标志不清不规范，符号模糊难以辨认，这些都从客观上增加了道路交通伤亡事故的发生率。从严格的意义上讲，道路的状态对交通事故的影响是无处不在的，但道路终究是固定的，其对事故的影响也仅仅是一种客观存在的被动诱发因素。所以，道路建设和养护质量需进一步提高。

(4) 环境因素

交通环境主要是指天气状况、道路安全设施、噪声污染以及道路交通参与者之间的相互影响等。驾驶员行车的工作状况，不仅受道路条件的影响，而且还受到道路交通环境的影响。

第一，交通量的影响。在影响驾驶员行车的诸多交通因素中，交通量的影响起着主导作用。交通量的大小，直接影响着驾驶员的心理紧张程度，也影响着交通事故率的高低。在交通量很小时，车辆的行驶主要取决于车辆本身的性能。这个阶段的交通肇事往往是由于高速行驶、冒险行车、汽车的运行与道路条件不相适应所致。随着交通量的不断增加，交通条件逐渐成为影响安全行车的主要因素，由于车辆的相互干扰、互成障碍、超车不当、避让不及，常导致交通事故。因此，在行车中，妥善掌握行车速度是减少交通事故的重要环节。

第二，交通混杂程度与行车速度的影响。有人在德国的高速公路上调查发现，在稳定的小客车交通流中，若混入载货汽车，交通事故率将随载货汽车的混杂程度的增大而急剧增大。我国的道路多为双车道混合式，由于各种机动车在一条道路上行驶，其动力性不同，行车速度相差很大，特别是机动车和非机动车的差异更大。我国的混合交通和交通混杂程度严重是交通事故率高的重要原因之一。

第三，交通信息特征的影响。车辆是在错综复杂的环境中行驶的，行车过程中，驾驶员总是通过自己的视觉、听觉、触觉等从不断变化着的交通环境中获得信息，并通过对它们的识别、分析、判断和选择，做出相应的反应。经过分析调查发现，当道路的安全保证较高，而驾驶员的“信息”又并非十分安全的道路交通环境为最佳；最差的是不具备较好的安全行驶条件而给予驾驶员的“信息”又相对“安全”。因此，交通管理的任务之一，就是通过改善交通环境，设置合适的交通标志来调节道路的安全保证与驾驶员安全感之间的关系，使其转向有利于交通安全的组合。

4. 交通事故责任分类

交通事故责任分为全部责任、主要责任、同等责任、次要责任。

一方当事人的违章行为造成交通事故的，有违章行为的一方应当负全部责任，其他方不负交通事故责任。两方当事人的违章行为共同造成交通事故的，违章行为在交通事故中作用大的一方负主要责任，另一方负次要责任；违章行为在交通事故中作用基本相当的，两方负同等责任；三方以上当事人的违章行为共同造成交通事故的，根据各自的违章行为在交通事故中的作用大小划分责任。

（二）当事人对交通事故现场的处理

发生交通事故后，当事人应及时对交通事故现场进行处理，尽量减少人身伤亡和财产损失，保护现场以便事故的后续处理快捷无争议。通常应从如下几个方面进行处理：

1. 马上停车

关掉发动机（以免汽车起火）并打开紧急灯让其闪亮，立即记下对方的车牌号。

2. 发出警示

保护好现场；亮起危险警告灯；在路上摆放三角形警告牌。

3. 估计情况

迅速估计现场情况：事故涉及多少人？受伤人员数量及状况？涉及多少辆车？漏出的燃油是否会着火？现场是否有人受过急救训练？

4. 护理伤者

切勿移动受伤者，除非伤者面临危险（如着火、有毒物体渗漏），因为移动可能会造成更大的伤害。如果伤者仍在呼吸，且流血不多，则旁人不可做任何事情，除非确实懂得怎样护理伤者，不可给伤者喂任何食物或饮料。

5. 防止其他危险

关掉所有肇事车辆的发动机；禁止吸烟；当心其他易燃物品；尽可能防止燃油泄漏；当心危险物品，慎防危险性液体、尘埃及气体积聚。

6. 求救

需要求救时，派人去求救或使用身边的移动电话，在高速公路上可使用路边的求救电话，求救时详细说明发生意外的地点及人员伤亡情况。

7. 记录

如事故发生时有目击证人，要立即记下目击证人的姓名、地址及电话（如证人在另一辆车中，要立即记下车牌号码）；记下交通方向、交通灯的信号、行车线、交通标志及碰撞位置，最好能用纸画出交通事故发生的草图；如备有照相机，最好将事故现场及车碰撞的部位拍下来。

8. 与对方驾驶员互换资料

包括车款、出厂年份、车牌号码及有效日期，车辆注册地；驾驶员姓名、性别、年龄、住址及电话号码；驾驶执照号码；车主姓名及住址（有时车主与驾驶员不是同一人）；保险公司及保单号码。还要记下事故发生的时间、日期及地点；时速限制及对方车的时速估计；发生事故的车辆数量；对方车辆的乘客数量（分成人、小孩）。

9. 报案

轻微交通事故可进行快速处理或自行前往交通事故报案中心报案。如遇有伤亡或较大损失，应立即报警，详细说明事故发生地点及伤亡人数。在交通警察查勘完现场后一定要求警察给予事故报告，及该警察的姓名、编号、所属分局及电话号码。

（三）交通警察处理交通事故的基本流程

公安交通管理部门接到交通事故处理的一般流程如图 1-1 所示。

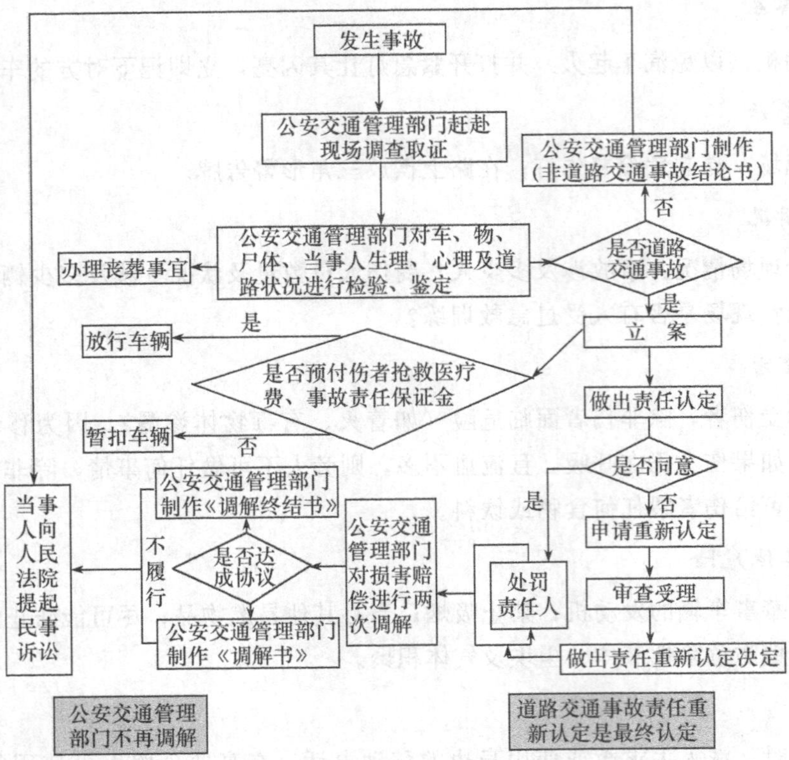

图 1-1 交通事故处理流程图

1. 现场处理

（1）现场查勘

公安交通管理部门接到交通事故报案后，须做好报案记录。属于重大、特大事故的，应立即向上级公安交通管理部门或者有关部门报告。不属于自己管辖的，移送主管部门，并通知当事人。

经现场查勘，属于交通事故的，填写《交通事故立案登记表》。不属于交通事故的，由事故处理部门负责人批准，书面通知当事人。

公安交通管理部门对交通事故进行调查时，交通警察不得少于 2 人。

交通警察调查时应当向被调查人表明执法身份，告知被调查人依法享有的权利和义务，向当事人发送联系卡，联系卡应载明交通警察姓名、办公地址、联系方式、监督电话等内容。

急救、医疗人员到达现场后，由急救、医疗人员组织抢救受伤人员，交通警察应当积极协助。

交通警察调查交通事故现场时，应当全面、及时地收集有关证据。现场调查内容包括：

1）交通事故当事人的基本情况。

2）车辆安全技术状况及装载情况。

3）交通事故的基本事实。

4）当事人的道路交通安全违法行为及导致交通事故的过错或者意外情况。

5）与交通事故有关的道路情况。

6）其他与交通事故有关的事实。

查勘交通事故现场，应按照有关法规和标准的规定，拍摄现场照片，绘制现场图，采集、提取痕迹、物证，制作现场查勘笔录。一次死亡3人以上的交通事故应当进行现场摄像。

现场图应当由参加查勘的交通警察、当事人或者目击证人签名。当事人拒绝签名或者无法签名以及无目击证人的，应当记录在案。

交通警察应当检查当事人的身份证件、机动车驾驶证、工作证及机动车行驶证、保险标志，验明身份；对当场难以查实身份的肇事人，可以依法传唤。交通警察可以依法对肇事车辆、交通事故当事人及其随身携带的物品进行检查。

公安交通管理部门应当按照《公安机关办理行政案件程序规定》，对肇事人、其他当事人、证人进行询问或者讯问。询问或者讯问时，应当根据需要问明交通方式、驾驶员和机动车所有人、管理人的基本情况以及机动车驾驶证号、准驾车型、领取机动车驾驶证日期、驾驶经历，驾驶前活动、休息、餐饮情况，驾驶时身体状况，所驾车辆状况、保险情况，行驶路线、驾驶时间、行驶速度，交通事故发生经过，临危采取的措施及主观心态等与交通事故有关的情况。

公安交通管理部门在调查交通事故过程中，发现当事人有交通肇事犯罪嫌疑的，应当按照《公安机关办理刑事案件程序规定》立案侦查，并依法对其采取强制措施。发现当事人有其他违法犯罪嫌疑的，应当及时移送公安机关有关部门。

交通警察认为应当对当事人给予暂扣或者吊销机动车驾驶证处罚的，可以扣留其机动车驾驶证，并开具行政强制措施凭证。扣留机动车驾驶证的期限至做出处罚决定为止。

因搜集证据需要扣留事故车辆及机动车行驶证的，公安交通管理部门应当开具行政强制措施凭证，将车辆移至指定的地点并妥善保管。

公安机关交通管理部门不得扣留事故车辆所载货物。对所载货物在核实重量、体积及货物损失后，通知机动车驾驶员或者货物所有人自行处理。当事人不自行处理的，按照《公安机关办理行政案件程序规定》第一百五十五条、第一百五十六条的规定办理。

（2）调查取证

公安交通管理部门暂扣交通事故车辆、嫌疑车辆、车辆牌证和当事人的驾驶证时，应当开具暂扣凭证。因检验、鉴定的需要，暂扣交通事故车辆、嫌疑车辆、车辆牌证和驾驶证的期限为20日；需要延期的，经上一级公安交通管理部门批准可以延长20日。暂扣的车辆一律存放在公安交通管理部门指定的地点，妥善保管。当事人的其他证件在查验登记后，应当当场发还。

询（讯）问当事人、证人和有关人员，按照《中华人民共和国治安管理处罚条例》的规定进行；有责任的当事人无故不到的，可以依法传唤。

采集提取交通事故现场的痕迹、物证，按照处理交通事故的有关规定、标准进行。交通事故现场和当事人体内如有可能因时间、地点、气象原因灭失的痕迹或者证据，应当及时提取。饮酒或者使用毒品的当事人如拒绝提取血液，并有反抗行为的，可以使用约束带或者警绳强制提取，提取完毕后必须立即解除。

(3) 检验、鉴定和重新评定

检验交通事故死者尸体不得在公众场合进行。剖验交通事故死者尸体，应当征得其亲属或者代理人的同意。但是公安交通管理部门认为必要时，经事故处理部门负责人批准，可以直接解剖尸体。境外来华人员的尸体经法医检验的，由法医出具“死亡鉴定书”。需要解剖尸体的，应当取得死者家属或者所属国驻华使（领）馆同意解剖的书面证明。

交通事故受伤人员伤残评定工作当由法医进行；如无法医，由处理交通事故的办案人员进行；伤情复杂的，可以聘请有专业知识的人员或者委托其他专业伤残鉴定机构进行。在有条件的地方，公安交通管理部门应当设立交通事故伤残评定委员会。

交通事故当事人对伤残评定不服的，按照《道路交通事故处理办法》规定可以向上一级公安交通管理部门申请重新评定，重新评定的结论为最终结论。上一级公安交通管理部门认为必要时，可以委托其他专业伤残鉴定机构或者聘请有专业知识的人员进行重新评定。

(4) 其他规定

办案人员与本交通事故有利害关系或者其他关系可能影响公正处理的，应当自行回避。当事人有权申请办案人员回避。前款规定适用于鉴定人员、查勘人员。办案人员的回避，由其所在公安交通管理部门负责人决定。

预付抢救治疗费直接向医院交纳，凭据由预付的当事人保存。对不预付或无力预付的，公安交通管理部门可以暂扣交通事故责任者的车辆，暂扣的期限由各省、自治区、直辖市公安厅、局规定。在实行机动车法定保险的地区，发生机动车逃逸事故，造成人员受伤、死亡的，公安交通管理部门应当向当地中国人民保险公司开具预付抢救期间的医疗费、死者丧葬费的通知书，保险公司核实后向医疗单位和死者家属预付费用。

交通事故当事人属流动人口或者境外来华人员，在事故处理期间要求暂时离开事故发生地的，应当在事故发生地寻找担保人，由担保人出具担保书后，方准离开。境外来华人员找不到担保人的，可缴纳一定数额的保证金后，准予离开。

交通事故死亡人员身份无法查明的，须在地区（市）一级报纸上刊登寻人启事。登报10日内无人认领的，由县以上公安机关负责人批准处理尸体，费用由另一当事方预付。其遗物应当妥善保管或者上交有关部门。

公安交通管理部门对交通事故死者尸体，经检验、鉴定后，认为无保留必要的，应当向死者亲属送交《尸体处理通知书》。死者亲属逾期不办理丧葬事宜的，经县以上公安机关负责人批准，由主管公安机关派员强制处理尸体，费用由一当事方预付。境外来华人员尸体的处理，应当尊重死者家属或所属国驻华使（领）馆的意愿。尸体在当地火化的，应当由死者家属或者所属国家驻华使（领）馆提出书面申请后，方可进行。尸体运送出境的，由死者家属或者其委托的代理人按照我国有关规定办理手续。

2. 交通警察处理交通事故的责任认定

公安交通管理部门对经过勘验、检查现场的交通事故应当自查勘现场之日起10日内制作交通事故认定书。交通肇事逃逸的，在查获交通肇事逃逸人和车辆10日内制作交通事故认定书。对需要进行检验、鉴定的，应当在检验、鉴定或者重新检验、鉴定结果确定后的5日内制作交通事故认定书。交通事故认定书是公安交通管理部门根据交通事故现场勘验、检查、调查情况和有关的检验、鉴定结论，制作认定当事人责任的一种法律文书。

（1）一般案件的交通事故认定书

一般案件的交通事故认定书内容应包括：①交通事故当事人、车辆、道路和交通环境的基本情况；②交通事故的基本事实；③交通事故证据及形成原因的分析；④当事人导致交通事故的过错及责任或者意外原因。

（2）未查获交通肇事逃逸人和车辆案件的交通事故认定书

在未查获交通肇事逃逸人和车辆的案件中，交通事故损害赔偿当事人要求出具交通事故认定书的，公安交通管理部门可以在接到交通事故损害赔偿当事人的书面申请后10日内制作交通事故认定书，载明交通事故发生的时间、地点、受害人情况及调查得到的事实。有证据证明受害人有过错的，确定受害人的责任；无证据证明受害人有过错的，确定受害人无责任，并送交交通事故损害赔偿当事人。

（3）无法查证交通事故事实案件的交通事故认定书

对无法查证交通事故事实的案件，公安交通管理部门制作交通事故认定书时，只需 载明交通事故发生的时间、地点、当事人情况及调查得到的事实，分别送交当事人。

（4）交通事故责任认定的有关规定

交通事故责任认定应自交通事故发生之日起按下列时限做出。轻微事故5日内；一般事故15日内；重、特大事故20日内。因交通事故情节复杂不能按期做出认定的，须报上一级公安交通管理部门按上述规定分别延长5日、15日、20日。交通事故责任认定做出后，应当制作《道路交通事故责任认定书》。

公安交通管理部门公布交通事故责任时，应当召集各方当事人同时到场。宣布事故责任时，必须出示事故照片、车辆和人体（受伤或死亡）的检查、勘验笔录、车辆和人体（受伤或死亡）等技术鉴定报告及事故现场图等有关证据，并说明责任认定的理由和依据，并将《道路交通事故责任认定书》送交有关当事人。

（5）交通警察处理交通事故的责任认定程序

1）简易程序。轻微交通事故适用简易程序。当事人对事实及成因有争议不愿撤离现场，或者当事人自行撤离现场后经协商未达成协议的或受伤人员认为自己伤情轻微的；当事人对事实及成因无争议，但对赔偿有争议的；交通警察应根据当事人的行为对发生事故所起的作用以及过错的严重程度，确定当事人的责任，当场制作简易事故认定书。

2）一般程序。发生交通事故后造成人员轻伤以上或财产损失较大等情况适用一般程序。公安交通管理部门对经过勘验、检查现场的交通事故，应当自调查取证完毕10日内制作交通事故认定书；需要进行检验鉴定的，应当在查勘现场之日起，5日内指派或委托专业技术人员进行检验鉴定，鉴定应当在20日内完成；需延期的，经市公安交通管理部门批准，可以延长10日，在检验鉴定完成后5天内制作交通事故认定书。

3）重新认定。上级公安交通管理部门对承办单位的交通事故认定工作进行监督检查，当事人如对事故责任认定书有异议，可在收到事故认定书后3日内向上级公安交通管理部门申请复核。县以上公安交通管理部门应当有专人负责交通事故重新认定工作。交通事故责任重新认定作出后，应当制作《道路交通事故责任重新认定决定书》，分别送交申请人原责任认定部门，原责任认定部门接到《道路交通事故责任重新认定决定书》后；应当在5日内向各方当事人或者代理人公布重新认定决定，交通事故的重新认定决定为最终决定。

3. 交通事故处罚

(1) 处罚强制措施

交通事故处罚强制措施包括传唤、暂扣机动车和非机动车、拖曳锁定机动车、滞留证件、收缴非法装置或牌证等。

(2) 处罚一般措施

交通事故处罚一般措施包括警告、罚款、拘留、吊扣和吊销证件等。通常计分的相关规定为：在计分周期内有一次扣满 12 分，需要驾驶员进行考法规、路考；在计分周期内有两次扣满 12 分，需要驾驶员进行考法规、桩考和路考。

(3) 处罚程序

交通事故处罚的简易程序为 50 元以下罚款、警告；一般程序为 50 元以上罚款、吊扣、吊销驾驶证和治安拘留；听证程序为处以 1000 元罚款或吊销驾驶证处罚。

(4) 处罚方式

造成交通事故构成交通肇事罪的，依法追究责任人的刑事责任，并吊销其机动车驾驶证。造成交通事故尚不够追究刑事责任的，按下列方式处罚：

1) 造成特大事故负次要责任以上的和造成重大事故负同等责任以上的，处以 10 日以上 15 日以下拘留或者 150 元以上 200 元以下罚款。

2) 造成重大事故负次要责任的和造成一般事故负主要责任以上的，处以 10 日以下拘留或者 50 元以上 150 元以下罚款。

3) 造成一般事故负同等责任以下的和造成轻微事故负有交通事故责任的，处以 50 元以下罚款或者警告。

4) 对造成特大事故负次要责任以上的和造成重大事故负同等责任以上的机动车驾驶员，吊销机动车驾驶证；对造成特大事故负次要责任以上的和造成重大事故负同等责任以上的机动车驾驶员，吊扣 1 个月以上 6 个月以下机动车驾驶证。

5) 处罚交通事故责任者应根据其违章行为、事故责任和事故后果分别裁决，合并执行，吊扣驾驶证合并执行不得超过 18 个月。

4. 交通事故赔偿调解

收集与损害赔偿相关的证明、票据、各种资料；在确认伤者治疗终结或确定损害结果后，必须在规定时间内组织各方当事人或代理人进行赔偿调解。调解次数最多为两次；调解成功后，制作《调解书》，并分别送交当事人；调解未成功的，必须填写《调解终结书》，送交当事人，并告知当事人可在法定时效内向人民法院提起民事诉讼。

1) 交通事故损害赔偿调解须在交通事故办案人员主持下进行。调解的时间、地点、方式由公安交通管理部门指定。

2) 调解未达成协议的，在《道路交通事故处理办法》规定期限内，只调解两次，调解时须制作调解记录。

3) 交通事故办案人员通知当事人或者代理人参加调解时，一般使用书面通知，口头通知的须记入调解记录。当事人或者代理人因故不能按期参加调解的，须事先通知交通事故办案人员，请求变更调解时间，无正当理由不到或者调解中途退离的，计为调解一次。

4）调解参加人包括：①交通事故当事人；②交通事故伤亡者的近亲属或者监护人；③交通事故车辆所有权人；④法定代理人和委托代理人；⑤公安交通管理部门认为有必要参加的人员。

上述人员经公安交通管理部门同意后方准参加调解，一方人数不得超过三人。

5）委托代理人参加调解须向交通事故办案人员提交由委托人签名或者盖章的授权委托书，授权委托书须载明委托事项和权限。

6）调解中，当事人更换调解参加人的，连续计算调解次数和时间。当事人或者代理人因不可抗力或者特殊情况不能按时参加调解的，调解时限中断。

7）调解重大、复杂交通事故需要延长调解期限的，须经上一级公安交通管理部门负责人批准。

8）调解中，调解参加人提出《道路交通事故处理办法》未规定的赔偿项目和要求的，不予调解。

9）确定抚养人时，其当事人或者有关人员应当提供有抚养关系的证明。公安交通管理部门认为必要时，应当要求其公证。

10）交通事故损害赔偿达成协议的，公安交通管理部门在制作调解书时应当写明事项包括：①事故简要案情和损失情况；②责任认定；③损害赔偿的项目和数额；④赔偿费给付方式和结案日期。交通事故办案人员不予转接赔偿款项，但是涉外事故除外。

（四）知识点

1	交通事故	6	交通警察处理交通事故的流程
2	交通事故的类型	7	交通事故现场调查内容
3	交通事故成因	8	交通事故认定书内容
4	交通事故责任分类	9	交通警察处理事故的责任认定程序
5	当事人事故处理要点	10	交通事故赔偿调解

二、典型案例

2012年8月20日，某县村民金某和其他8人给邻村一家盖房，他驾驶核载1.49吨的汽车和8人赶往本县一砖厂拉砖，车上装了7吨砖，除驾驶室乘坐4人外，砖上还坐了4人。不仅严重超载，而且人货混装。然后，他驾车驶回邻村。当晚7时许，当车拐入村公路不久，就将公路路肩碾垮，导致汽车侧翻于公路一侧，车上所坐4人中3人当场被砖砸死，1人受伤。此特大交通事故发生后，金某一面打手机报警，一面与周围群众扒砖救出压在下面的人。交通警察接到报案后，立即赶到现场，在对现场进行勘察和询问当事人后，将金某带离现场，暂时留置，经请示领导，对其采取取保候审的强制措施。检察院依法对其提起公诉，指控其犯有交通肇事罪。

法院认为：金某作为驾驶员明知车辆超载、人货混装是违反交通安全法的行为，十分危险，但在超载、人货混装可能发生交通事故的问题上却轻信能够避免，对事故的发生具有过失，根据我国《刑法》的有关规定，犯有交通肇事罪。金某在肇事之后报警，施救受伤人员，是其依法应当履行的义务，不应视为自首，可以作为酌定从宽情节裁量刑罚。

【案例分析】

交通事故当事人在案发后应做的工作包括以下几个方面：

1. 立即停车，保护现场

发生交通事故后，当事人应本着负责任的态度立即停车，并对现场采取保护措施。保护现场就是尽量不改变现场在事故发生时的原始状态，以便于查勘人员提取物证、分析事故发生经过，为正确判断事故发生原因、分清事故当事人责任打下基础。

保护现场应开启危险信号灯，在距现场合适的距离设置警告标志，防止其他车辆驶入时再次发生交通事故或破坏现场。然后，根据勘查需要和现场可能划定现场保护范围，在现场保护区周围可采取立标志、牵绳索、撒石灰、立石块等方式划定保护警戒线，并由专人看管。禁止无关人员进入和改变、破坏现场任何物品、尸体和痕迹。

现场因抢救受伤人员和疏导交通的需要而移动受伤人员、尸体、车辆和物品，应先用石灰和粉笔等记录下他们的原始位置、方向、姿态，保护好他们身上和物品上的痕迹、附着物，有条件的还可采用拍照和录像等方法。

2. 抢救受伤人员

现场有人员受伤时，当事人应立即对受伤严重、流血不止的人员实施现场救护并拨打120急救电话，迅速送往附近医院。在救护受伤人员时尽量不要破坏现场，有条件的应由非肇事车辆送受伤人员去医院，以保证肇事车辆的原始状态不被改变。

3. 迅速报警

事故当事人应赶快拨打122交通事故报警电话报案，并在现场等候交通警察前来处理。

发生交通事故后，保护现场、抢救受伤人员、及时报案是当事人的义务所在。如果当事人没有保护现场并及时报案，有可能致使现场遭到破坏、痕迹物证灭失，并造成伤者生命危险，交通警察无法查明交通事故原因和责任的，根据《交通事故处理程序规定》第四十七条第二款的规定："对无法查证交通事故事实的，公安机关交通管理部门制作交通事故认定书，载明交通事故发生的时间、地点、当事人情况及调查得到的事实，分别送交当事人。"受到损失的当事人因为无法查明事故原因可能难以得到赔偿。更有甚者，肇事一方如果不及时报案，而是逃离现场，会因交通肇事逃逸而被处以刑事制裁。

本案当事人金某严重超载、人货混装，从而酿成3死1伤的特大交通事故，他对事故的发生负有不可推卸的责任。事故发生后，金某能够迅速抢救受伤人员并报警，这是他应尽的法定义务。

三、职业养成

1. 宣言——要养成良好的习惯，全心全意去实行

成功与失败的最大区别，来自不同的习惯。要用良好的习惯代替一时的冲动，要养成良好的习惯，全心全意去实行。

人的行为受到品味、情感、偏见、欲望、爱、恐惧、环境和习惯的影响，其中影响最大的就是习惯。要养成良好的习惯，全心全意去实行。

2. 细读宣言

1）习惯一旦养成，就会成为支配人生的一种力量，主宰人的一生。

2）好的习惯是成功的基石，坏的习惯是失败的源泉。

3）改变原有的习惯需要巨大的毅力，转变的过程也是漫长和痛苦的。

4）改掉不好的习惯，养成良好的习惯。

5）良好的习惯在于实行，在于不断重复，最终形成惯性。

6）找到适合自己的良好习惯，全心全意去养成。

7）好的习惯不在于多，关键是始终如一。

3. 职业养成

1）发生交通事故首要是抢救受伤人员，同时报案。

2）养成保护事故现场的习惯。

3）养成报案阐述准确具体的习惯。说明事故的发生地点、时间、车型、车牌号码、事故起因、有无发生火灾或爆炸、有无人员伤亡、是否已造成交通堵塞等。说出出事人员的姓名、性别、年龄、住址、联系电话等。

4）养成待对方挂断电话后再挂机的习惯。

5）养成收集物证、人证和相关信息的习惯。

6）养成做好记录的习惯。

7）养成不武断下事故结论、对事故深入查勘之后才能确定全部损失的习惯。

4. 阅读材料——四种良好的工作习惯

卡耐基箴言

第一种良好的工作习惯：拿走你桌上所有的纸张，只留下和你手头事务有关的。

第二种良好的工作习惯：区分事情的重要程度来安排工作顺序。

第三种良好的工作习惯：当你碰到问题时，如果必须做决定，就当场解决，不要拖延。

第四种良好的工作习惯：学会如何组织、分层负责和监督。

四、学习工作页

见附录B学生手册。

任务2　报险与接险

★ 学习目标

知识目标		能力目标	
1	熟悉保险公司对交通事故的处理流程	1	能够合理选择报险的方式
2	掌握报险的原则、方式及内容	2	能完成机动车辆保险报案记录（代抄单）
3	掌握事故查勘调度的原则和内容	3	能够完成事故的接险任务
4	掌握接险的具体要点	4	能够完成事故查勘调度

★ 任务描述

报险、接险是保险公司查勘定损的前提，掌握各大保险公司的报案电话、报险的途径、接险的基本要素，确保查勘定损人员能够及时准确地和客户取得联系。通过合理的调度以提高保险公司的工作效率，能为事故车的查勘定损奠定良好的基础。

一、知识准备

（一）保险公司事故处理流程

事故的处理必须按照一定的工作流程进行，通常处理流程如图 1-2 所示。基本流程主要包括：报案（报险）、调度、查勘定损、签收审核索赔单证、理算复核、审批、赔付结案等步骤。中国人民财产保险有限公司事故车的查勘定损流程图如图 1-3 所示。

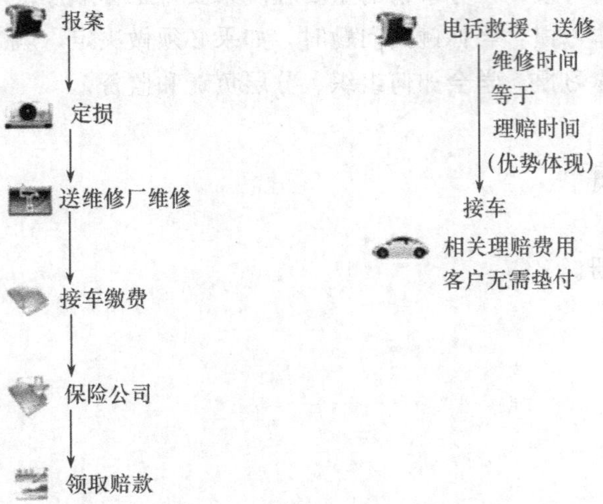

图 1-2　保险公司事故处理的流程图

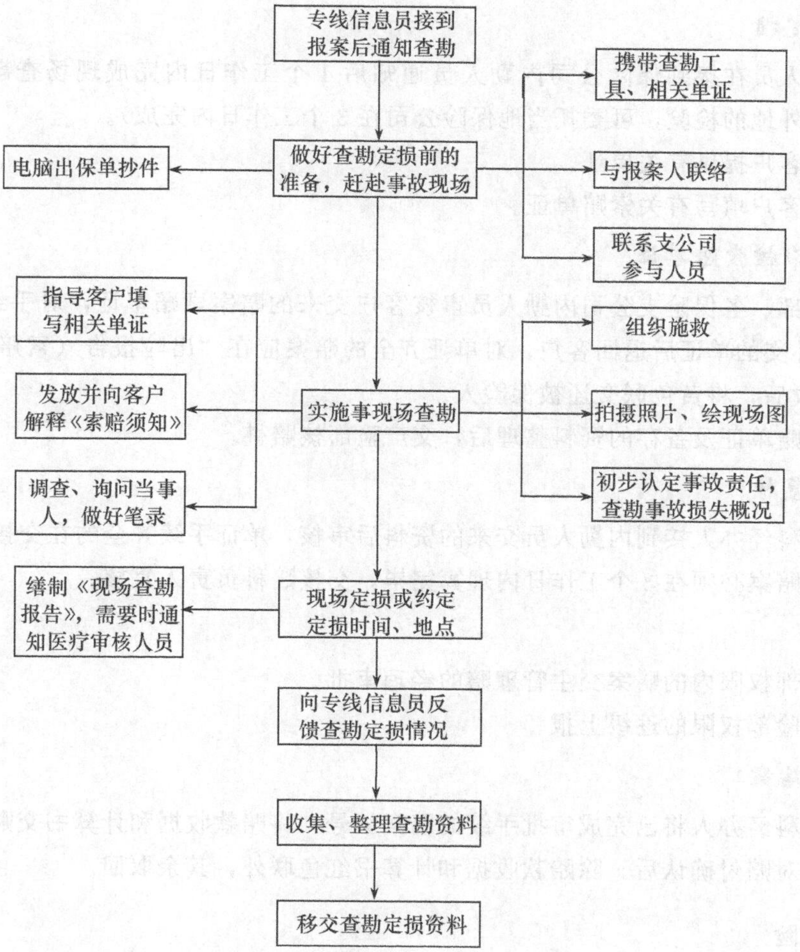

图 1-3　中国人民财产保险有限公司事故车的查勘定损流程图

1. 报案（报险）

出险后，客户向保险公司理赔部门报案即报险，保险公司接到报案后应按照具体流程完成相关工作。

1）保险公司理赔部门内勤人员接到报案后，要求客户根据出险情况立即填写《业务出险登记表》（电话、传真等报案由内勤人员代填）。

2）保险公司理赔部门内勤人员根据客户提供的保险凭证或保险单号立即查阅保单副本并抄单以及复印保单、保单副本和附表。查阅保费收费情况并由财务人员在保费收据（业务及统计联）复印件上确认签章（特约付款须附上协议书或约定）。

3）确认保险标的在保险有效期限内或出险前特约交费，要求客户填写《出险立案查询表》，予以立案（如电话、传真等报案，由检验人员负责要求客户填写），并按报案顺序编写立案号。

4）发放索赔单证。经立案后向被保险人发放有关索赔单证，并告知索赔手续和方法（电话、传真等报案，由检验人员负责）。

5）通知检验人员，报告损失情况及出险地点。

以上工作在半个工作日内完成。

2. 查勘定损

1）查勘人员在接到保险公司内勤人员通知后1个工作日内完成现场查勘和检验工作（受损标的在外地的检验，可委托当地保险公司在3个工作日内完成）。

2）要求客户提供有关单证。

3）指导客户填写有关索赔单证。

3. 签收审核索赔单证

1）营业部、各保险支公司内勤人员审核客户交来的赔案索赔单证，对手续不完备的向客户说明需补交的单证后退回客户，对单证齐全的赔案应在“出险报告（索赔）书”（一式二联）上签收后，将黄色联交还被保险人。

2）将索赔单证及备存的资料整理后，交产险部核赔科。

4. 理算复核

1）核赔科经办人接到内勤人员交来的资料后审核，单证手续齐全的在交接本上签收。

2）所有赔案必须在3个工作日内理算完毕，交核赔科负责人复核。

5. 审批

1）产险部权限内的赔案交主管理赔的经理审批。

2）超产险部权限的逐级上报。

6. 赔付结案

1）核赔科经办人将已完成审批手续的赔案编号，将赔款收据和计算书交财务划款。

2）财务对赔付确认后，除赔款收据和计算书红色联外，其余取回。

（二）报险

1. 报险的定义

保险事故发生后，被保险人或受益人应当将保险事故发生的时间、地点、原因及造成的损失情况，以最快的方式通知保险人，便于保险人及时调查核实，确认责任。同时，被保险人或受益人也应当把保险单证号码、保险标的、保险险种险别、保险期限等事项一并告之保险人。如果保险标的在异地出险受损，被保险人应向原保险人及其在出险当地的分支机构或其代理人报案并提出索赔要求。这就是通知出险，简称为“报险”。

2. 全国各大主要保险公司报案电话联系方式（见表1-1）

表1-1 全国各大主要保险公司报案电话

保险公司	报案电话
中国人民财产保险股份有限公司	95518
中国太平洋财产保险股份有限公司	95500
中国平安财产保险股份有限公司	95512
中国大地财产保险股份有限公司	95590
太平保险有限公司	95529

（续）

保险公司	报案电话
阳光财产保险股份有限公司	95510
中华联合保险控股股份有限公司	95585
安邦财产保险有限公司	95569
天安保险股份有限公司	95505
华泰财产保险股份有限公司	95509
永诚财产保险股份有限公司	95552
都邦财产保险股份有限公司	400-88-95586
中银保险有限公司	23371188
渤海财产保险股份有限公司	400-611-6666
华安财产保险股份有限公司	95556
天平汽车保险股份有限公司	95550
民安保险（中国）有限公司	95506

3. 交通事故报险五原则

1）无论单方事故还是双方事故，假如造成了人员伤亡，一定要在向保险公司报险的同时拨打122交通事故报警电话，通知交通警察勘察现场，判定双方责任，确定赔付比例。同时，应在第一时间救治伤者。

2）事故发生后，在报险之前尽量不要移动车辆，以免破坏现场及相关痕迹，为保险公司及交通警察勘察现场增加难度，影响事实及责任的判定。当然，假如责任明确，必要时在保证损失不扩大的前提下，可以对车辆进行合理移动。例如事故发生后，投保车辆处于悬崖边缘时，应该及时移动。《中华人民共和国道路交通安全法》也有规定："交通事故发生后，当事人应当积极配合公安交通管理部门的事故现场处理工作，将车辆移至不妨碍交通的地点并清理现场。当事人车辆无法自行驶离的，由当事人或者公安交通管理部门通知清障公司将车辆移至不妨碍交通的地方，所需费用由当事人承担。"例如，两车追尾造成了交通拥堵，就应该配合公安交通管理部门移动事故车辆。

3）随身携带有摄影摄像器材的当事人，可在事故发生报险后自行拍摄现场情况，留下影像资料。对于单方事故，某些时候影像资料可以起到代查勘的作用。而对于双方事故，这些资料也能起到证明事实经过的作用，成为明确双方责任的依据之一。

4）事故发生后，当事人尽可能第一时间亲自向保险公司打电话报险，并如实说明事故经过，不得隐瞒相关信息或欺骗保险公司，否则将对事故经过判断和责任认定造成干扰，影响定损及赔付工作正常进行。

5）驾驶员应随身携带自己的身份证、驾驶证以及被报险车辆的行驶证和保险卡，以便保险公司确认当事人身份以及是否投保车辆。

4. 不同事故的报案（报险）方式

1）单方财产损失：现场拨打被保险车辆投保公司的报案电话。例如，中国人民财产保险股份有限公司（中保）95518；中国太平洋财产保险股份有限公司95500。告知保险公司您的保险单号或者车牌号，目前车辆基本上都有交强险标志，保险单号就在交强险标志的上角。

2）多方财产损失：如果是多方车辆发生交通事故（追尾事故除外），需要第一时间拨打公安交通管理部门交通肇事电话 122 报案，出具责任判定书。有责任的一方或多方需要通知自己的保险公司进行现场查勘。

特别注意：追尾事故责任很明确，往往就是后车责任，只需要通知保险公司就可以。此类事故大多数保险公司都会放弃现场查勘，需要多方车辆同时到保险公司指定定损点进行定损，如一方缺席，则会导致事故不成立，给责任方造成免赔，导致无谓的损失。

3）多方财产损失与人员伤亡：此类事故原则上要以保证受伤人员生命安全为第一位，事故处理比较复杂，建议如有此类事故，要及时通知被保险车辆投保的相关人员或者是经销商。

特别注意：伤亡人员在医院的所有花费，被保险车辆车主必须要保存好所有的病历、发票及伤亡人员的身份证复印件。

5. 报案（报险）的三要素

（1）报案（报险）时机

保险事故发生后，应妥善保护好现场，在 24h 之内通知警察，在 48h 内通知保险公司。如实陈述事故发生经过，并提供相关资料。

（2）报案（报险）方式

常见报案（报险）方式如图 1-4 所示。

图 1-4 常见报案（报险）方式

（3）报案（报险）时应陈述的要素

说明事故的发生地点、时间、车型、车牌号码、事故起因、有无发生火灾或爆炸、有无人员伤亡、是否已造成交通堵塞等。说出出险人员的姓名、性别、年龄、住址、联系电话并待对方挂断电话后，再挂机。

6. 报险注意事项

1）事故发生后，应妥善保护好现场，在24h之内通知警察，无现场无交通警察处理案件，保险公司原则上不予受理。

2）事故发生后，必须及时向保险公司报案，报案时限为事故发生后48h内。

3）车（物）在修理之前必须先经保险公司定损。

（三）接险

接险是指保险公司理赔部门接受事故报案（报险）的工作，包括做好报案记录和告知客户索赔程序及相关注意事项等任务。

报案记录主要包含以下几项内容：询问案情；查询出险车辆承保、理赔情况（包括商业机动车辆保险和机动车交通事故责任强制保险）；生成对应的报案记录；确定案件类型（本地自赔案、本代案件和外代案件）。

1. 询问案情

主要询问以下信息：

1）保险车辆的有关信息：保单号码、被保险人名称、车牌号码、牌照底色和厂牌型号等。

2）出险信息：出险时间、出险地点、出险原因、驾驶员姓名、事故经过、事故涉及的损失等。

其中，事故涉及的损失按“本车车损”、“本车车上财产损失”、“本车车上人员伤亡”、“第三方车辆损失”、“第三方人员伤亡”、“第三方车上财产损失”、“第三方其他财产损失”、“其他”的分类方式进行询问。

3）报案人信息：报案人姓名、联系电话等。

4）第三方车辆信息：对于涉及第三方车辆的事故，应询问第三方车辆的车型、车牌号码、牌照底色以及保险情况（提醒报案人查看第三方车辆是否投保了交强险）等信息。如果第三方车辆也是本公司承保且在事故中负有一定责任，则一并登记，进行报案处理。

2. 查询承保信息

根据报案人提供的保单号码、车牌号码、牌照底色、车型、发动机号等关键信息，查询出险车辆的承保情况和批改情况。特别注意承保险别、保险期限以及是否通过可选免赔额特约条款约定了免赔额。无承保记录的，按无保单报案处理。

3. 查询历史出险、赔付信息

查询出险车辆的历史出险、报案信息（包括作为第三方车辆的出险信息），核实是否存在重复报案。

对两次事故出险时间相近的案件，应认真进行核查，并将有关情况通知查勘人员进一步调查。

4. 生成报案记录

根据出险车辆的承保情况生成报案记录，报案记录与保单号一一对应。

1）出险车辆的交强险和商业机动车辆保险在一个保单号下承保的，生成一条报案记录。

2）出险车辆的交强险和商业机动车辆保险在多个保单号下承保的，在各保单项下生成对应的报案记录，并在各报案记录之间建立关联关系。

5. 告知客户索赔程序及相关注意事项

1）发生机动车之间的碰撞事故的，应告知客户先通过交强险进行赔偿处理，超过交强险责任限额的部分，由商业保险进行赔偿。

2）如当事人采取自行协商方式处理交通事故，应告知双方事故现场或在现场附近等待查勘人员；或在规定时间内共同将车开至指定地点定损。

3）对于涉及人员伤亡，或事故损失超过交强险责任限额的，应提示报案人立即通知公安交通管理部门。

4）对于通过可选免赔额特约条款约定了免赔额的，如果客户估计的损失金额低于约定绝对免赔额，应对客户进行如下提示：

① 损失金额低于绝对免赔额的保险人不负责赔偿。

② 索赔后会引起下一保险期间费率的上涨。

如客户同意放弃索赔，应在报案处理界面上“处理结果”一栏中注明“因绝对免赔额客户同意放弃索赔”，并在报案系统中将报案记录注销，不进行查勘调度。

5）对于超出保险期限，明显不属于保险责任的情况，应向客户明确说明，在报案处理界面上“处理结果”一栏中注明拒赔或不予受理的理由，并在报案系统中将报案记录注销，不进行查勘调度。

（四）事故查勘调度

1. 事故查勘调度的原则和内容

对属于保险责任范围内的事故和不能明确确定拒赔的案件，应立即调度查勘人员进行查勘。

（1）调度原则——就近调度、一次调度

同一保险车辆的一起事故，不论生成几条报案记录，只生成一个查勘任务，进行一次查勘调度。

（2）打印或传送《机动车辆保险报案记录（代抄单）》给查勘人员

同一保险车辆的一起事故存在多个报案记录的，应将所有报案记录和承保信息完整地告知查勘人员。事故涉及人员伤亡的，应及时通知医疗跟踪人员；需要通知承保公司的，应及时通知承保公司有关人员；需要提供救助服务的案件，应立即安排救助。

对于客户需要提供救助服务的案件，确认其加保了相应救助服务特约条款的，应立即实施救助调度，并记入《机动车辆特约救助书》，按救助案件处理。

对于未加保相应救助服务特约条款的客户，可以协助其与救助单位取得联系。在客户同意支付相关费用的前提下，可以调度救助协助单位赶赴现场实施救助。但必须在《机动车辆特约救助书》付费方式一栏中，选择“现场收费救助”项目。

2. 事故查勘调度的具体要求

各分支机构要确保全天24h接收调度任务，并及时、有效地调度理赔人员进行现场查勘、定损、人员伤亡调查等工作。

(1) 核实案情并打印《机动车辆保险报案记录（代抄单)》

各级调度人员在接到调度通知后 5min 内必须从理赔工作流程系统中查询报案记录并与客户取得电话联系，核实案情、补充报案信息、指导客户正确施救，同时打印出《机动车辆保险报案记录（代抄单)》。与客户初步约定查勘地点和查勘时间，同时立即通知查勘人员赶赴现场，进一步了解有关情况。

特别注意：对属于保险责任范围内的事故和不能明确确定拒赔或需要取证后方可拒赔的案件，应根据案情确定事故现场查勘或处理的方式，确保事故第一现场证据资料的合法性、完整性、准确性。

(2) 两车互碰在强制保险财产损失限额内案件的调度安排

两车互碰，双方都有强制保险（交强险)，仅造成轻微财产损失（两车损失均在 2000 元以下)，事故当事人对事实及成因无争议的，且承诺两车索赔金额均在 2000 元以下，指导被保险人按简易程序处理。

1) 与报案人约定定损时间和地点，并要求报案人和第三方车辆的驾驶员联系，由第三方车辆的驾驶员通知第三方车辆强制保险的承保公司一同到达约定地点定损。

2) 根据当地交通管理部门对轻微交通事故简易处理办法的规定和操作要求，指导被保险人自行协商撤离现场。

(3) 调度现场查勘人员

将《机动车辆保险报案记录（代抄单)》交给查勘人员，由现场查勘人员进行现场查勘。同时将报案信息通知承保部门有关人员，以便其决定是否参加现场查勘工作。对需要提供现场救援的案件，应立即安排救援工作。客户在事故第一现场报案的，应尽快安排理赔人员赶赴第一现场查勘。

(4) 委托或接受其他保险人代为查勘定损

事故涉及多方保险人时，原保险方因故不能及时进行查勘定损的案件，有其他保险人先行到达现场的，可以委托其他保险人代为查勘定损，并向代为查勘定损的保险人支付代查勘费，代查勘费先由被保险人垫付（调度人员应向被保险人说明)。接受委托的保险人，应向原保险方的被保险人提供查勘报告、事故/损失照片和损失情况确认书（一车一份)，并由事故各方签字确认。这种情况即异地出险，代为查勘代为定损。

(5) 调度人伤调查

凡是有人员伤亡的案件，无论是否进行现场查勘，调度人员必须第一时间向人伤核损人员通报案件情况；安排了现场查勘的，应告知现场查勘的人员安排，以便人伤核损人员能及时联系、了解案情，指导人员伤亡调查工作；没有进行现场查勘的人伤案件，调度人员要协助人伤核损人员调度理赔人员进行首次调查。

(6) 异地出险案件受理

接到保险车辆在外地出险的报案通知，在进行登记后，应立即通知出险地公司协助代为查勘、定损。对案情复杂、损失重大的案件应派专人前往事故地查勘、定损，并对案件处理情况进行跟踪落实。

(7) 异地车辆在本地出险

接到外地保险车辆在本地出险的报案通知，在进行登记后，按照车险“双代”规定进行处理，并通过计算机网络或电话、传真通知承保地公司。

（8）全车盗抢险案件

接到全车盗抢险案件的通知后，应指导客户迅速到当地县级以上公安刑侦部门报案，同时安排查勘人员进行事故现场查勘，并做好笔录。

（9）重大案件

对每宗案件，调度人员必须询问损失情况及估计损失金额。对于重大恶性事故或损失较大（估计损失金额在10万元以上）、涉及人员伤亡的事故，调度人员应进一步详细了解案情，对暂时无法了解清楚的情况，告知客户进一步落实后在30min内补报。

在接到重大案件报案通知后10min内，应将有关情况及时向主管领导汇报，以便及时进行处理，有效控制风险或避免损失扩大。

3. “双代”案件转报案

1）保险车辆在外地出险，应按“双代”实务规定，及时向出险地公司转报案并发送承保信息。

2）外地承保车辆在本地出险的，应按“双代”实务规定，及时向承保地公司转报案。

（五）报案注销

根据《未决赔案管理规定》，符合报案注销条件的，可进行报案注销处理。满足以下条件之一方可进行报案注销：①重复报案；②接报案或查勘时，当场能够拒赔的案件。

（六）知识点

1	保险公司事故处理基本流程	6	报险记录包含内容
2	报险的定义	7	索赔程序
3	交通事故报险五原则	8	查勘调度原则
4	报险方式	9	“双代”案件转报案
5	报险的三要素	10	报案注销

二、典型案例

2009年4月10日，顾先生驾驶马自达轿车，因车速过快，为避免追尾前车，猛打转向盘而撞上护栏和隔离墩。事故发生后，交通警察认定顾先生驾车不慎撞到护栏和隔离墩，致车损严重，但车主顾先生系单方肇事，应负事故的全部责任。

图1-5 案情现场图

接着顾先生通知车辆的专修店将车辆拖至该店修理。该店工作人员当场拍了车损照片，将车拖进修理车间进行维修。次日，顾先生拨打保险公司电话报险，但因报险资料不全未被受理；第三天，顾先生取得车辆投保资料后即拨打保险公司的电话报险。十几天后，顾先生将修车发票等单据交给保险公司并提出索赔。过了半个多月，保险公司向顾先生发出《机动车辆保险拒赔通知书》。原因是由于报案时间超过出险时间 48h，认定此次事故不属于保险责任赔偿范围，保险公司不能给予赔付。

1. 事故报案要求

交通事故发生后，应根据具体情况，采用最方便的报险方式（表 1-2）。要求在案件发生后迅速报警，在 48h 内向保险公司进行有效报险，如实陈述事故发生经过，并提供相关资料。报险要讲述清楚的要素包括事故发生的时间、地点、原因及造成的损失情况等。

表 1-2 常见报案方式及内容

报案期限	报案方式	报案内容
保险事故发生后 48 小时内通知保险公司	网上报案	被保险人名称、保单号、保险险别
	到保险公司报案	出险时间、地点、原因、出险车辆牌号、厂牌车型
	电话报案	人员伤亡情况，伤者姓名、送医时间、医院名称地址
	传真报案	事故损失及施救情况，车辆停放地点
	业务员转达报案	驾驶员、报案人姓名及与被保险人关系、联系电话

2. 做好报案记录工作

保险公司在接受报案时要做好报案记录工作，主要有以下几项内容：

① 询问案情，稳定报案人的情绪。

② 查询出险车辆承保、理赔情况（包括商业机动车辆保险和机动车交通事故责任强制保险）。

③ 生成或填写对应的报案记录和出险通知书。

④ 确定案件类型。

3. 掌握保险索赔程序及相关注意事项

事故发生后，车主应熟悉具体的保险索赔程序（图 1-6 为一般保险索赔流程图），掌握相关注意事项。保险公司有义务告知客户索赔程序及相关注意事项。

4. 保险索赔需准备的相关资料

事故发生后，要进行保险索赔一般需要准备的相关资料包括：

1）出险通知书（保险公司提供）。

2）赔款委托书。

3）事故证明。

① 由交通警察处理需提供的《道路交通事故责任认定书》、《道路交通事故赔偿调解书》和《道路交通事故简易调解书》。

② 由法院处理需提供的《道路交通事故终结调解书》、《人民法院民事判决书》、《人民法院民事调解书》及付款凭证。

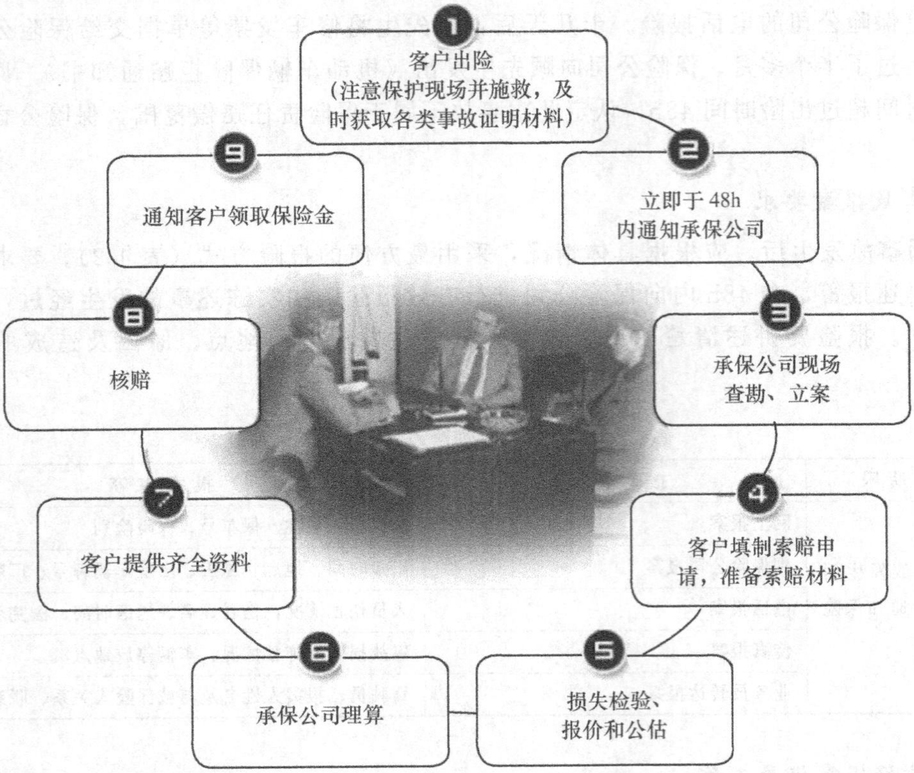

图 1-6 一般保险索赔流程图

③ 非道路交通事故应提供当地派出所证明。

④ 提供消防部门证明（火灾事故）。

⑤ 提供气象部门证明（自然灾害）。

4）修理费发票、清单、评估单、经保险公司核定后方可受理施救费发票，财产损失发票或《道路交通事故经济赔偿凭证》。

5）事故照片（包括现场照片、车损照片、物损照片）。

6）有效的行驶证、驾驶证、正证、副证、复印件。

7）人员伤亡还需提供：《道路交通事故赔偿凭证》有关误工费、护理费、伙食补助费、续医费、死亡补偿费、丧葬费、被抚养人生活费、残疾补偿费、残疾用具费等，由交通警察开具此凭证。

5. 案情分析

顾先生为什么会遭到保险公司拒赔呢？在遭到保险公司拒赔的情况下，应该怎么办？

根据保险公司处理结论，顾先生自然不能同意，协商无效，于是告上法庭。

经审理，法院认为，从顾先生提供的证据包括证人证言来看，顾先生在保险事故发生后没有在48h内进行有效报案的事实是可以确定的，但是该点并不足以作为保险公司拒付的理由。

《保险条款》声明被保险人在保险事故发生后 48h 内通知保险人，否则造成损失无法确定或扩大的部分，保险人不承担赔偿责任。若由于未及时通知而致事故难以确定、难以查清，责任难以判定、损失无法界定，则由此引起的后果应由被保险人承担。该条款说明保险人不承担赔偿责任的前提条件是出现被保险人逾期报案而造成保险人无法定损的情形。

因此，保险公司若以此条款作为拒赔理由，应当提供证据证明查勘出险车辆的过程，以证实出险车辆无法定损的事实，或提供证据证明被上诉人维修车辆的修理费及拖车费不真实，但是保险公司并没有提供该方面的证据。而顾先生提供的《道路交通事故快速处理书》及当天修理厂拍摄的照片等材料足以证明发生了保险事故、事故损失的范围以及修理的费用。

6. 案情处理

在此情况下，保险公司以逾通知期而拒赔，理由不能成立。最后判决保险公司对顾先生的诉讼请求予以支持。顾先生通过法律维护了自己应有的权益。

通过此次案件，我们也应该吸取经验，报险时间应尽量提前，最好不要超过 24h，以免增加不必要的麻烦。

三、技能训练任务一——查勘人员的交通事故接险

1. 技能训练任务设计

依据图 1-4 常见报案（报险）方式不同类型分组进行接险训练。

2. 技能训练学生分工

以 3～6 人为一组进行训练，1 人代表报案人实施报案，1 人作为接险人接受报案，1～2 人作为查勘定损人员现场处理，1～2 人分析、记录、评估。

3. 技能训练方式

各小组循环进行各报案方式的接险训练。

4. 技能训练准备材料

电话、上网计算机、接待桌椅、《机动车辆出险信息表》、《业务出险登记表》、《出险立案查询表》、索赔单证。

5. 技能训练时间

技能训练时间：1 学时。

6. 技能训练任务要领

1）报案陈述的要素。说明事故的发生地点、时间、车型、车牌号码、事故起因、有无发生火灾或爆炸、有无人员伤亡、是否已造成交通堵塞等。

说出出险人员的姓名、性别、年龄、住址、联系电话（待对方挂断电话后，再挂机!）

2）常见三大保险公司报案电话（图 1-7）。

3）填写和查阅相关单证。

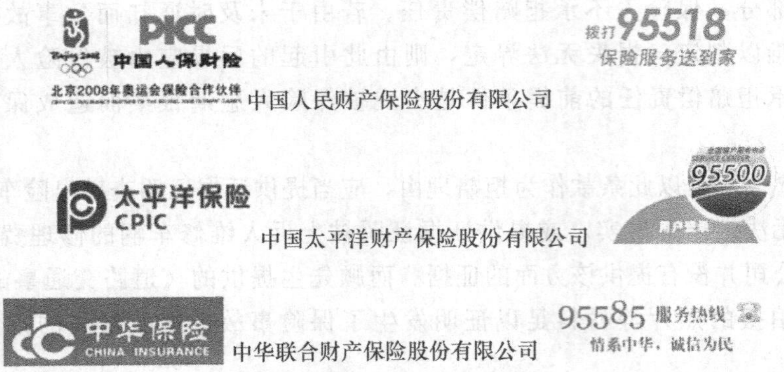

图 1-7　常见三大保险公司报案电话

① 接到报案后，要以饱满的情绪和热情的服务稳定报案人的情绪，填写《机动车辆出险信息表》。

② 接到报案后，要求客户讲述出险情况并立即填写《业务出险登记表》——网上填写、手写填写！

③ 根据客户提供的保险凭证或保险单号立即查阅保单副本并抄单以及复印保单、保单副本和附表。

④ 确认保险标的在保险有效期内或出险前特约交费，要求客户填写《出险立案查询表》。予以立案，并按报案顺序编写立案号。

⑤ 发放索赔单证。

4）通知定损人员，报告损失情况及出险地点。

7. 技能训练考核（见附录B学生手册）

8. 任务工单（见附录B学生手册）

四、职业养成

1. 宣言——从今天开始全新的生活

今天，我要开始全新的生活！我的老茧化为尘埃。我在人群中昂首阔步，不会有人认出我来，因为我不再是过去的自己，我已拥有新的生命。

今天，我要开始全新的生活！失败不再是我奋斗的代价。它和痛苦都将从我的生命中消失。我要在智慧的指引下，走出失败的阴影，步入富足、健康、快乐的乐园。

2. 细读宣言

1）不需要考虑任何困难，也没有任何犹豫和顾虑，忘掉以前的各种问题，从今天开始全新的生活。

2）相信自己能够做到最好，用最新的自我做全新的事情。

3）一切就从头开始，哪怕就是最低的水平，我也能很快成长起来，因为我是全新的自我，全新的力量。

4）我的全新生活是不浪费每一分钟，不错过每一个机会。

5）我的全新生活是坚持重复我的良好的新习惯。

6）我的全新生活是我人生的新起点，我从这里将走向成功。

7）我的每一个动作和每一句话语，展现的都是一个全新的自我。

3. 职业养成

1）接听报险电话中的我是最好的听众，是最优秀的记录者，再也见不到烦恼、忧伤、烦闷、痛苦、幸灾乐祸等一切不好的心情。

2）不管在任何时候我都是公司的宣传者，告诉客户如何报险、应该准备什么资料是必须要做好的工作。

3）做好记录备案是我随时都应该做到的。

4）认真做好调度，与查勘定损人员的沟通必须及时、准确和全面。

5）在工作的时候我的大脑中就只有工作，快捷及时的响应是车险服务的第一要素。

6）告诉客户索赔程序和相关事项是每次都必须的工作。

7）要学会语言的沟通技巧，急客户之所急，想客户之所想。

4. 阅读材料

今天，我要成为最真实的自我！

我发誓，我一定要坚持不懈地行动！行动！再行动！突破！突破！再突破！因为这是一切成功的唯一捷径！

从今天起，我要脱胎换骨！重塑自我！迎接挑战！攀越巅峰！

大声地告诉自己：今天，我要开始新的生活！我是这个世界独一无二的奇迹！

无论什么时候，心里只有两个字——行动！

五、学习工作页

见附录B学生手册。

情境二　轻微事故车的查勘与定损

任务3　查勘前的准备

★ 学习目标

知识目标		能力目标	
1	熟悉现场查勘前应该准备的工具、用具及车辆相关信息资料	1	能够正确地组织实施事故现场的查勘
2	明确现场查勘的意义、目的及要求	2	能够做好查勘前的准备工作
3	掌握事故现场查勘组织实施的要求和注意事项	3	能够在现场查勘时及时、准确、专业地和客户进行沟通

★ 任务导入

保险公司要提高自身的工作效能，工作人员的个人素质非常重要。在进行现场查勘时，查勘人员要高效率地完成交通事故现场的查勘任务，必须具备良好的个人业务素质，而能否做好查勘前的准备工作则是衡量个人业务素质的基本要求，所以做好查勘前的准备工作是确保查勘质量、提高工作效率的前提。

一、知识准备

（一）现场查勘的意义、目的和要求

现场查勘是道路交通事故处理过程中一项重要的法定程序，现场查勘是证据收集的重要手段，是准确立案、查明原因、认定责任、进行处罚的依据，是保险赔付、案件诉讼的重要依据。因此，现场查勘在事故处理过程中具有非常重要的地位。

1. 现场查勘的意义

（1）现场查勘是重大交通事故案件刑事及民事诉讼程序的重要环节

交通事故立案、调查、提起公诉和审判，是刑事诉讼活动的四项程序。现场查勘是刑事诉讼第一、二道程序中的重要环节。因此，事故发生后，必须对现场、肇事车辆、物品、人员损伤、道路痕迹等进行现场调查。

（2）现场查勘是保险赔付的基础工作

对于保险车辆，一旦发生交通事故，就涉及赔付问题。只有通过第一现场的查勘才能确定事故的真伪、事故原因及事故态势，确定赔付的基本依据和确认是否为骗保案件。

（3）现场查勘是事故处理的起点和基础工作

只有通过严格细致的现场查勘，才能正确揭示事故的发生、发展过程；通过对现场各种物证痕迹等物理现象的分析研究，发现与事故有关联的逐项内在因素。也只有通过周密的现场查勘、询问当事人、访问证明人等调查活动，才能掌握第一手材料，对案情做出正确的判断。

有了正确的判断，就能正确认定事故责任，追究事故责任者的法律责任，维护受害人的正当权益。

（4）现场查勘是收集证据的基本措施

证据是查明事故原因和认定事故责任的基本依据。车辆交通事故是一种纯物理现象，交通事故的发生必然引起现场内客观事物的变化，在现场留下痕迹物证。因此，对现场进行细致地、反复地查勘，把现场遗留下的各种痕迹物证加以认定和提取，经过检验与核实就成为事故分析的第一证据。

（5）现场查勘是侦破交通肇事逃逸案件的重要环节

现场是交通事故行为的客观反应。交通肇事逃逸的行为不可避免地引起现场各种交通要素的变化，留下痕迹和物品。通过现场查勘取得的各种痕迹证物等证据，是分析案情、揭露逃逸人的特征、侦破逃逸案件的重要依据。

2. 现场查勘的目的

（1）确定事故的性质

通过客观、细致地现场查勘证明案件是刑事性质的交通事故，还是普通单纯的交通事故，是否为骗保而伪造事故，从而为事故进行划分和处理提供依据。

（2）查明事故情节及要素

通过现场的各种痕迹证物，对事故经过进行分析调查，查明事故的主要情节和交通违法因素。

（3）确认事故原因

通过对现场周围环境、道路条件的查勘，可以了解道路、视距、视野、地形、地物对事故发生的客观影响；通过对当事人和目击证人的询问和调查，可以确认当事人双方违反交通法规的主观因素。

3. 现场查勘的要求

（1）及时迅速

现场查勘是一项时间性很强的工作。要抓住案发不久、痕迹比较清晰、证据未遭破坏、目击证人记忆犹新的特点，取得证据。反之，到案不及时，就可能由于人为和自然的原因，使现场遭到破坏，给查勘工作带来困难。所以，事故发生后查勘人员要用最快的速度赶到现场。

（2）细致完备

现场查勘是事故处理程序的基础工作。现场查勘一定要做到细致完备、有序，查勘过程中，不仅要注意发现那些明显的痕迹证物，而且，特别要注意发现那些与案件有关的不明显的痕迹证物。切忌走马观花、粗枝大叶的工作作风，以免由于一些意想不到的过失使事故变得更复杂，使事故处理陷于困境。

(3) 客观全面

在现场查勘过程中，一定要坚持客观、科学的态度，要遵守职业道德。在实际中可能出现完全相反的查勘结论，要尽力防止和避免出现错误的查勘结果。

(4) 遵守法定程序

在现场查勘过程中，要严格遵守《道路交通事故处理程序》和《道路交通事故痕迹证物勘验》的规定。要爱护公私财物，尊重被讯问、访问人的权利，尊重当地群众的风俗习惯，注意社会影响。

(二) 事故查勘出发准备

查勘人员接到查勘派工指令后，应立即做好以下准备工作：

1. 查阅代抄单

(1) 保险期限

查验保单，确认出险时间是否在保险期限之内。对于出险时间接近保险起止时间的案件，要做出标记，重点核实。

(2) 承保的险种

查验保单记录，重点注意以下问题：

1) 车主是否只承保了第三方责任险？

2) 对于报案称有人员伤亡的案件，注意车主是否承保了车上人员责任险，车上人员责任险是否指定座位？

3) 对于火灾车损案件，注意是否承保了自燃损失险？

4) 对于与非机动车的碰撞案件，注意是否承保了无过失责任险？

(3) 保险金额、责任限额

注意各险种的保险金额、责任限额，以便现场查勘时心中有数。

(4) 交费情况

是否属于分期付款？是否依据约定交足了保费？

2. 阅读报案记录

1) 被保险人名称，保险车辆车牌号。

2) 出险时间、地点、原因、处理机关、损失概要。

3) 被保险人、驾驶员及当事人联系电话。

3. 携带查勘资料及工具

为了有利于准确有效地查勘，查勘人员出发前应该携带必要的相关资料和查勘工具。

(1) 资料部分

出险报案表、报单抄件、索赔申请书、报案记录、现场查勘记录、索赔须知、询问笔录、事故车辆损失确认书。

(2) 工具

定损笔记本计算机、数码照相机、手电筒、卷尺、砂纸、笔、记录本等。

4. 及时联系客户

在接到查勘派工指令后5分钟内，及时与报案人取得联系，进一步核实地点，告知预计到达时间；因特殊原因不能按约定时间到达现场的，应及时与客户联系并向客户说明原因。

（三）交通事故现场

交通事故现场（以下简称现场）是指发生交通事故的车辆及其与事故有关的车、人、物遗留下的同交通事故有关的痕迹证物所占有的空间。现场必须同时具备一定的时间、地点、人、车、物五个要素，他们的相互关系与事故发生有因果关系。

现场可分为原始现场和变动现场。

1. 原始现场

原始现场是指发生事故后至现场查勘前，没有发生人为或自然破坏，仍然保持着发生事故后的原始状态的现场。这类现场的现场取证价值最大，它能较真实地反映出事故发生的全过程。

2. 变动现场

变动现场是指发生事故后至现场查勘前，由于受到了人为或自然原因的破坏，使现场的原始状态发生了部分或全部变动。这类现场给查勘带来种种不利因素，由于现场证物遭到破坏，不能全部反映事故的全过程，给事故分析带来困难。

出现变动现场的原因有如下几个：

1）抢救伤者。为抢救伤者变动了现场的车辆和有关物体的原始位置。

2）保护不善。现场的痕迹被过往车辆和行人碾踏、触动而破坏或消失。

3）自然影响。这里指因雨、雪、风、冰、风沙等自然因素的影响，造成现场物体上遗留下来的痕迹不同程度地被破坏或完全消失。

4）特殊情况。执行特殊任务的消防、救护、警备、工程救险车以及公安部门一、二级保卫的车辆，出于某些特殊情况的需要而离开现场和由于为了保证特殊车辆通行而被公安部门未查勘即被拆除的现场。

5）伪造现场。当事人企图达到逃脱罪责、嫁祸于人或诈骗保险的目的，参与或唆使他人有意改变现场的车辆、物体、痕迹或其他物品的原始状态，甚至对某个部位进行拆卸和破坏。这类事故现场查勘起来比较复杂需要查勘人员认真仔细核实事故信息。

6）恢复原始现场。在保险查勘中，时常碰到被保险人或保险事故当事人对保险人现场查勘要求不甚了解，以至于对一些单方的车损事故未保存原始现场。然而保险人为了规避道德风险，通常要求被保险人或当事人提供原始现场，这就出现了恢复原始现场。恢复原始现场有两种情况：一是对上述变动现场，根据现场分析、证人指认，将变动现场恢复到原始现场状态；二是原始现场撤除后，因案情需要，根据原始现场记录图、照片和查勘记录等材料重新布置恢复原始现场。

车险查勘中通常将原始现场查勘和恢复原始现场查勘统称为第一现场查勘，其他现场查勘均称为非第一现场查勘，从而车险现场查勘也就分为第一现场查勘和非第一现场查勘。

(四) 查勘人员到达现场后的首要工作

1) 到达查勘地点后，应使用标准服务术语向报案人进行自我介绍。

2) 如果保险标的或受伤人员尚处于危险中，应立即协助客户采取有效的施救、保护措施，避免损失扩大。

采取保护施救措施应严格遵守“必要”和“合理”的原则。了解施救的工具，如拖车的吨位、行驶吊车的吨位大小、施救是否恰当，都有哪些车、物被施救，施救是有偿还是无偿，施救过程有无扩大损失等。查勘人员到达现场时，如果险情尚未控制，应和有关部门协商，提出合理的施救方案和有效的施救措施，尽量减少不必要的费用损失。

3) 认真核对客户的保险单是否与《机动车出险信息表》内容相符。如果发现保险标的车的其他有效保险单（强制保险或商业保险）未在此次案件中被关联，应认真记录相关保险单信息，及时反馈给接报案人员。

4) 涉及两辆以上机动车辆的事故，要查明事故各方车辆的强制保险（可通过是否具有强制保险标识进行初步判断）和商业机动车辆保险的投保情况，若我公司最先到达现场，查勘人员应提示其他车辆当事人将已有保险公司介入处理事故的情况告知其投保的保险公司，以便其他保险公司尽快确定是否委托我公司代为查勘定损。

5) 指导保险标的车的事故当事人正确填写《机动车辆保险索赔申请书》，提示客户阅读《机动车交通事故责任强制保险索赔告知书》，并要求客户签字确认。对客户不明白的事项进行详细解释。

6) 对于损失超过强制保险责任限额或涉及人员伤亡的案件，应提醒事故当事人向公安交通管理部门报案。

(五) 事故现场查勘的组织实施

1. 事故现场查勘组织实施的要求

现场查勘是一项细致、烦琐又复杂的工作。因此，在查勘前必须根据现场的具体情况，确定查勘的范围、顺序和重点，拟定查勘方案，按确定的顺序和步骤展开查勘。

现场查勘范围根据事故类型而定。查勘人员到现场后，应及时向现场保护人员了解事故情况，现场有无变动及变动的原因和范围，必要时根据当事人和证明人的记忆恢复现场。

对于现场范围比较小，肇事车辆和痕迹证物比较集中的现场，以肇事车辆为中心由内向外展开查勘。

对于肇事车辆和痕迹证物比较分散的现场，查勘顺序要灵活掌握。以重要部位和可能遭受破坏的部位为重点进行查勘，也可以由外围向中心进行，逐步缩小查勘范围；对于面大距离长的现场，可分片逐段进行查勘。

在现场查勘或对事故进行分析研究中，当遇到认定痕迹或事故原因有异议时，在关键问题上意见无法统一时，应通过现场实验进行科学考察。

查勘人员到达事故现场后，要根据现场情况，由现场指挥人员统一部署，布置现场警戒；维护交通秩序，预防现场交通堵塞；保护现场；组织救护交通事故伤员，组织现场抢险。图 2-1 为现场移动保护图例。

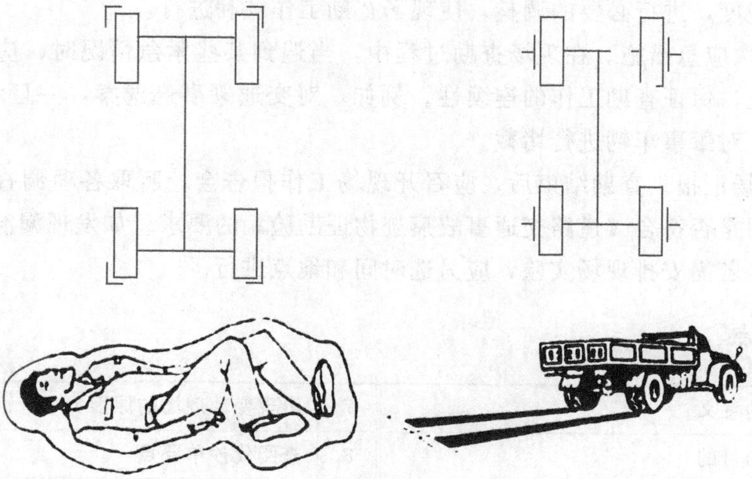

图 2-1　现场移动保护图例

现场查勘工作是一项政策性、技术性、法律性很强且烦琐细致的工作。尤其对于重大和特大交通事故，查勘工作量大，需要的时间长，涉及的部门、人员多，有些情况要现场处理。因此，现场查勘要有严密的组织和强有力的临场指挥，使查勘工作在统一领导、统一指挥下，有组织、有秩序地进行，避免杂乱无章。交通事故的现场查勘由属地公安交通管理部门统一组织，单方事故可以由保险公司独立查勘、处理。

2. 事故现场查勘组织时的注意事项

(1) 迅速赶赴现场

事故发生地的公安交通管理部门接到报案后，应立即组织警力，快速赶赴现场，按《道路交通事故处理程序规定》的要求，及时划定现场范围，实施保护，维护交通秩序，保证现场查勘工作的顺利进行。

(2) 全面了解和掌握现场情况

只有全面了解和掌握情况，才能对事故性质以及采取什么样的措施等一系列问题做出正确的判断与决策。否则，将会使查勘工作陷于被动。

指挥员到达现场后，首先听取先期到达有关人员的汇报，亲自巡视、查看现场状况，确定查勘重点，布置各项查勘工作。对重要痕迹证物，要亲自查验，鉴别真伪与可靠程度，掌握第一手资料。

(3) 现场查勘的组织要求做到兼顾统筹、全面安排

1) 合理布置查勘力量。特别是重大、特大交通事故，在分配工作任务时，要注意发挥工作人员的特长，因人制宜、新老搭配，提高查勘取证的效率和质量。

2) 重点痕迹仔细查勘。尽管现场查勘的工作内容很多，但对重点痕迹的查勘、对痕迹形成的认定、收集人证物证、现场查勘记录四项基本工作内容必须确保。这些工作内容直接关系到事故因果关系、事故性质、事故责任认定。

3) 掌握进度，协调工作。现场查勘工作既有分工又有合作，痕迹查勘与摄影录像、测绘现场图之间要彼此照应，相互协调。否则就会彼此干扰，影响工作的完整性。指挥员要协

调各组的工作进度，进行必要的调整，使现场查勘工作顺利进行。

4）及时采取应急措施。在现场查勘过程中，当遇到某些紧急情况时，应当机立断，及时采取相应措施，保证查勘工作的连续性。例如，对交通肇事逃逸案，一旦掌握基本证据，即可采取措施，对肇事车辆进行堵截。

5）组织现场汇报。查勘结束后，应召开现场工作报告会，听取各项调查汇报，查验查勘记录和现场图是否符合《道路交通事故痕迹物证勘验》的要求。如发现漏洞和差错，应及时复查和补充。若需安排现场实验，应另选时间和地点进行。

（六）知识点

1	现场查勘的意义	7	出现变动现场的原因
2	现场查勘的目的	8	查阅代抄单要点
3	现场查勘的要求	9	报案记录内容
4	交通事故现场	10	查勘人员到达现场后的首要工作
5	原始现场	11	事故现场查勘组织实施的要求
6	变动现场	12	事故现场查勘组织时的注意事项

二、典型案例

2007年12月13日，某公司的桑塔纳轿车由于超车而与前方的运钞车相撞（如图2-2所示）。事故发生后交通警察到现场处理，认定由于桑塔纳轿车超车导致碰撞事故，由桑塔纳轿车承担全部责任。由于运钞车还有工作所以当时没有与保险公司联系，待运钞车到新兴路附近送钞后才与保险公司取得了联系并与定损人员商定定损地点在新兴路上。

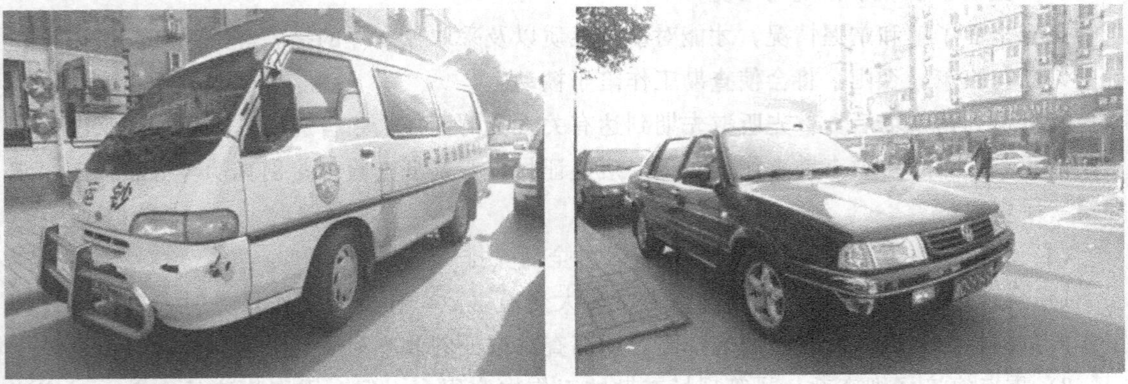

图2-2 碰撞案件车辆

保险公司查勘人员接到指令后，按照准备流程（如图2-3所示）做好查勘前的准备工作。

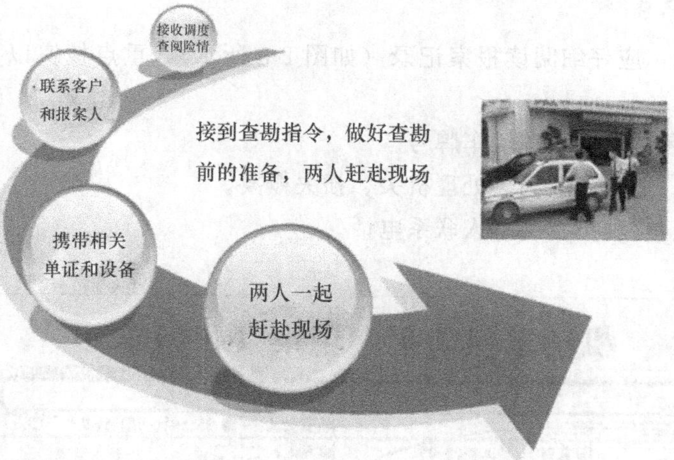

图 2-3　查勘前准备流程图

1. 查阅代抄单

首先检查保险期限是否在有效期限内，本案报案时间为 2008 年 8 月 5 日，保险期限为至 2009 年 1 月 2 日 24 时（如图 2-4 所示），在有效期限内。

进一步检查承保的险种、责任限额、保险金额、交费情况等情况，注意是否有异常，核对是否投保相应险种。经检查，两车均在中国人民财产保险股份有限公司投保，事故责任由桑塔纳车承担，该车仅投保强制保险，责任限额为 6 万元（如图 2-4 所示）。

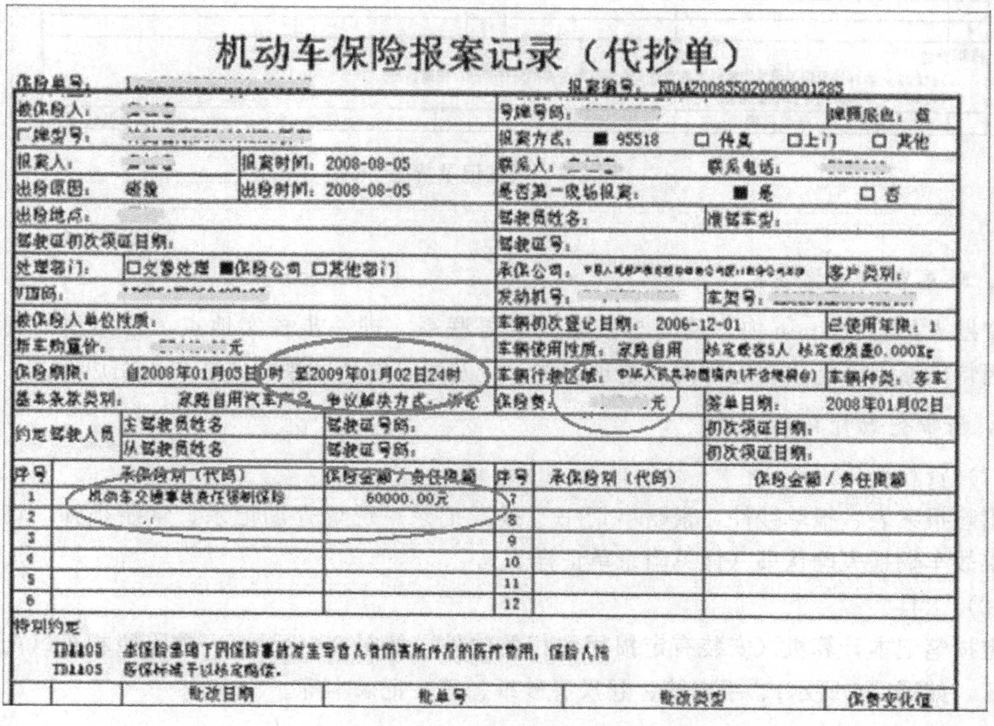

机动车保险报案记录（代抄单）

保险单号：[illegible]　　报案编号：RDAA200835020000001285

被保险人：[illegible]		号牌号码：[illegible]	牌照底色：蓝
厂牌型号：[illegible]		报案方式：■ 95518　□ 传真　□上门　□ 其他	
报案人：[illegible]	报案时间：2008-08-05	联系人：[illegible]	联系电话：[illegible]
出险原因：碰撞	出险时间：2008-08-05	是否第一现场报案：■ 是　□ 否	
出险地点：[illegible]		驾驶员姓名：	准驾车型：
驾驶证初次领证日期：		驾驶证号：	
处理部门：□交警处理 ■保险公司 □其他部门		承保公司：[illegible]	客户类别：
VIN码：[illegible]		发动机号：[illegible]	车架号：[illegible]
被保险人单位性质：		车辆初次登记日期：2006-12-01	已使用年限：1
新车购置价：[illegible]元		车辆使用性质：家庭自用	核定载客5人 核定载质量0.000Kg
保险期限：自2008年01月05日0时 至2009年01月02日24时		车辆行驶区域：中华人民共和国境内(不含港澳台)	车辆种类：客车
基本条款类别：家庭自用汽车产品 争议解决方式：诉讼		保险费：[illegible]元	签单日期：2008年01月02日
约定驾驶人员 主驾驶员姓名	驾驶证号码：		初次领证日期：
约定驾驶人员 从驾驶员姓名	驾驶证号码：		初次领证日期：

序号	承保险别（代码）	保险金额／责任限额	序号	承保险别（代码）	保险金额／责任限额
1	机动车交通事故责任强制保险	60000.00元	7		
2			8		
3			9		
4			10		
5			11		
6			12		

特别约定

TDAA05　本保险单项下因保险事故发生导致人身伤害所产生的医疗费用，保险人按

TDAA05　医保标准予以核定赔偿。

		批改日期	批单号	批改类型	保费变化值

图 2-4　查阅代抄单

2. 阅读报案记录

根据报案情况，应仔细阅读报案记录（如图 2-5 所示），重点核实以下几点，以便及时尽快处理。

1）被保险人名称，保险车辆车牌号。

2）出险时间、地点、原因、处理机关、损失概要。

3）被保险人、驾驶员及当事人联系电话。

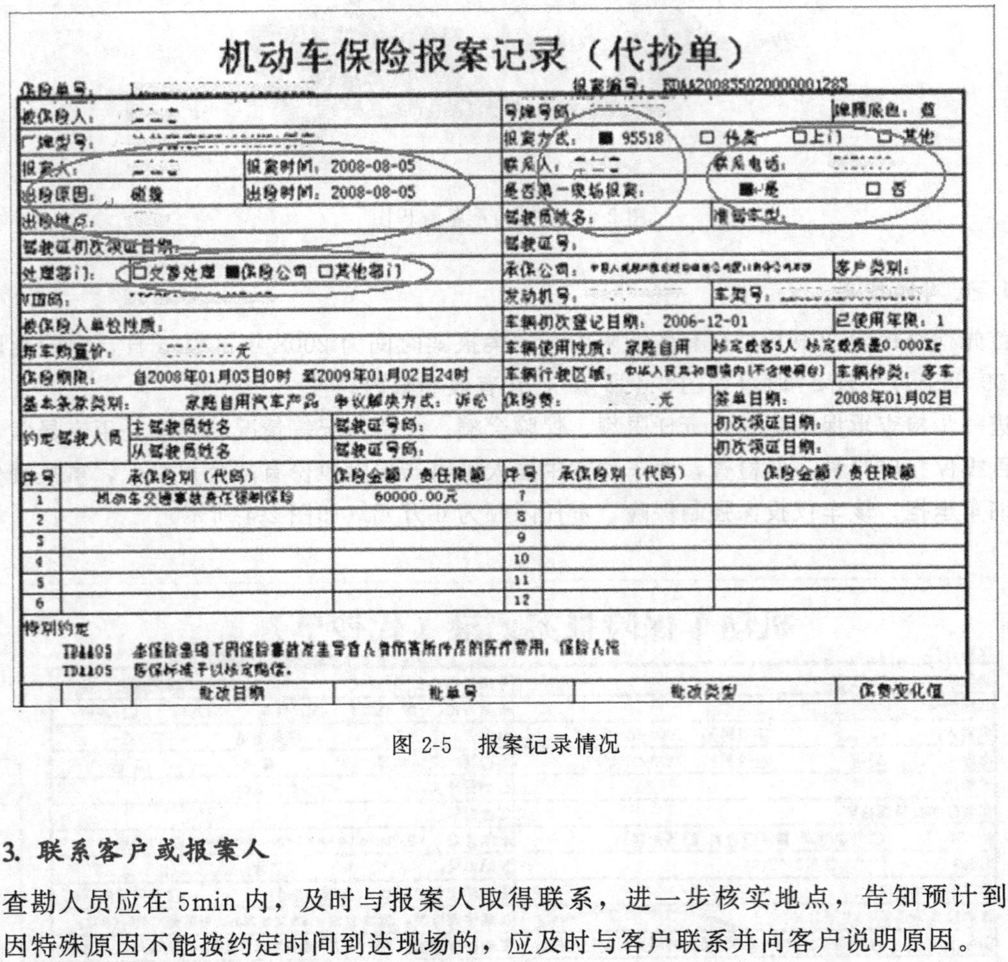

机动车保险报案记录（代抄单）

保险单号： 报案编号：RDAA200835020000001285

被保险人：		号牌号码：	牌照底色：蓝
厂牌型号：		报案方式：■ 95518 □ 传真 □上门 □ 其他	
报案人：	报案时间：2008-08-05	联系人：	联系电话：
出险原因：碰撞	出险时间：2008-08-05	是否第一现场报案：	■是 □否
出险地点：		驾驶员姓名：	准驾车型：
驾驶证初次领证日期：		驾驶证号：	
处理部门：□交警处理 ■保险公司 □其他部门		承保公司：	客户类别：
VIN码：		发动机号：	车架号：
被保险人单位性质：		车辆初次登记日期：2006-12-01	已使用年限：1
新车购置价： 元		车辆使用性质：家庭自用	核定载客5人 核定载质量0.000Kg
保险期限：自2008年01月03日0时 至2009年01月02日24时		车辆行驶区域：中华人民共和国境内(不含港澳台)	车辆种类：客车
基本条款类别：家庭自用汽车产品 争议解决方式：诉讼		保险费： 元	签单日期：2008年01月02日
约定驾驶人员	主驾驶员姓名	驾驶证号码：	初次领证日期：
	从驾驶员姓名	驾驶证号码：	初次领证日期：

序号	承保险别（代码）	保险金额／责任限额	序号	承保险别（代码）	保险金额／责任限额
1	机动车交通事故责任强制保险	60000.00元	7		
2			8		
3			9		
4			10		
5			11		
6			12		

特别约定

TDAA05 本保险单项下因保险事故发生导致人身伤害所产生的医疗费用，保险人按

TDAA05 医保标准予以核定赔偿。

		批改日期	批单号	批改类型	保费变化值

图 2-5 报案记录情况

3. 联系客户或报案人

查勘人员应在 5min 内，及时与报案人取得联系，进一步核实地点，告知预计到达时间，因特殊原因不能按约定时间到达现场的，应及时与客户联系并向客户说明原因。

4. 携带查勘资料及工具

（1）资料部分

出险报案表、报单抄件、索赔申请书、报案记录、现场查勘记录、索赔须知、询问笔录、事故车辆损失确认书（详见附录单证样表）。

（2）工具

定损笔记本计算机（安装有定损用的相关软件，如图 2-6 所示）、数码照相机（配备有闪光灯，如图 2-6 所示）、手电筒、卷尺、砂纸、笔、记录本等。

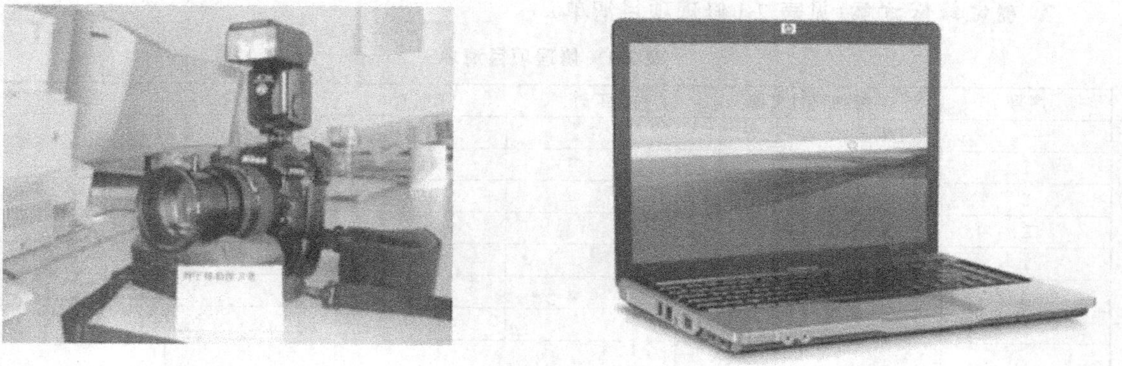

图 2-6　数码照相机及计算机

5. 案情分析

事故发生后双方因为有事所以没在第一时间与保险公司联系，一般这种情况是可以的，只要双方事主及车辆都在就没有问题。9：45定损人员在处理完上一事故后到达现场，此时双方因为此事已经争论了一段时间。

定损人员在讯问了双方事主事故经过之后，定损人员开始对双方车辆进行事故现场查勘。因为桑塔纳轿车只有强制保险，所以对桑塔纳轿车的查勘只是确定事故的真实性。

停放在一旁的桑塔纳轿车因为碰撞的原因，右前杠还留有运钞车的白色油漆，而运钞车左侧也有明显被碰撞后的划伤。

本次事故因为桑塔纳轿车只投保了强制保险，所以定损人员只对运钞车的损失进行赔偿，桑塔纳轿车的维修要自己承担。

6. 事故车辆定损

由查勘人员对事故车损伤的部位进行拍照，确定损失具体情况（图 2-7）。

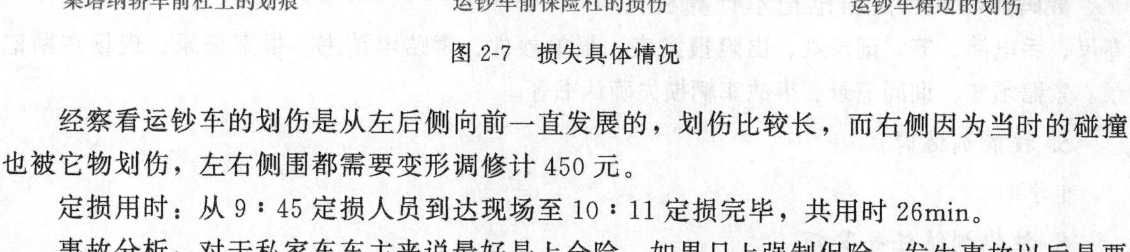

桑塔纳轿车前杠上的划痕　　运钞车前保险杠的损伤　　运钞车裙边的划伤

图 2-7　损失具体情况

经察看运钞车的划伤是从左后侧向前一直发展的，划伤比较长，而右侧因为当时的碰撞也被它物划伤，左右侧围都需要变形调修计 450 元。

定损用时：从 9：45 定损人员到达现场至 10：11 定损完毕，共用时 26min。

事故分析：对于私家车车主来说最好是上全险，如果只上强制保险，发生事故以后是要自己花钱修理的。

7. 确定维修方案(见表 2-1 修理项目清单)

表 2-1　修理项目清单

序号	修理项目名称	工时	工时费	材料费	备注
一：	钣金：				
1	前保险杠		150		
2	裙边		100		
二：	油漆：				
1	前保险杠		150		
2	裙边		50		
小计：			450		
核准人：李××　定损复核人：刘×　定损制单人：程×					

三、技能训练任务二——查勘前的准备

1. 技能训练任务设计

查阅代抄单；阅读报案记录；携带查勘资料和工具

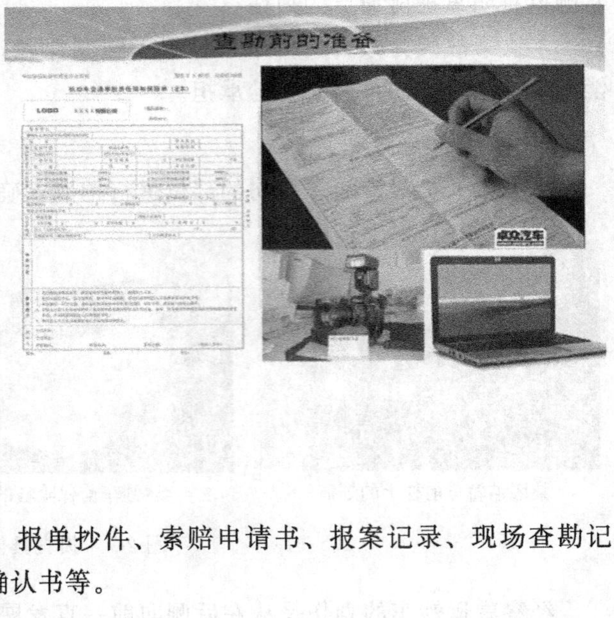

2. 技能训练学生分工

以 3～6 人为一组进行训练，1 人作为当事人报险，1～2 人作为接线员接险、调度员实施调度，1～2 人作为保险公司查勘人员，1 人分析、记录、评估。

3. 技能训练方式

各小组循环进行各项训练。

4. 技能训练准备材料

数码照相机、定损笔记本计算机、卷尺、手电筒、笔、记录本、出险报案表、报单抄件、索赔申请书、报案记录、现场查勘记录、索赔须知、询问笔录、事故车辆损失确认书等。

5. 技能训练时间

1 学时

6. 技能训练任务要领

(1) 查阅代抄单

1) 查验保险单，确认保险期限是否已经到期，对于保险接近保险起止时间的案件，要

做出标记，重点核实。

2）承保的险种确认是否在理赔的范围。

3）注意各险种的保险金额、责任限额，以便做到心中有数。

4）确认缴费情况是否属于分期付款，是否依据约定交足了保险费？

(2) 阅读报案记录

1）被保险人名称，保险车辆车牌号。

2）出险时间、地点、原因、处理机关、损失概要。

3）被保险人、驾驶员及当事人联系电话。

注意：阅读报案记录要准确，切不可马虎大意，要及时和客户联系，避免遭到投诉，加快办事效率，防止损失扩大。

(3) 携带查勘资料及工具

1）准备的资料部分。在查勘前要携带出险报案表、报单抄件、索赔申请书、报案记录、现场查勘记录、索赔须知、询问笔录、事故车辆损失确认书。

2）准备的工具。出险前准备定损笔记本计算机、数码照相机、手电筒、卷尺、砂纸、笔、记录本等工具。

7. 技能训练考核（见附录B学生手册—考核评价）

8. 任务工单（见附录B学生手册—任务工单）

四、职业养成

1. 宣言——机遇只垂青有准备的人

“凡事预则立，不预则废。”任何偶然的成功，其实都有必然的基础。如果说科学上的发现有什么偶然的机遇的话，那么这种“偶然的机遇”只能给那些有素养的人，给那些善于独立思考的人，给那些具有锲而不舍的精神的人，而不会给懒汉。

机遇只垂青有准备的人，时刻准备着就会比别人多出许多机会。

2. 细读宣言

1）准备的程度决定着你前进的距离，走在最前面的，总是那些有准备的人。

2）不要认为所有的准备工作都是为了企业和上司去做的，其实准备的最大受益者是自己。

3）让准备成为一种习惯吧，它会使你受益无穷！

4）善于做准备的员工往往比其他员工更具竞争力，也更受欢迎。

5）蛮干只能使你频繁出错，准备则能体现一个高效员工的价值。

6）对有准备的人来说，危机中往往隐藏着能够改变命运的机会。

7）准备是一种积累，准备没有大小，准备都是从小事开始的。

3. 职业养成

1）随时准备好马上出发去现场查勘。

2）手机24小时开机，准备好手机电池，预防信号不良。

3）准备好查勘的各种单证（出险报案表、报单抄件、索赔申请书、报案记录、现场查勘记录、索赔须知、询问笔录、事故车辆损失确认书等）。

4）准备好查勘的各种工具和设备（定损笔记本计算机、数码照相机、手电筒、卷尺、砂纸、笔、记录本等），照相机或摄像机的内存保证充足，电池保证充足。

5）准备好自己的相关工作证件（驾驶证、身份证、工作证等）。

6）联系客户，准备好与调度沟通后获得的报险信息。

7）现场核实信息，车主身份确认、车主状况确认（伤亡、酗酒、药物麻醉、证照等）、投保信息、车辆信息、出险时间、出险地点等。

4. 阅读材料

愚者错失机会，智者善抓机会，成功者创造机会。对有准备的你来说，遍地都是机会。看来，这准备二字，真不是说说而已。

你还在苦苦地盼望着机会吗？那好，马上去做准备吧！

三流的企业靠策划，一流的企业靠准备。

——王石

现在看来，既然是准备决定了差距，那么为了缩短这段距离，需要我们做的就非常明确了：重视准备，一切从准备做起。这才是能帮助你快速前进的最有效的方法。

知道自己准备好之后的力量，才能与命运周旋。

——史蒂文·芬克

危机无处不在，你准备好了吗？

没有危机感本身就蕴含着危机。

——埃沙德·路透

想成为高效能的执行者吗？那就别再犹豫，马上开始准备吧！

一种职业的责任感和对事业高度的忠诚一旦养成，会让你成为一个值得依赖的人，可以被委以重任的人。

——阿尔伯特·哈伯德

记住，不能围绕目标进行的准备是毫无价值的。

记住了吗？每天多准备百分之一！

把每一件简单的事做好就是不简单；把每一件平凡的事做好就是不平凡。

——张瑞敏

记住，千万不要在小事上忽视了准备。

是否关注细节，这是普通员工与卓越员工的分水岭。

——杰克·韦尔奇

五、学习工作页

见附录B学生手册。

任务 4　现场车损照片的拍摄

★ 学习目标

知识目标		能力目标	
1	熟悉数码照相机的操作原理和注意事项	1	能够熟练正确地使用数码照相机
2	掌握现场车损照片拍摄的内容和技巧	2	熟练掌握车损照片拍摄的技巧

★ 任务描述

一个信息完整的事故现场照片能够反映事故的损失大小，可以作为保险公司事故认定和理赔的依据。那么就要求查勘定损人员要会正确地使用数码照相机，并掌握现场车损照片的拍摄步骤和内容。

一、知识准备

（一）照相机的选择

现代照相机有数码照相机和光学照相机，对于现场查勘建议有条件时采用两种照相机，因为数码照相机拍摄的照片优点是便于计算机管理，便于网上传输，成像快，缺点是易被修改、伪造，光学照相机正好相反。

现场查勘人员应当十分注重通过摄影记录损失情况，因为，照片不仅是赔款案件的第一手资料，而且也是查勘报告具有形象性的旁证材料，更是对文字报告的一个必要补充，应予以充分的重视，防止出现技术失误。

车险查勘人员的理想照相机要求光学变焦范围（相当于 35mm 照相机）不小于 28～112mm，镜头有旋转功能最好。

从目前的保险行业发展来看，数码照相机已经将普通胶卷照相机取而代之，主要原因取决于二者的优缺点。

1. 普通胶卷照相机

优点是：胶片色彩还原真实，层次丰富，感光度可适当提高（超感），而成像质量下降不是很大，底片画幅规格品种多，需要高质量画面时可选用大画幅照相机，机械操作，没电时可维持基本功能，不受计算机病毒干扰。

缺点是：拍摄效果不能及时观察，需要大量、复杂的暗房后期制作，处理药液有污染，浪费大量贵重金属银，胶片是一次性使用，胶膜是有机物易霉变不好长期保存，影像需经光学放大，多次复制像质损失严重，网络传送需先扫描成数码影像，机械部件多，易发生故障，重量大。

2. 数码照相机

优点是：拍摄效果可以立即观察，无需暗房处理，在计算机上进行欣赏和艺术处理相对简单，任意次复制没有影像损失，可以直接通过网络传送，通过记录存储介质存储图像，也可以刻成光盘，长期保存，存储介质可重复使用，机械部件少，故障就少，重量也轻。

缺点是：没电不能工作，受计算机病毒干扰，图像层次受感光元件的制约，感光度不能太高，热噪声大，图像清晰度受像素制约，LED取景暗环境效果不佳，外加闪光灯受触发电压限制，连续拍摄受存储速度制约，易受环境电场、磁场干扰，感光元件对红外线较敏感，高热物体色彩失真。

（二）查勘拍照的基本要求

1. 使用照相机的基本要求

1）使用照相机前必须了解照相机的基本情况，如果长时间没有使用照相机，要检查照相机的各功能是否正常，检查镜头是否清洁，如果有污点会影响拍摄效果。

2）启动照相机，检查电池的容量，根据需要拍摄的时间准备电池，检查存储卡的容量，（虽然照片可以删除，但考虑到实际需要，还是要提前检查）。

3）照相机的焦距调整准确，光线适用得当；现场照相应尽量使用标准镜头，以防成像变形。

4）数码照相机像素调整为480×640，照片大小不超过150k。

5）照相机的日期顺序调整为年、月、日，且显示日期必须与拍摄日期一致，严禁以各种理由调整照相机后备日期。

6）用不同的模式随意拍摄几张照片，检查拍摄效果。

7）局部拍照时，需持稳照相机，同时照相机要聚焦，照片要求清晰并有辅助照片反映所处部位。

8）网上车险理赔系统上传照片的顺序应按先远后近、先外后内、先全貌后配件顺序上传。

2. 现场拍摄的基本要求

1）交通事故查勘照相应当客观、真实，全面、准确地反映保险责任及事故车的受损范围和程度。查勘照相不得有艺术夸张，应影像清晰、反差适中、层次分明。

2）拍照保险车辆特征：包括车牌号、车架号/ VIN码/车架号照片。

3）拍摄保险车辆的行驶证（客运车辆准运证）、驾驶员的驾驶证（驾驶客运车辆驾驶员准驾证，特种车辆驾驶员操作资格证）。

4）双方或多方事故，应拍摄三方车辆的“交强险标志”——正面及背面均需拍摄。条件允许的应拍摄三方车辆交强险保险单。

5）必要时可要求相关证人（包括我方人员）与受损车辆拍摄合影照片。

6）夜间拍摄时，可使用查勘专用手电筒或现场其他照明工具（车辆前照灯），提高现场照度，保证照片清晰可辨。

7）在车场或现场对事故车定损拍照时，先拍整车（能反映车牌号码45°方向拍摄），以判断标的出险行驶方向和碰撞着力点和碰撞走向；车牌脱离车体时，用粉笔标记车号，严禁单独拍摄车牌及损失部位。

8）对受损部位整体相向拍照，以确定碰撞痕迹和损失范围。

9）凡需要更换或修理的部件、部位均必须进行局部特写拍照。

10）内部损失解体后，必须对事故部位补拍照片，并能反映事故损伤原因。

11）对照片不能反映出的裂纹、变形，要用手指向损坏部位拍照或对比拍照或标识拍照，并在拍摄时注意玻璃的光线反光，玻璃单独破碎险中玻璃损坏不严重，先拍一张照片，再击打玻璃受损处使损伤扩大明显后，再拍一张照片。

12）一张照片已能反映出多个部件、部位受损真实情况的不需单个或重复拍照，但重大配件或价格较贵的配件必须有能反映损伤、型号规格或配件编码的单独照片。

13）受损货物、路产照片。照片应能够反映出财产损失的全貌及损失部位，多处受损应分别拍摄；带包装的物品受损应将包装拆下后拍摄，并注意拍摄包装物上的数量、类型、型号、重量等；价值较高的货物在分类后单独编号拍摄。

14）第一现场（包括补勘第一现场）照片能够反映出事故现场的全貌，有明显的参照标志物，如道路全貌（交叉路口情况、道路宽度）、路标、建筑物等，以便于确定大致方位；顺车辆运动方向（包括刹车痕迹），拍摄事故撞击点。

15）拍摄痕迹时，应当在被摄物体一侧同一平面放置比例标尺。比例标尺的长度一般为50cm。当痕迹、物体面积的长度大于50cm时，可用卷尺作为比例标尺。

16）为了提高系统资源使用效率，要求提高照片的使用效率，严禁同类型照片的重复拍摄与录入。

17）能够提供第一现场，要求拍摄第一现场的全景照片、痕迹照片、物证照片和特写照片。

18）要求拍摄能够反映车牌号码与损失部分的全景照片。

19）要求拍摄能够反映局部损失的特写照片。

（三）定损核价照相

1. 专业术语

（1）方位照相

从远距离采用俯视角度拍摄交通事故发生地周围环境特征和现场所处位置的照相方式。视角应覆盖整个现场范围，一张照片无法包括的，可以使用回转连续拍摄法或者平行连续拍摄法拍照。

（2）概览照相

从中远距离采用平视角度拍摄交通事故现场有关车辆、尸体、物体的位置及相互间关系的照相方式。以现场中心物体为基点，沿现场道路走向的相对两向位或者多向位分别拍摄。各向位拍摄的概览照相，其成像中各物体间的相对位置应当基本一致，上一个视角的结束部分与下一个视角的开始部分应有联系。

（3）中心照相

在较近距离拍摄交通事故现场中心、重要局部、痕迹的位置及有关物体之间联系的照相方式。

（4）细目照相

采用近距或微距拍摄交通事故现场路面、车辆、人体上的痕迹及有关物体特征的照相方式。照相机镜头主光轴与被摄痕迹面相垂直。视角应当覆盖整个痕迹，一张照片无法覆盖的，可以分段拍摄。

2. 定损核价照相内容

1）现场方位、概览、中心（重点）、细目照相。

2）现场环境、痕迹勘验、人体（伤痕）照相。

3）道路及交通设施、地形、地物照相。

4）分离痕迹、表面痕迹、路面痕迹、衣着痕迹、遗留物、受损物规格/编码照相。

5）车辆检验（车架号、发动机号）、两证检验照相。

3. 定损核价照相步骤

现场方位→现场概貌—含牌照的标的损失全貌→重点部位→损失细目，这四个步骤的照片要彼此联系，相互印证。

4. 定损核价照相原则

1）先拍摄原始状况，后拍摄变动状况。

2）先拍摄现场路面痕迹，后拍摄车辆上的痕迹。

3）先拍摄易破坏易消失的，后拍摄不易破坏和消失的。

总之，要根据定损核价实际情况要求，既能说明事故的保险责任，又能详细反映事故损失，灵活运用、采取交叉拍摄的方法。

（四）查勘照相的具体要求

1. 现场环境照相

1）按照现场查勘的要求，运用方位照相、概览照相方式，拍摄交通事故现场环境、现场位置和现场概貌。

2）拍摄交通事故发生周围的地形、道路走向和现场所处位置。

3）拍摄交通事故的状态，事故现场有关车辆、尸体、物体的位置、状态。

2. 痕迹查勘照相

1）尽量按照《道路交通事故痕迹物证勘验》标准规定的查勘内容和要求，运用中心照相、细目照相方式，拍摄现场中心和物体分离痕迹、物体表面痕迹、路面痕迹、人体衣着痕迹以及现场遗留物等。

2）拍摄事故现场中心部位或重要局部。

3）拍摄车辆与其他车辆、人员、物体的接触部位以及在路面的痕迹。

4）拍摄事故现场路面、车辆、人体或物体上的各种有关痕迹。

5）拍摄与事故有关并且具有证据作用的物体的形状、大小、特征及颜色。

6）进行近距或微距照相时，被摄物体为深色的，应加白底黑字比例标尺；被摄物体为浅色的，应加黑底白字比例标尺。

7）拍摄分离痕迹。

① 拍摄分离端面的痕迹特征。

② 拍摄分离物在原物体中的具体位置。

③ 拍摄原物体的基本状况及内部结构特征。

8）拍摄表面痕迹。

① 拍摄痕迹的形状、大小、深浅、受力方向、颜色、质感。

② 拍摄痕迹在物体上的具体位置。

③ 有必要进行拍摄检验认定的细微痕迹，可按所需比例直接放大照相。

9）拍摄路面痕迹。

① 拍摄痕迹在路面上的特定位置和起止距离。

② 拍摄痕迹形态、深浅、受力方向。

③ 拍摄路面痕迹的造形客体及其与痕迹的相互位置。

10）拍摄人体衣着痕迹。

① 拍摄人体衣着表面上痕迹的形状、大小、受力方向、颜色。

② 拍摄痕迹在衣着上的具体位置。

③ 每个痕迹拍摄一张照片，同一部位多层衣着和体表都有痕迹的，应根据需要分别拍摄。

11）现场遗留物。

① 拍摄遗留物的形状、体积特征，并充分反映物品的质地。

② 拍摄遗留物在现场中的原始位置。

③ 需要反映遗留物的立体形状时，拍摄不得少于两个侧面。

12）必要时，应拍摄人体手足迹提取照片。

13）需要鉴定的，应拍摄本物体与原形照片。

3. 车辆检验照相

1）根据检验鉴定交通事故车辆的需要，运用中心照相和细目照相方式，拍摄事故车辆的车牌号、车型、部件、零件等。

2）分解检验的车辆及其部件、零件，应当完整地拍摄被检验车辆的损坏情况、形态、车牌号、部件、零件及其所属部位。

3）对分解的部件、零件可根据需要由表及里拍摄分解的各层次，表现出发生故障和损坏的情况。

4）对直接造成交通事故的故障和损坏的机件，可根据需要拍摄该机件的完好与损坏来比照。

5）根据车辆检验鉴定书提列，拍摄有关照片。

① 碰撞痕迹：这种痕迹一般在外形上表现为凹陷、隆起、变形、断裂、穿孔、破碎等特征，一般只要选择合适的拍摄角度即可表现出来。凹陷痕迹特别是较小、较浅的凹陷痕迹较难拍摄，拍摄这种痕迹时，用光是关键，一般可采用侧光，也可利用反光板、闪光灯进行拍摄。

② 刮擦痕迹：这种痕迹一般表现为被刮擦的双方表皮剥脱，互相粘挂，例如，接触点有对方车辆的漆皮或者被刮伤者的衣服纤维，人的皮肉、毛发等。如刮擦痕迹为对方物体的

表面漆皮等有颜色物体，可选择相应的滤色镜拍摄，突出被粘挂物。

③ 机件断裂痕迹：一般都有明显的陈旧裂痕，能在现场照相，应立即拍摄，如不便拍摄，可拆下后进行拍摄。

4. 人体照相

1）根据检验鉴定交通事故当事人死亡或受伤原因的需要，运用中心照相、细目照相方式，拍摄人体的伤痕，为辨认需要，拍摄有关人员的辨认照片。

2）人体伤痕。

① 拍摄痕迹的形状、大小、特征，应尽量表现出创伤程度；有擦、挫伤痕迹和创口的，应放置比例标尺。

② 拍摄伤痕在人体上的具体位置。

③ 拍摄伤员伤痕，应在不影响救护工作的前提下，尽可能拍摄伤痕的原始状况。

④ 尸体头部有伤痕的，应剪去局部毛发，显现伤痕后再拍摄。

3）尸体。

① 拍摄遗留在现场的尸体原始位置。

② 拍摄单独尸体原始着装侧面全身照片和正面半身照片。

③ 多人死亡事故，可拍摄群尸排列场面。

④ 死者脸部严重受损无法辨认的，应拍摄该死者有关证件的照片。

⑤ 无名尸体还应当拍摄尸体生理、病理特征照片和整容后的正面半身照片。

⑥ 尸体检验时，应拍摄正面或侧面全身裸体照片。

⑦ 尸体解剖检验时，应根据法医鉴定需要拍摄有关照片。

4）肇事者。根据案情需要拍摄造成重、特大事故无身份证明的肇事者全身或半身辨认照片。拍摄时，可将肇事者安置在肇事车辆的车牌或车门旁。

（五）知识点

1	数码照相机优点	8	定损核价照相内容
2	使用照相机的基本要求	9	定损核价照相步骤
3	事故现场拍照的基本要求	10	定损核价照相原则
4	方位照相	11	现场环境照相要求
5	概览照相	12	痕迹查勘照相要求
6	中心照相	13	车辆检验照相要求
7	细目照相	14	人体照相要求

二、典型案例

2013 年 2 月 10 日，吴某驾驶的桑塔纳轿车由于超速行驶而刮蹭到护栏，导致右前叶子板受伤。

事故发生后，吴某报案并报险，交通警察赶到现场进行了查勘，认定为单方事故，做出简易事故认定书后，并对其进行了处罚。查勘人员到达事故现场进行现场拍照。

1. 使用照相机前的准备

1）使用照相机前必须了解照相机的基本情况。

2）启动照相机，检查电池的容量，根据需要拍摄的时间准备电池。

3）检查存储卡的容量，（虽然照片可以删除，但考虑到实际需要，还是要提前检查）。

4）如果长时间没有使用照相机，要检查照相机的各功能是否正常。

5）用不同的模式随意拍摄几张照片，检查拍摄效果。

6）检查镜头是否清洁，如果有污点会影响拍摄效果。

2. 照相机操作方式

尽管现在的数码照相机大多都有防抖功能，但是操作姿势不正确，拍摄效果仍然不好。光学防抖配合正确的握持姿势将会更加稳固，能有效保证拍摄效果。

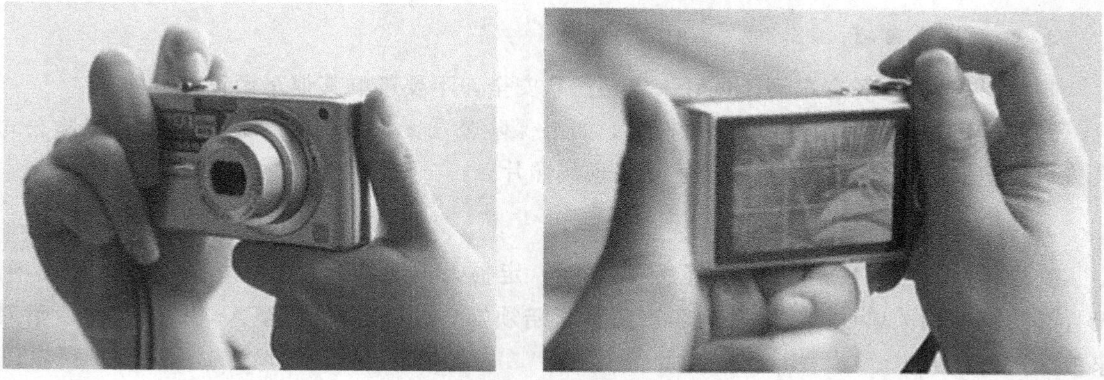

图 2-8　正确的姿势

3. 事故车拍照的四步骤

1）要从车头车尾（车牌照能看清即可）方向照一张事故现场的全景（图 2-9），目的是让理赔人员了解事故现场的环境。

2）要从与车身成 45°的方向拍摄全车照片（图 2-10），需清晰反映出车牌号和碰撞接触情况。

图 2-9 拍摄全车照片

图 2-10　成 45°的方向拍摄

3）可以近距离拍摄车辆与被碰物的碰撞痕迹和接触点（图 2-11）。

4）将车辆移开后分别拍照，需清晰反映车辆损失部位和被碰物上的痕迹（图 2-12）。这样的现场照片基本上就可以采用了。

图 2-11　近距离拍摄

图 2-12　分别拍照

4. 重点注意事项

1）如果碰撞现场有车辆经过时一定要注意安全，不要影响其他车辆正常行驶。

2）出险后一定要先向保险公司报案，如果保险公司无法及时赶到现场的话，保险公司会告诉您应该怎么办，那时您别忘了拍张现场照片。

5. 实施现场拍摄

交通事故发生以后，客户向保险公司报案，定损人员随带查勘工具相关单证赶赴现场，指导客户填写相关单证，发放并向客户解释索赔须知，调查/询问当事人，做好笔录。后对事故车进行拍照。

拍摄的内容和顺序依次是：

（1）事故车驾驶员信息拍摄

定损人员查勘了驾驶员的相关信息后便可进行拍摄。

要求：车损照片必须包含驾驶证，行驶证，部分特种车及营运客车需要上岗资格证。证件拍摄要求把正反面都拍出来，以保证年审日期有效。

相片拍出来后，如果照相机有屏幕的可回放刚才照的相，放大看看是否清晰，需要反映的细节是否能够看到，所有的数字和字母是否清晰可见。

（2）事故现场环境拍摄

要求：现场照片要求能反映出现场车辆的位置和周围环境，车辆的碰撞位置，包含有全车外观的照片必须最少有一张能看清楚车牌号码。

在有条件的前提下，尽量在车的前后左右各拍至少一张照片（图 2-13）。如果是拍比较大的物体（如电线杆，树等）要拍到被撞击物的外观，而不能只拍被撞部位的局部（图 2-14）。

（3）事故车整车拍摄

要求：45°拍摄；能反映车型全貌；清晰显示车牌号码；可以看到损失部位（图 2-15）。

不正确的拍摄方位如图 2-16 所示。

图 2-13　前后左右拍照

图 2-14　拍比较大的物体

图 2-15　事故车整车拍摄

a)　b)　c)　d)

图 2-16　不正确的拍摄照片

a）没有从 45°拍摄　b）没有靠近损失部位拍摄　c）没有反映整车全貌　d）没有清晰显示车牌号码

(4) 事故车信息拍摄

要求：拍摄车辆 VIN 码，17 位码完全，不得缺号，号码清晰可辨（图 2-17）。

(5) 事故车受损部位的拍摄

要求：能清晰反映受损部位的外貌和受损程度；对于损失部位比较隐蔽或较为微小的，还应当针对该部位进行近距离局部拍摄（图2-18）。

图 2-17 正确的车辆 VIN 码照片

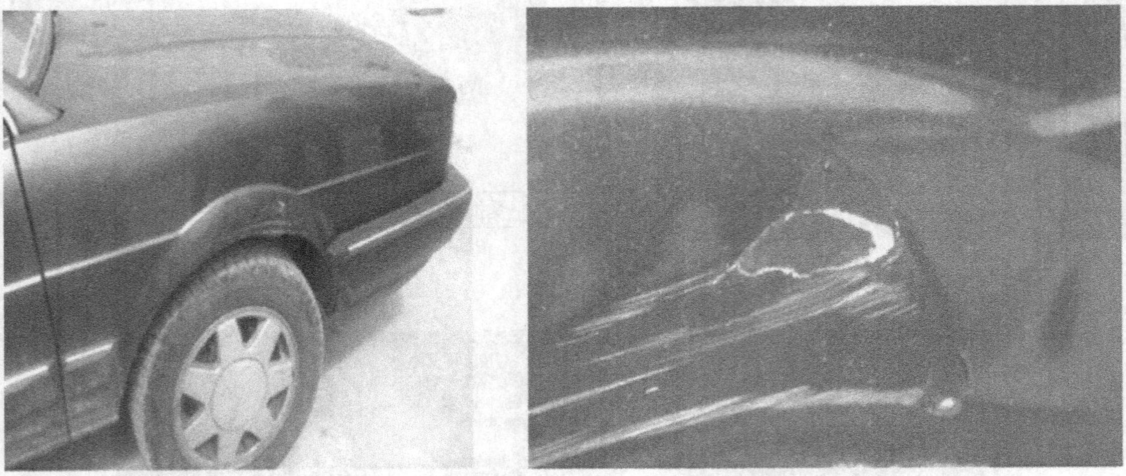

a）　　b）

图 2-18 事故车受损部位的拍摄

a）正确的局部损失部位照片 b）只反映了受损程度，没反映外貌

三、技能训练任务三——事故车车损照片的拍摄

1. 技能训练任务设计

数码照相机的正确使用、事故车正确拍摄内容和步骤。事故车车损照片如图 2-19 所示。

2. 技能训练学生分工

以 3～6 人为一组进行训练，1 人作为当事人报险，1～2 人作为接线员接险、调度员实施调度，1～2 人作为保险公司查勘人员现场拍照，1～2 人分析、记录、评估。

3. 技能训练方式

各小组循环进行数码照相机使用和事故车拍摄训练。

4. 技能训练准备材料

事故车辆、数码照相机、三脚架、计算机、照明工具等。

图 2-19　事故车车损照片的拍摄

5. 技能训练时间

2 学时。

6. 技能训练任务要领

（1）数码照相机的正确使用（图 2-20）

1）熟悉数码照相机的常用功能，能够根据拍摄环境的变化而调节。

2）掌握正确的拍摄姿势，姿势不能只图方便和好看而忽视了拍摄效果。

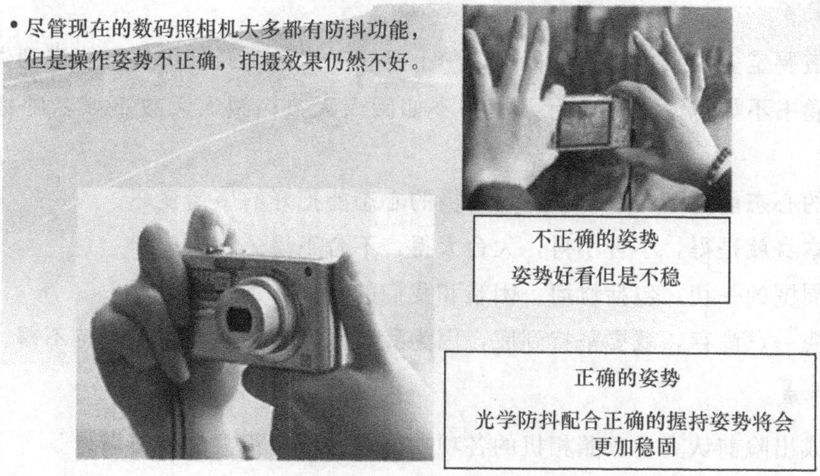

图 2-20　正确使用数码照相机

(2) 拍摄内容

1) 事故车驾驶员信息拍摄。

2) 事故现场环境拍摄。

3) 事故车整车拍摄。

4) 事故车信息拍摄。

5) 事故车受损部位的拍摄。

(3) 事故车受损部位拍摄步骤

1) 要从车头车尾(车牌照能看清即可)方向照一张事故现场的全景，目的是让理赔人员了解事故现场的环境。

2) 要从与车身成45°的方向拍摄全车照片，需清晰反映出车牌号和碰撞接触情况。

3) 可以近距离拍摄车辆与被碰物的碰撞痕迹和接触点。

4) 将车辆移开后分别拍照，需清晰反映车辆损失部位和被碰物上的痕迹。

注意：如果在进行定损时，需要拆解定损的受损零部件总成，要对拆解件进行拍摄，并且事故车牌照必须在照片中反映出来，以确保该受损件是该标的所属件。

四、职业养成

1. 宣言——坚持不懈，直到成功

坚持不懈，直到成功。要尝试，尝试，再尝试。障碍是成功路上的弯路，迎接这项挑战。要忘却昨日的一切，是好是坏，都让它随风而去。我信心百倍，迎接新的太阳，相信“今天是此生最好的一天”。

坚持不懈，直到成功。只要我一息尚存，就要坚持到底，因为我已深知成功的秘诀：坚持不懈，终会成功。

2. 细读宣言

1) 不知道要走多少步才能达到目标，踏上第一千步的时候，仍然可能遭到失败。

2) 读万卷书不如行万里路，行万里路不如阅人无数；阅人无数不如名师指路，因此，要紧跟成功者。

3) 积极的心态能把坏的事情变好，消极的心态能把好的事情变坏。

4) 舍的本身就是得，小舍小得，大舍大得，不舍不得。

5) 感恩周围的一切，包括坎坷、困难和我们的敌人。

6) 只要我一息尚存，就要坚持到底，因为我已深知成功的秘诀：坚持不懈，终会成功。

3. 职业养成

1) 要养成出险前认真检查照相机的各项功能是否使用正常的好习惯。

2) 坚持正确的拍摄姿势和拍摄步骤，认真做好现场拍照的每一步，按要求准确地拍摄车辆受损部位。

3）坚持按照标准选取拍照的角度、位置及标志物，一丝也不放松要求的标准。

4）拍照时手一定不能抖动。

5）按照拍摄的内容和顺序进行拍照，坚持反复拍摄直至成功。

6）不要忘记拍摄车主的相关信息。

4. 阅读材料

成功的八大心态

学习、归零、积极、付出、坚持、合作、谦虚、感恩。

五、学习工作页

见附录B学生手册。

项目训练一　轻微事故车的查勘与定损

1. 项目训练任务设计

通过模拟查勘一起轻微交通事故，坚持贴近学生专业实际、贴近职业活动实际的基本原则，采用贯穿项目训练综合能力的培训课程模式，使学生掌握事故的责任认定和事故现场拍照等技能，并训练学生的与人合作能力。

2. 项目训练学生分工

本项目训练每组共需6名学生，3人参与模拟（2人是当事人，1人是目击证人），1人拍照，1人查勘现场，1人分析、评估，并填写事故责任认定书（图2-21）。

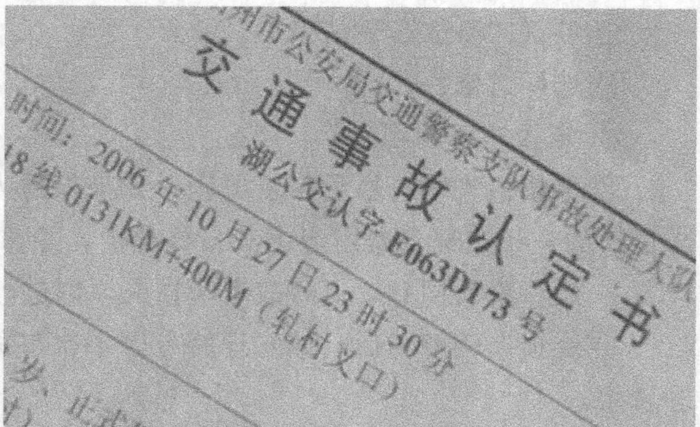

图 2-21　交通事故认定书

3. 项目训练方式

各小组中的成员轮换岗位进行各任务训练。

4. 项目训练准备材料

数码照相机、定损笔记本计算机、卷尺、手电筒、笔、记录本、出险报案表、报单抄件、索赔申请书、报案记录、现场查勘记录、索赔须知、询问笔录、事故车辆损失确认书等。

5. 项目训练时间

4学时。

6. 项目训练任务要领

(1) 汽车保险事故损失确定

1) 定损基本原则。

① 仅限本次保险事故损失。

区别：本次事故损失和非本次事故损失。

正常维护损失与保险事故损失。

② 能修不换。

③ 能局部修，不整体修。

④ 能换零件，不换总成。

⑤ 准确确定工时费用。

⑥ 准确掌握换件价格。

2) 定损步骤。

① 选派两名定损人员工作。

② 根据现场查勘记录，鉴定事故损伤部位。

③ 确定连带损伤部位。

④ 确定维修方案。

⑤ 登记损坏零件（登记顺序：由前至后，由左至右，由外至内，总成分，适当灵活）。

3) 修复与更换分类。

① 确定工时费用。

② 确定材料费。

③ 签订“事故车辆估损单”。

④ 选厂送修。

4) 定损注意问题。

① 事故损失坚持尽量修复原则。如被保险人或第三者提出扩大修理范围或应修理而要求更换的，超出部分费用应由其自行承担，并在定损确认书上明确注明。

② 经保险人同意，对事故车辆损失原因进行鉴定的费用应负责赔偿。

③ 受损车辆解体后，如发现尚有因本次事故损失的部位没有定损的，可追加修理项目和费用。

④ 受损车辆未经保险人同意而由被保险人自行送修的，保险人有权重新核定修理费用或拒绝赔偿。

⑤ 换件残值应合理作价，如果被保险人接受，则在定损金额中扣除；如果被保险人不愿意接受，保险人拥有处理权。

(2) 事故现场的拍摄

1) 事故车驾驶员信息拍摄；

2) 事故现场环境拍摄；

3) 事故车整车拍摄；

4) 事故车信息拍摄；

5）事故车受损部位的拍摄。

（3）事故车辆定损

维修成本＝修理工时费＋材料费＋其他费用

修理工时费＝定额工时×工时单价

工时单价＝基本工时单价×车型系数

基本工时单价与修理厂的类别有关

材料费＝外购配件费＋自制配件费＋辅助材料费

外购配件费（配件、漆料、油料等）

自制配件费按实际制造成本计算

其 他 费用＝外加工费＋材料管理费

材料管理费指采购、装卸、运输、保管、损耗等费用。

情境三　一般事故车的查勘与定损

任务5　现场测量、绘制草图

★ 学习目标

知识目标		能力目标	
1	熟悉现场测量和绘制草图的必要性	1	能够掌握现场测量的技巧
2	掌握现场测量的方法和工具	2	能绘制较复杂交通事故的现场草图
3	掌握绘制草图的方法和工具		

★ 任务导入

在对比较复杂的交通事故（如：连环撞车案等）进行查勘时，需要做事故的责任认定，这个时候就需要进行现场测量和草图绘制。现场测量的方法是否合理和数据的准确性，直接影响草图绘制和事故责任认定，只有做好现场测量和草图绘制两项工作才能有效对事故进行定性和留档。

一、知识准备

（一）交通事故现场测量

形成事故现场的基本因素为空间、时间、车、人（物、或畜）及与事故有关的痕迹、物证等。空间因素是事故现场存在的首要因素。没有造成事故的空间，交通事故也就无从发生，现场也就不会存在。车辆、人、畜及与事故有关的痕迹、物证等，均是在事故定义所限制的空间范围内。因此，确定交通事故现场中参与事故各个元素的空间相对位置，对正确分析交通事故成因具有重要意义。

交通事故现场测量就是使用特定的测量仪器和设备，根据一定的方法和程序，确定交通事故现场参与元素的空间相对位置。现场测量是指测量现场与事故有关的尺寸。包括测量肇事车辆的尺寸及其停放位置，制动印迹的长度、道路的宽度等。

（二）现场测量的基准与定位

现场定位的目的是利用方位物和现场固定参照物，将事故现场上的有关物体，确定在一个相对固定的空间位置。定位是一切测量程序的基本环节，事故现场的定位步骤包括确定事故地点、方位、选择基准点和固定测量点等。

事故地点的位置由道路的名称和其所处的里程碑或明显方位物的名称确定。基准点的选择是为固定事故现场测量对象所设定的参照点，可选择事故现场原有的固定物体（如电线杆、桥梁杆、里程碑等），所选基准点应距事故现场较近，以便测绘。

1. 现场测量的基本内容

1）确定方位，选定坐标，现场定位。

2）测量道路。

3）测量主要物体及痕迹。

4）测量肇事接触部位。

2. 现场定位

（1）现场定位的基础

确定现场方位：现场方位包括事故现场道路的地理位置和道路走向。

确定定位基准点：定位基准点也称作定位参照点，是现场定位时基准坐标系的原点。选择定位基准点的原则是：在现场内或离现场较近，便于测量和绘图；要比较固定、不易移动或消失，经过较长时间仍然能够很容易地在现场找到。

（2）现场定位方法

1）笛卡 IV 坐标定位法（图 3-1）。

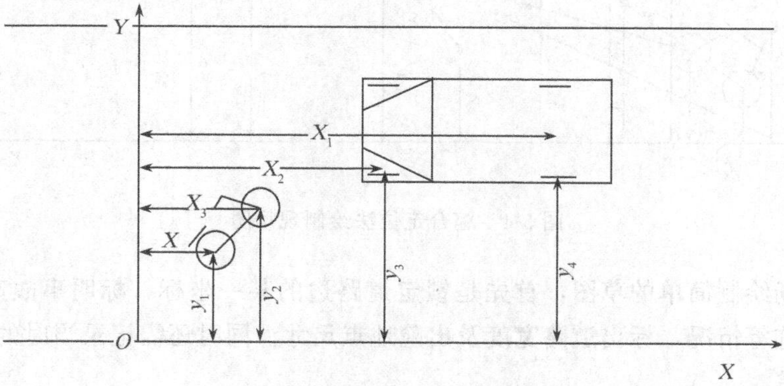

图 3-1　笛卡 IV 坐标定位法绘制现场图

2）极坐标定位法（图 3-2）。

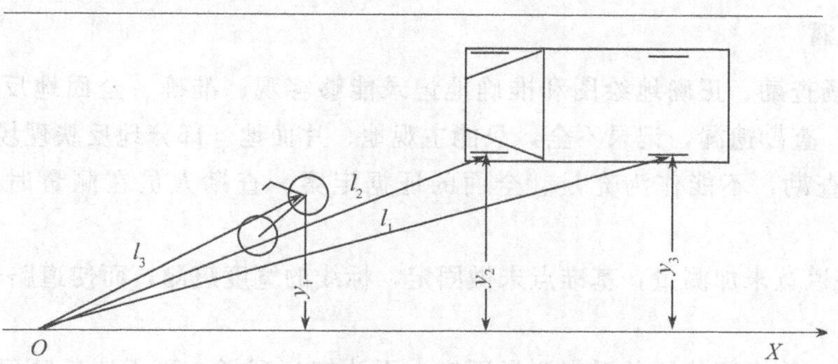

图 3-2　极坐标定位法绘制现场图

3）交叉定位法（图 3-3）。

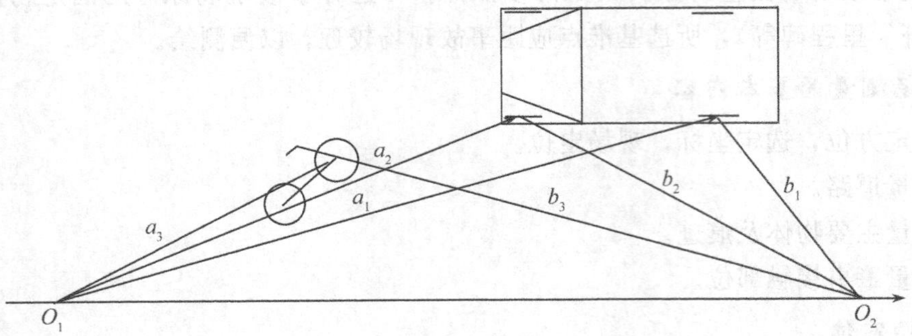

图 3-3 交叉定位法绘制现场图

4）综合定位法（图 3-4）。

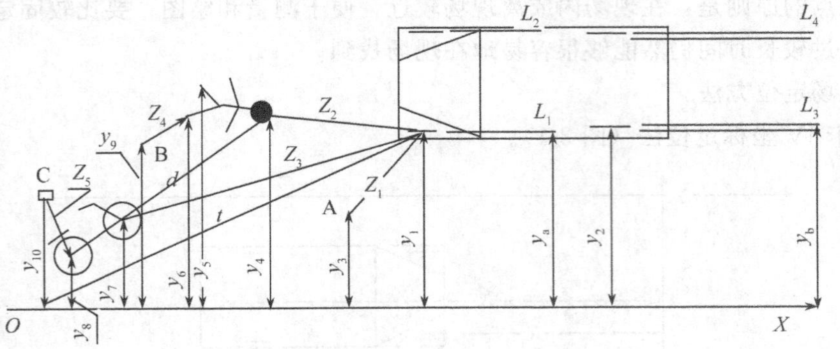

图 3-4 综合定位法绘制现场图

对事故现场绘制简单的草图，首先是锁定道路边的某一坐标，标明事故车、人、方位、道路、制动痕迹等情况，标出道路宽度及出险地点尺寸。同时还需记录当时的气候条件及周围显著标志物等。

（三）测量疏漏及解决办法

1. 测量疏漏

全面地现场查勘、正确地绘图和准确地记录能够客观、准确、全面地反映事故现场状况。测量不准，查勘遗漏，记录不全，只能主观地、片面地、部分地反映现场状况，属于证据不全的现场查勘，不能作为充足、全面的证据定案。查勘人员在测量时的遗漏主要表现在：

1）路面各道宽未加测量，基准点未做固定，标线的宽度疏测，而使道路全宽测数不准，比实际路面窄。

2）人、车、物之间位置关系未测量固定，无法恢复现场，更无法反映原貌。在分析事故中，难以正确判断各当事方驾车行驶在路面上的位置。制动痕印测量不全，轻压、重压痕，轻拖、重拖痕不分，各轮胎制动印长度不一一测量，简单省事，有弧度的制动印，弧顶到路边的距离未测量，难以正确推测车速和无法确定车辆行驶路线。

3）坡道的测量对于在坡道上发生的事故起着重要作用。确定坡度是定责的关键，坡道在山区道路多见。如坡道的坡度超过8%，即为陡坡，在分析事故原因时，既要考虑车辆谁应让谁、谁先通行，又要考虑车辆是否在限速20km行驶，这是问题的症结所在。如果疏漏，在未知坡度的情况下，随意按让行和车速来确定谁的过错都不适宜。因此，坡道事故测量坡度则显得很重要，切勿忽视。

4）弯道的测量容易疏漏，弯道路面常见，急弯道与事故发生时的车速有着紧密关系，转弯半径小于50m的弯道即为急弯，在急弯道行驶的车速有限制。一旦肇事翻车、坠落等，首先考虑当事方的行驶车速问题，比较离心力与向心力的大小，车辆装货的高低测重心位置以及道路建造是否符合标准，是判明肇事直接原因的关键。因此，弯道事故测量弯道半径程序不能省略缺少。通常坡道与弯道的确定是通过测量加计算的办法进行，必须测清、计准。在平时的工作中可以积累此方面的数据。

交通事故现场测量基本上使用卷尺等常用测量工具，通过在现场的人工测量完成。这种测量方式简单易行，但存在两个比较明显的不足。一是由于所有测量数据必须在事故现场测量完成，占道时间比较长；二是根据测量数据的遗漏和差错在事故现场解除后，很难重新进行测量和校对。

随着计算机视觉技术和摄影测量技术的发展，使用摄影测量的方法来确定事故现场参与物的空间位置关系能够有效克服传统测量方法的缺陷。

2. 交通事故再现

交通事故再现是根据已知的信息判断事故是如何发生的。交通事故信息一般有两个来源，一是交通警察的事故勘察报告，二是事故现场和车辆的照片。尽管近年来在一些国家和地区采用了一些先进的测量设备进行交通事故现场勘测（如用全站仪测量事故现场和车辆变形），但由于进行交通事故调查时的局限性，交通警察的事故报告不一定能完整而详细地记录事故再现所需的所有信息。事故现场的有关空间信息，如车辆停止位置、轮胎压印与拖痕、道路擦痕、油迹、碎片和道路外的压痕等，在进行事故再现分析时一般已不复存在。如果交通警察的事故报告中没有完整而详细的事故信息记录，则很难再从事故现场的重新勘测得到，从而给事故再现分析带来困难。然而，这些信息大都存在于事故现场和车辆的照片中。因此，使用一定的手段和方法从事故现场拍摄的影像中提取需要的信息，对进行交通事故再现具有重要意义。

（1）交通事故摄影图像应用

摄影技术自20世纪40年代开始应用于交通事故分析以来，已得到了广泛使用。但长期以来，事故现场照片的应用大多局限于进行简单的定性分析。随着计算机技术和图像处理技术的发展，利用摄影照片对交通事故进行定量分析已成为可能。近年来，国内外对摄影技术在事故再现中的应用已取得了进展，摄影技术在事故再现中的应用主要集中于三个方面：一是利用摄影照片测量事故现场；二是利用摄影照片测量车辆变形；三是利用摄影照片进行智能识别。

由于摄影照片能够迅速而完整地记录事故现场的各种信息，若能利用摄影照片来定量测量事故现场，则可提高现场勘测速度，减少占道时间，提高道路通行能力。根据交通事故现场摄影测量的需要，利用事故现场摄影照片提取事故现场空间位置信息的方法主要有二维方法——俯视摄影测量和三维方法——反投影摄影测量两类。

(2) 俯视摄影测量

如果假设图像上的所有点在空间中都位于同一个平面上，则图像上点的位置与空间中点的位置存在对应关系，就可以由一幅摄影图像确定空间点的相对位置。这种摄影测量方法称为二维方法。事故分析所需要的大多数空间位置参数都位于交通事故现场的道路平面上。对交通事故现场进行俯视拍摄，且拍摄位置高度远大于道路上的车辆等物体高度时，交通事故现场上的各个空间点近似位于一个平面上。这样就可以用一幅俯视摄影图像来恢复交通事故现场空间位置关系。因此，这种二维方法也称作交通事故现场俯视摄影测量方法。

由于在道路交通事故再现中，特别是在事故现场的测量中，许多需要的信息点都位于路面上（如路面标线、轮胎拖痕和擦痕、油迹、散落物等）。在道路环境下，便于设置标定点。即使在没有放置标定物的情况下，根据已知的道路情况也容易找出四个以上的标定参考点。这就可以使用二维方法对其进行重建，以便进行事故现场的重现分析。

二维重建的理论前提是图像上所有点对应的空间实际点都位于一个平面上。由于路面存在拱度、车辆有一定高度等因素的影响，在实际空间中与参考点不在同一个平面上的点经二维重建后会存在误差。

(3) 反投影摄影测量

摄影图像的二维分析方法对俯视摄影测量交通事故现场路面上的点容易实现。但对有一定高度和处于不同平面的点进行测量时，由于不能满足测量点与标记参考点在同一平面上的假设，测量结果误差很大。为了弥补二维分析方法的不足，需要研究适用于交通事故现场测量的三维分析方法。三维分析方法主要是利用反投影摄影测量。这种方法以重现现场中原照片的视点和方位为基础。在摄像机反投影法中，要求根据照片（或幻灯片），回到原现场。用适当的观察设备（如照相机）找出原照片在现场中的视点和方位，从而在交通事故现场达到三维再现的目的。经试验证明，用普通摄像机反投影法进行交通事故的再现，可以得到比较理想的效果。

（四）交通事故现场图绘制

1. 现场图意义

现场图是以正投影原理的绘图方法绘制的。实质上是一张保险车辆事故发生地点和环境的小范围地形平面图。根据现场查勘要求必须迅速全面地把现场上的各种交通元素、遗留痕迹、道路设施以及地物地貌，用一定比例的图例绘制在平面图纸上。它所表现的基本内容是：

1）能够表明事故现场的地点和方位、现场的地物地貌和交通条件。

2）表明各种交通元素以及与事故有关的遗留痕迹和散落物的位置。

3）表明各种事物的形状。

4）根据痕迹表明事故过程，车、人、畜的动态。

交通事故现场图是平面俯视图，利用图例和注记，通过数据，能科学地反映交通事故现场真实的情况。现场图上面记录有地物地貌的符号，有道路的边线、分道情况，车辆停放位置、人体倒卧位置、路面痕迹和散落物等。

一幅好的现场图，要能反映出事故现场的实际情况，包括现场环境、事故性质、现场痕迹及损失情况等，它是研究分析出险事故产生原因、判断事故责任、准确定损、合理理赔的重要依据，现场图不仅是绘图者能看懂，更重要的是能使别人看懂，使没有到过出险现场的人，能从现场图中了解到出险现场的概貌。这样才有利于事故责任认定及后期工作的完成。

通常第一现场查勘须绘制现场图，非第一现场一般已不具备绘制现场图的条件。机动车辆保险中第一现场查勘多为单方事故，现场查勘图无判断事故为哪一方责任的意义，只是为了反映现场状况，使他人通过现场图能够对事故现场状况有一个总体的认识。

2. 现场图的种类

现场图根据制作过程可分为现场记录图和现场比例图。

（1）现场记录图

现场记录图是查勘交通事故现场时对现场环境、事故、形态有关车辆、人员、物体、痕迹的位置及其相互关系所作的图形记录。它是现场查勘的主要记录资料。由于现场记录图是在现场绘制的，而且绘图时间短，因而就不那么工整，但内容必须完整，物体位置和形状、尺寸、距离的大小要成比例，尺寸数字要准确。出图前如发现问题，可以修改、补充。在一般情况下，通过平面图和适当的文字说明，可反映出出险事故现场的概貌。有时，为了表达出险事故现场的空间位置和道路纵、横断面几何线形的变化，也常采用立面图和纵横剖面图。

（2）现场比例图

为了更形象、准确地表现事故形态和现场车辆、物体、痕迹，根据现场记录图和其他查勘记录材料，按规范图形符号（GB/T 11797－2005《道路交通事故现场图形符号》）和一定比例重新绘制的交通事故现场全部或局部的平面图形。

现场比例图是根据现场记录图所标明的尺寸、位置，选用一定比例，按照绘图要求，工整准确地绘制而成的正式现场比例图。它是理赔或诉讼的依据。

3. 绘图的一般要求

1）现场记录图是记载和固定交通事故现场客观事实的证据材料，应全面、形象地表现交通事故现场客观情况。但一般案情简明的交通事故，在能够表现现场客观情况的前提下，可力求制图简便。

2）绘制各类现场图需要做到客观、准确、清晰、形象，图栏各项内容填写齐备、数据完整、尺寸准确、标注清楚。用绘图笔或墨水笔绘制、书写。

3）现场记录图、现场比例图、现场分析图应以正投影俯视图形式表示。

4）交通事故现场图各类图形应按实际方向绘制。

5）交通事故现场的方向，应按实际情况在现场图右上方用方向标标注；难以判断方向的，可用“←”或“→”直接标注在道路图例内，注明道路走向和通往的地名。

6）图线宽度：0.25～2.0mm 之间选择。在同一图中同类图形符号的图线应基本一致。

7）绘制现场图的图形符号应符合《道路交通事故现场图形符号》标准（GB/T 11797—

2005）的规定。《道路交通事故现场图形符号》标准中未做规定的，可按实际情况绘制，但应在说明栏中注明。

8）比例。

① 绘制现场比例图时可优先采用 1：200 的比例，也可根据需要选择其他比例。

② 绘制比例应标注在图中比例栏内。

9）尺寸数值与文字标注。

① 现场数据以图上标注的尺寸数值和文字说明为准，与图形符号选用的比例、准确度无关。

② 图形中的尺寸，以厘米（cm）为单位时可以不标注计量单位。如采用其他计量单位时，必须注明计量单位的名称或代号。

③ 现场测量的尺寸一般只标注一次。需更改时，应做好记录。

④ 标注文字说明应当准确简练，一般可直接标注在图形符号上方或尺寸线上方，也可引出标注。

10）尺寸线和尺寸界线。

① 尺寸数字的标注方法参照 GB/T 50103－2001《总图制图标准》的规定。

② 尺寸线用细实线绘制，其两端可为箭头。在没有位置时也可用圆点或斜线代替。

③ 尺寸界线用细实线绘制，一般从被测物体、痕迹的固定点引出，尺寸界线一般应与尺寸线垂直，必要时才允许倾斜。

11）现场记录图的绘制要求。

① 现场记录图以平面图为主，需要表示局部情况时，可引出局部放大图，必要时也可绘制立面图或断面图。

② 现场记录图绘制的内容包括：基准点（选择现场一个或几个固定物）和基准线（选择一侧路缘或道路标线）；道路全宽和各车道宽度，路肩宽度及性质；第一冲突点遗留在路面的痕迹及与其相关物体、痕迹间的关系数据；各被测物体的痕迹，尸体所在位置，距测量基准线尺寸及相互间尺寸；3%以上的道路坡度，弯道的半径及车高，超车视距及停车视距；路口各相位的宽度及视线区。

③ 绘制的现场记录图应反映出现场全貌。现场范围较大的可使用双折线压缩无关道路的画面。

④ 现场记录图中各物体、痕迹、标志、标线、基准点、基准线等间距，一般使用尺寸线、尺寸数据标注或说明，必要时可使用尺寸界线。

⑤ 现场记录图绘制完毕，必须在现场进行审核，检查有无基准点、基准线及第一冲突点；各被测物体及痕迹有无遗漏，测量数据是否准确，有无矛盾等。

⑥ 现场记录图应在事故现场测绘完成。

12）现场比例图的绘制要求。

① 现场比例图作为证据是现场记录图的补充和说明。

② 现场比例图以现场记录图、现场查勘记录所载的数据为基础和依据，以现场记录图中的基准点和基准线为基准，以俯视图表示，使用相应的图形符号，将现场所绘制的图形及数据按比较严格的比例绘制。

4. 现场记录图的绘制

现场记录图要求在现场查勘结束时当场出图，能在很短的时间内，能把现场复杂的情况完整无误地反映在图面上，这就要求绘图者必须具备一定的业务水平和熟练的绘图技巧。现场记录图的绘制过程如下：

1）根据出险现场情况，选用适当比例，进行图面构思。

2）按近似比例画出道路边缘线和中心线。通常现场图为上北下南，上北下南不易表达时，可利用罗盘确定道路走向。在图的右上方绘指北标志，标注道路中心线与指北线的夹角。

3）根据图面绘制的道路，用同一近似比例绘制出险车辆图例，再以出险车辆为中心向外绘制各有关图例。

4）根据现场具体条件选择基准点，应用定位法为现场出险车辆及主要痕迹定位。

5）按现场查勘顺序先标尺寸，后注文字说明。

6）根据需要绘制立面图、剖面图或局部放大图。

7）核对、检查图中各图例是否与现场相符，尺寸有无遗漏和差错。

8）签名，经核对无误，现场查勘人员、当事人或代表应签名。

5. 现场图的尺寸数值与文字标注

现场数据以图上标注的尺寸数值和文字说明为准，与图形符号选用的比例、准确度无关；图形中的尺寸，以厘米（cm）为单位时，可以不标注单位。如采用其他计量单位时，必须注明计量单位的名称或代号，现场测量的尺寸一般只标注一次。

（五）现场图的图线、图形符号

1. 图线

现场图中的线条称为图线，是现场图的最基本要素。常见图线形式和应用范围见表 3-1。

表 3-1　常见图线

图线名称	图线形式及代号	图线量度	应用范围
粗实线	A	B	1. 可见轮廓线 2. 图例图形线
细实线	B	约 0.3B	1. 尺寸线及尺寸界线 2. 剖面线 3. 引出线 4. 说明示意线 5. 范围线、辅助线 6. 较小图例的图形线
波浪线	C	约 0.3B	1. 断裂处的边界线 2. 变形处的边界线
双折线	D	约 0.3B	断裂处的边界线
虚　线	F	约 0.3B	1. 不可见轮廓线 2. 延长线
点虚线	G	约 0.3B	1. 设立的测量基线 2. 对称中心线 3. 轨道线 4. 分界线

2. 图形符号

图形符号也称图例，是实际的人体、车辆、道路、物品等的简化符号。常见车辆图形符号见表 3-2，安全设施图形符号见表 3-3，动态痕迹图形符号见表 3-4。

表 3-2 常见车辆图形符号

含 义	图形符号	备 注	含 义	图形符号	备 注
客车平面	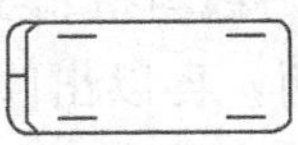	大、中、小、微（除轿车越野外）	电车平面	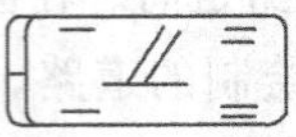	包括有轨电车、无轨电车
客车侧面	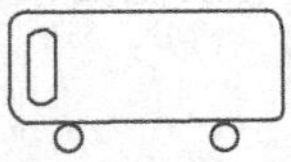	大、中、小、微（除轿车越野外）	电车侧面	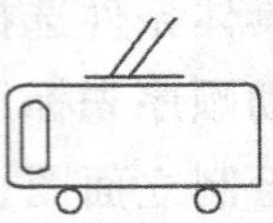	
轿车平面	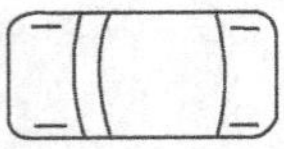	包括越野	正三轮机动车侧面	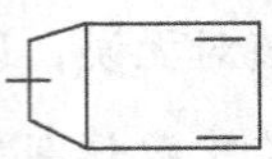	包括三轮汽车和三轮摩托车
轿车侧面	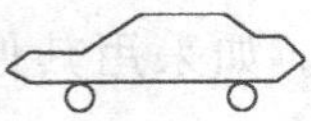	包括越野	正三轮机动车平面	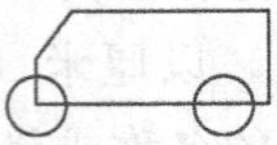	
载货车平面	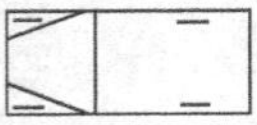	包括重型载货车、中型载货车、轻型载货车、低速载货车、专项作业车	侧三轮摩托车平面	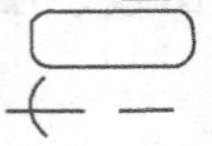	
载货车侧面		按车头外形选择（平头载货车）	普通二轮摩托车	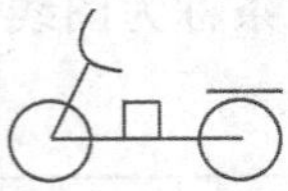	包括轻便摩托车
载货车侧面	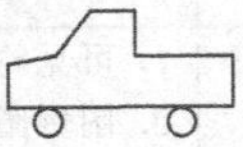	按车头外形选择（长头载货车）	轮式拖拉机平面	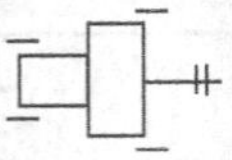	
牵引车平面	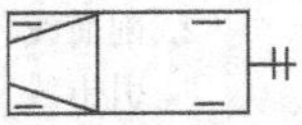		轮式拖拉机侧面	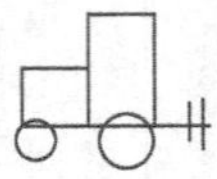	
牵引车侧面	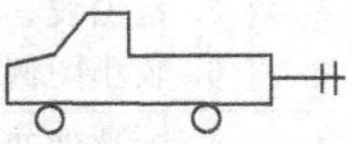		手扶拖拉机平面	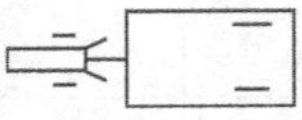	
挂车平面		含全挂车、半挂车	手扶拖拉机侧面	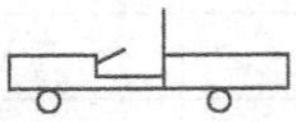	
挂车侧面	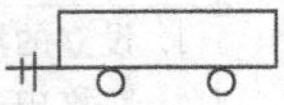		轮式自行机械平面	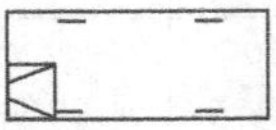	

表 3-3　安全设施图形符号

含　义	图形符号	备　注	含　义	图形符号	备　注
信号灯		包括车道信号灯方向指示信号灯。可水平或垂直放置	禁令标志		
人行横道灯		包括非机动车信号灯，灯色自左向右为红、绿	警告标志	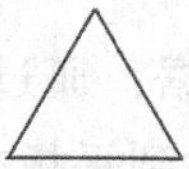	
黄闪灯			指示标志	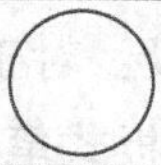	
计时牌			指路标志		
隔离桩（墩、栏）	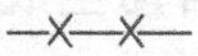		安全境		
隔离带（或花坛）	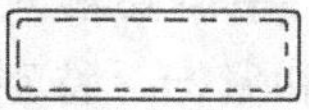		汽车停靠站		
安全岛			岗台（亭）		

表 3-4　动态痕迹图形符号

含　义	图形符号	备　注	含　义	图形符号	备　注
轮胎滚印			挫划印		
轮胎拖印	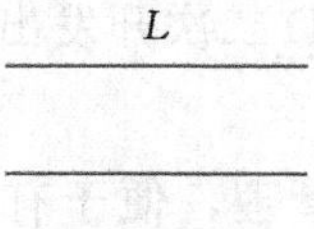	L 为拖印长，双胎则为： 	自行车压印		
轮胎压印			血迹		
轮胎侧滑印			其他散落物		画出范围图形，填写名称

（六）现场查勘绘图系统

交通事故现场查勘绘图系统是根据道路交通事故现场查勘和现场图绘制标准，采用C++高级语言研制开发。该系统使用平板式笔记本计算机，在平板式笔记本计算机上可以如手工画图一样随意画出路形，摆放肇事车辆。使用激光测距仪，自动测出各种所需数据，该数据可自动通过无线传输技术自动传入到平板式笔记本计算机上，简单易操作。该系统极大缩短了查勘时间，当场可打印出标准的事故现场图，避免了因查勘事故现场造成的交通堵塞，为大量发生的非伤亡事故当场调解结案创造了条件。软件系统经《中国版权保护中心计算机软件著作权》登记。

系统可根据用户要求配置事故现场照明灯、勘察车、破拆工具等设备。

1. 系统组成

平板式笔记本计算机、激光测距仪、无线传输设备、锂电池打印机（选配）、绘图软件。

2. 系统功能

1）自动勘测数据：通过激光测距仪自动测出现场所需要的各种数据，再通过无线传输设备将数据自动传输到平板式笔记本计算机上，这些都是自动完成的。

2）直接生成路段：对于事故发生的路段，可从图符中直接调出。某些特殊的异型弯路，可用电磁触控笔在平板式笔记本计算机上随意画出直接生成。

3）直接调入图形：对于肇事的各种车辆、伤亡者、基准点等图形，直接从图符中调入，按实际发生的位置摆放，并可随意调整大小、移动和旋转。

4）自动生成笔录：肇事车辆定位的各种数据及车型在笔录中自动生成，快捷整齐，无须人工输入。

5）多种手写输入：对于现场图里的“说明”和“现场笔录”中需要输入的文字，可用电磁触控笔在平板式笔记本计算机上直接手写输入，无须用键盘和鼠标，特别适合于没有计算机应用基础的警察使用。

6）当场打印出图：用锂电池打印机可当场打印出标准的现场查勘图。对于大量发生的非伤亡事故，为当场调解结案创造了条件。

3. 系统优点

1）快捷省时：整个过程 5min 左右即可完成交通堵塞。符合绘图标准，避免因查勘事故现场造成交通堵塞。

2）便携易用：系统携带方便，易学易用；没有计算机基础的人一学就会。

3）软件稳定：采用 C＋＋高级语言自行开发，避免采用 CAD 二次开发出现的种种错误和烦琐的画图步骤。

4）信息共享：计算机绘图可实现远距离网络传输和文档化管理，便于有关部门了解掌握案情。

（七）知识点

1	交通事故现场	9	事故现场图的意义
2	交通事故现场测量	10	现场记录图
3	交通事故现场测量的基本内容	11	现场比例图
4	现场定位	12	现场图绘制的一般要求
5	事故现场测量疏漏	13	现场记录图的绘制过程
6	交通事故再现	14	现场图的图线
7	俯视摄影测量	15	现场图的图形符号
8	反投影摄影测量	16	现场查勘绘图系统

二、典型案例

2009年10月13日上午，一辆鄂J1XXXX小轿车和自行车相刮擦，造成一人重伤（图3-5）。接到报案后，交通警察和保险公司查勘人员火速赶往现场进行事故现场处理。四名交通警察赶到现场后，立即封锁现场，与保险公司两名查勘人员一起进行现场测量、绘图、取证，并拨通了120急救电话。在事故现场，分工配合，用专业的勘查工具迅速对现场进行了测量、物证提取、制图以及现场照相等工作，整个交通事故现场勘查工作有条不紊、紧张有序地进行。

图3-5　小轿车和自行车相刮擦事故

1. 准备绘图工具

可以利用装有交通事故现场绘图系统笔记本计算机（图3-6）进行计算机绘图，也可以利用专用的交通事故绘图仪和专用的交通事故现场图图纸进行手工绘图（图3-7）。

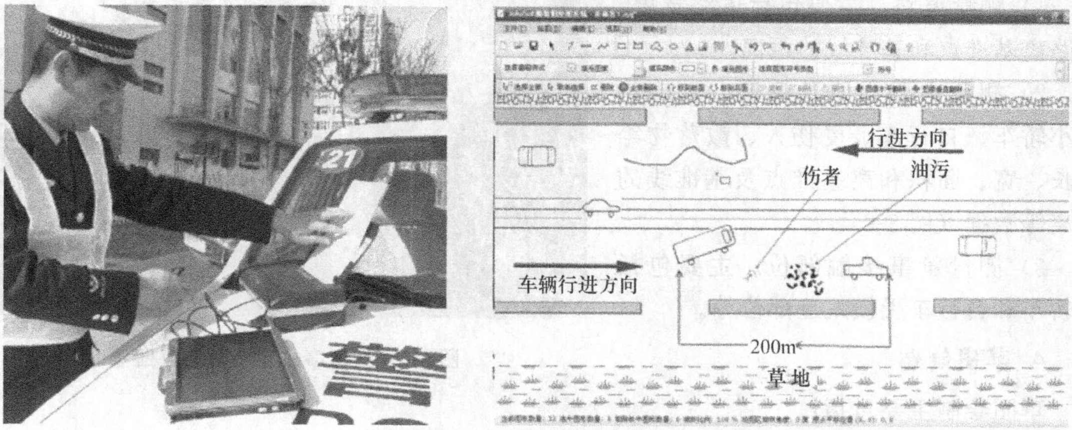

图3-6　交通事故现场绘图系统绘图

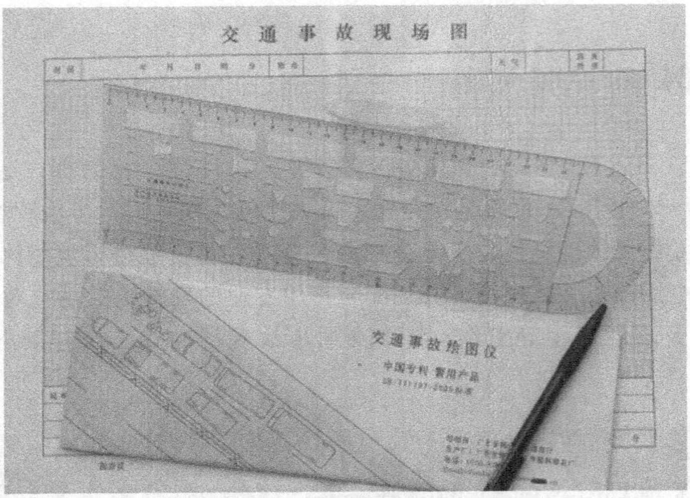

图 3-7 交通事故绘图仪绘图

2. 确定方位，选定坐标，现场定位

现场方位包括事故现场道路的地理位置和道路走向，主道路为东西方向道路，小轿车由东向西行驶，事故发生地点为T字交叉路口，自行车由小道左转进入大道，转弯时发生事故。

选择定位基准点的原则是：在现场内或离现场较近，便于测量和绘图；要比较固定、不易移动或消失，经过较长时间以后仍然能够很容易地在现场找到。通过观察，定位基准点可以选择交叉路口边上的电线杆或者第一棵树木作为基准点，选择道路边的交通白线或道路中间的交通黄线作为基准线。此案中不能选择道路边的流动摊点作为基准点。

考虑到本次交通事故涉及的人和物不多，道路不复杂，现场定位方法可以选用直角坐标定位法或者极坐标定位法。

3. 测量现场数据

测量现场数据主要包括：

1）测量道路。主要包括道路宽度、道路离基准点和基准线的距离。

2）测量主要物体及痕迹。主要包括小轿车、自行车、受伤人、散落物等的长、宽、面积和离基准点及基准线的距离等数据（图 3-8）。

3）测量肇事接触部位。主要包括小轿车和自行车受损痕迹部位等。

图 3-8 交通事故现场测量数据

4. 草图绘制

草图绘制主要包括：

1）定比例。通常交通事故现场图的比例为1：200。

2）确定图形中心。一般应将事故发生的主要人和物绘制在图纸的中间部位。本案中考虑到小轿车和自行车位于道路中心黄线两边，可以将中心黄线确定为图纸的横向中心轴线；考虑到小轿车和自行车分布在前后位置，可以将小轿车和自行车中间位置确定为图纸的垂直方向中心轴线；先将选择的交叉路口边上的电线杆作为基准点在图纸上的位置确定并画出来。

3）绘初稿。先将各基准线位置确定出来，然后将小轿车、自行车、受伤人、散落物的位置、形状、方向、角度和尺寸用规定的图形符号一一绘制出来。

4）描图。将各主要内容进一步绘制标准，需修改确定的一一将图线绘制清楚并加粗。

5）标注说明。主要包括文字说明、尺寸标注、散落物面积、主要物件标注、周边主要物件标注等。

5. 图纸签认

包括绘图人和参与查勘人员签名、时间等内容。

三、技能训练任务四——事故现场测量及草图绘制

1. 技能训练任务设计(图 3-9)

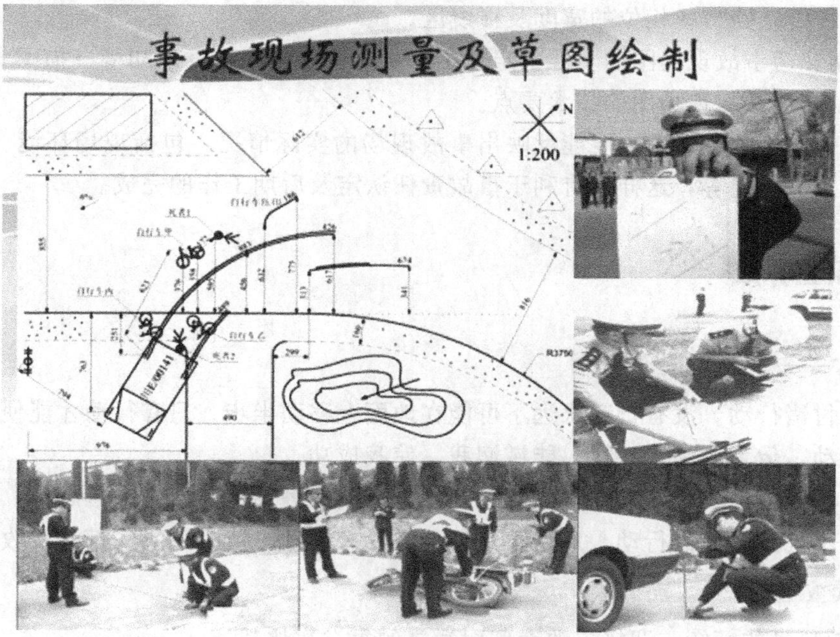

图 3-9　事故车现场测量及绘制

2. 技能训练学生分工

以 3～6 人为一组进行训练，1 人作为当事人报险，1～2 人作为接线员接险、调度员实施调度，1～2 人作为保险公司查勘人员现场测量及绘制草图，1～2 人分析、记录、评估。

3. 技能训练方式

各小组循环进行测量和草图绘制训练。

4. 技能训练准备材料

勘测工具、绘图工具以及自动成像系统等。

5. 技能训练时间

4 学时。

6. 技能训练任务要领

（1）现场测量

1）现场测量的基本内容包括：确定方位、选定坐标、现场定位、测量道路、测量主要物体及痕迹和测量肇事接触部位等。

2）现场定位确定。现场定位确定方法包括直角坐标定位法、极坐标定位法、交叉定位法及综合定位法。

（2）现场草图绘制

1）现场图的内容。基准点和基准线；道路全宽和各车道宽度，路肩宽度及性质；第一冲突点遗留在路面的痕迹及其与其相关的物体、痕迹间的数据关系；各被测物体痕迹、尸体所在位置，距测量基准线尺寸及相互间尺寸；3%以上的道路坡度，弯道半径及超高，超车视距及停车视距；路口各相位的宽度及视线区。

2）绘制交通事故现场图的步骤：定规格→定比例→定中心→绘初稿→描图→标注说明。

3）绘制交通事故现场图的技术要点。

注意：一幅好的现场图，要能反映出事故现场的实际情况，包括现场环境、事故性质、现场痕迹及损失情况等，这样才有利于事故责任认定及后期工作的完成。

四、职业养成

1. 宣言——现在就付诸行动

现在就付诸行动。没有行动永远不可能在地面上移动半步。只有行动才能使目标具有现实意义。行动，像食物和水一样，能滋润我、使我成功。

现在就付诸行动。立刻行动！立刻行动！拖延使我裹足不前，它来自恐惧。要想克服恐惧，必须毫不犹豫，起而行动。成功不是等待，没有行动，所有的果实都无法收获。

2. 细读宣言

1）控制自己的情绪，迎接失败者避而远之的每一次挑战。

2）不把今天的事情留给明天，因为明天是永远不会来临的。

3）成功不是等待。如果我迟疑，她会投入别人的怀抱，永远弃我而去。

4）除了要把握“行动”之外，还要切记“速度制胜”。

5）行动就会有收获，行动就会出结果。快速的行动，更能保证我们得到想要的结果。

6）只有行动才能使我不断前进，才能使我始终保持领先。

7）0.1 永远大于 0，这是一个最基本的数学不等式，更是一个不需要证明的执行真理！

3. 职业养成

1）出险前要认真准备现场测量、绘图工具，只有行动才能使我始终准备充足，才不会错过任何的机会。

2）只有积极去实践，才知道如何正确选择合理的方位、坐标，才能做到正确的现场定位。

3）不多去动手绘制图纸，图纸永远都出不来。

4）只有行动才能使我更加熟练，才能使我得心应手。

5）在行动中才能养成良好的绘图习惯，没有行动的经验永远都是别人的（选好基准点和定位点是关键；重点放在现场的再现，强调相互间位置的准确和清晰；符号和图形规范准确）。

6）不去现场测量，不可能真正掌握绘制草图的技巧。

4. 阅读材料

现在就付诸行动。拖延使我裹足不前，它来自恐惧。现在从所有勇敢的心灵深处，体会到这一秘密。我知道，要想克服恐惧，必须毫不犹豫，起而行动，唯其如此，心中的慌乱方得以平定。现在知道，行动会使猛狮般的恐惧减缓为蚂蚁般的平静。

现在就付诸行动。从此要记住萤火虫的启迪：只有在振翅的时候，才能发出光芒。我要成为一只萤火虫，即使在艳阳高照的白天，也要发出光芒，让别人像蝴蝶一样，舞动翅膀，靠花朵的施舍生活。

现在就付诸行动。不把今天的事情留给明天。现在就去行动吧！即使行动不会带来快乐与成功，但是动而失败总比坐以待毙好。行动也许不会结出快乐的果实，但是没有行动，所有的果实都无法收获。

现在就付诸行动。立刻行动！立刻行动！从今往后，要一遍又一遍，每时每刻重复这句话，直到成为习惯，好比呼吸一般，成为本能，好比眨眼一样。有了这句话，就能调整自己的情绪，迎接失败者避而远之的每一次挑战。

成功不是等待。如果我迟疑，她会投入别人的怀抱，永远弃我而去。

现在就付诸行动。

五、学习工作页

见附录B学生手册。

任务6 收集物证、缮制查勘记录

★ 学习目标

知识目标		能力目标	
1	熟悉交通事故中物证的种类	1	能够掌握交通事故物证提取的技巧
2	掌握缮制查勘记录的基本内容	2	能仔细完整地缮制查勘记录

★ 任务导入

交通事故发生后，能否得到迅速、及时、有效的处理，是确保事故发生路段迅速恢复畅通的关键，而迅速、及时、有效的处理，又与交通事故处理程序密切相关。规范进行交通事故的现场查勘工作，不遗漏任何关键性的痕迹和物证非常重要。本次任务主要是学习如何提取在交通事故现场中的物证、车辆上的痕迹物证、人的身体衣物上的物证等，完成相应的单证填写，作为佐证资料进行备案。

一、知识准备

（一）交通事故中物证的作用

交通事故发生后，通过提取在交通事故现场中的物证、车辆上的痕迹物证、人的身体衣物上的物证等，帮助办案民警和有关人员分析、判断事故的真实情况，继而做出责任认定。交通事故痕迹物证在认定交通肇事逃逸车辆和有争议、复杂的、较大的交通事故现场中起着关键性作用。发生交通事故以后，肇事车辆驶离现场，少数是因为驾驶员确实未发现肇事，多数是驾驶员为了逃避责任而驾车逃逸。逃逸车辆被查获后，驾驶员往往拒不承认肇事，或要求交通民警检验鉴定。在这种情况下，办案民警必须运用痕迹物证的检验鉴定技能对有关痕迹物证进行检验鉴定继而做出责任认定。复杂的交通事故现场如果拿不出合理的与事实一致的证据（即在现场查勘中发现并经检验鉴定的物证），当事各方往往在责任承担上互不相让。重、特大道路交通事故更是涉及当事人是否犯有交通肇事罪的问题，必须要有铁的事实和证据来证明当事人的责任大小。

（二）交通事故痕迹、物证

交通事故痕迹、物证指遗留在交通事故现场或从交通事故现场带走，能证明交通事故真实情况的物品、物质和痕迹，主要包括肇事车辆、人体、现场路面、固定物、附着物、散落物和各种痕迹。

1. 附着物

在交通事故中形成，粘附在肇事车辆、人体、路面及其他物体表面能证明交通事故真实情况的物质。如油漆、油脂、塑料、橡胶、毛发、纤维、血痕、人体组织、木屑、植物枝叶及尘土等微量附着物。

2. 散落物

遗留在交通事故现场，能够证明交通事故真实情况的物品或者物质。如损坏脱离的车辆零部件、玻璃碎片、油漆碎片、橡胶碎条碎片、车辆装载物、结构性土沙碎块、人体抛落在地面上的穿戴物品和携带物品、人体被分离的器官组织，从其他物体上撞、擦掉落在地面上的树皮、断枝、水泥及石头碎块等。

3. 常见痕迹

（1）地面痕迹

交通事故发生过程中，事故车辆轮胎和部件、人体以及与事故有关的物件等与地面接触而遗留在交通事故现场的痕迹，如轮胎痕迹、人的脚印等。

（2）地面轮胎痕迹

车辆轮胎相对于地面作滚动、滑移等运动时，留在地面上的痕迹。

（3）滚印

车辆轮胎相对于地面作纯滚动运动时，留在地面上的痕迹。特征为能清晰反映轮胎胎面花纹形态、花纹组合形态、胎面磨损和机械损伤等特征。

（4）压印

车辆轮胎受制动力作用，沿行进方向相对于地面作滚动、滑移的复合运动时，留在地面上的痕迹。特征为胎面花纹痕迹在车辆行进方向有所延长。

（5）拖印

车辆轮胎受制动力作用，沿行进方向相对于地面作滑移运动时，留在地面上的痕迹。特征为带状，不显示胎面花纹，宽度与胎面宽度基本一致。

（6）侧滑印

车辆轮胎受制动力或碰撞冲击力或转向离心力的作用，偏离原行进方向相对于地面作横向滑移运动时，留在地面上的痕迹。特征为痕迹宽度一般大于或小于轮胎胎面宽度，一般不显示胎面花纹。

（7）搓划印

车辆倾斜或侧翻后在地面上形成的刮擦痕迹。

（8）车体痕迹

车辆在交通事故中与其他车辆、人体、物体接触，造成车辆变形和破损遗留在车体上的痕迹，以及车体上的灰尘或其他附着物等缺失留下的痕迹。

（9）人体痕迹

人体在交通事故中与车辆、道路、物体接触，遗留在人体衣着和体表上的痕迹。

（10）其他痕迹

交通事故中车辆或人体与路旁树木、护栏、道路交通设施等发生碰撞或刮擦，遗留在树木、护栏、道路交通设施等表面的痕迹。

（三）物证查勘原则和一般要求

1. 物证查勘原则

1）物证查勘工作应迅速及时、全面客观、科学缜密。

2）物证查勘工作应严格依照有关法律法规相关条款进行。

3）物证查勘工作应运用科学手段和方法，采取先进技术。

2. 物证查勘的一般要求

1）物证查勘工作应由取得交通事故处理资格等级证书的交通警察或查勘人员担任。

2）物证查勘工作应采用必要的保护设备，采取有效的措施，确保查勘人员的安全。

3）物证查勘工作应配备相应的查勘车辆、查勘提取工具和查勘器材等装备。

4）适用于简易处理程序的交通事故现场痕迹物证，可不进行勘验，按照规定做好必要的记录后，应迅速撤离现场，恢复交通。

5）物证查勘人员应根据各类交通事故的特点，仔细观察交通事故痕迹和物证的形态及特征，有重点的勘验交通事故现场痕迹、物证。

① 查勘发生交通事故的肇事车辆、人体、现场路面和有关物体及其状态、痕迹位置。

② 查勘发生交通事故的肇事车辆、人体行进路线的痕迹、物证。

③ 查勘肇事车辆、人体、现场路面、有关物体接触部位、受力方向及有关的地面遗留物；在事故接触部位及周围寻找事故可疑物，重点查勘第一次接触的痕迹和物证及其相对位置。

6）物证查勘中发现痕迹为承受客体的，应查勘、确定相应的造型客体。查勘和确定造型客体和承受客体接触部位，对于连续发生多次接触，应准确认定造型客体和承受客体第一次接触时的具体部位。

7）物证查勘中应测量肇事车辆、人体、现场路面及有关物体的相对位置，进行定位，明确基准，测量各类痕迹的位置、形状、尺寸等；测量时应以道路边缘、标线或车辆的一侧为基准。测量可用卷尺（或激光测距仪）或摄影测量的方法。测量的最小计量单位为 cm。测量误差：距离小于 50cm 的，最大误差允许为 0.5cm；距离为 50cm～10m，最大误差不得超过 1%；距离超过 10m 的，最大误差不得超过 10cm。对于使用摄影测量方法的，综合测量误差不得超过 1%。

8）物证查勘中应首先使用照相法固定和提取有价值的痕迹、物证；应在被照物旁放置 10cm 长带毫米刻度的比例尺，比例尺应放置在痕迹、物证旁 1cm 以内，与痕迹、物证处于同一平面，刻度一侧朝向痕迹、物证，不得遮掩，妨碍观察；提取时应尽量不损坏提取物，并注明提取物名称、提取人、提取时间、地点、部位、天气、提取方法等情况。对提取的微量痕迹、物证要妥善保管，及时送检。

9）查勘和提取痕迹、物证应做好查勘笔录和提取笔录；记录痕迹、物体的位置、形状、尺寸、查勘过程及提取物等。

（四）物证查勘的具体要求

1. 查勘设备要求

（1）交通事故查勘车

交通事故查勘车外观应符合公安部警车和各保险公司的查勘车辆外观制式涂装规范，应配备反光指示牌、反光围栏、反光背心、手持照明灯或车载照明设备等防护装备。

（2）测量仪器

应配备卷尺、皮尺或激光（超声波）测距仪、坡度测量仪等设备。现场测距、痕迹、物证定位、肇事车辆形变可以应用摄影测量方法。

（3）现场照相、摄像设备

1）现场物证查勘照相应配备彩色胶片照相机或数码照相机，数码照相机要求分辨率大于500万像素。

2）胶片照相机应在指定地点进行照片冲洗、印制。数码照相机应有专人保管，在指定计算机、打印机上下载、打印。

3）现场物证查勘摄像应配备磁带摄像机或数码摄像机。

（4）提取工具和器材

现场物证查勘应配备静电吸迹器、灰尘痕迹固定剂、长波紫外灯、手术刀柄、手术刀片、镊子、纱布、指纹提取工具（一体式指纹刷、磁性笔和吸耳球、指纹胶纸和衬纸）、物证通用标签、物证收集瓶、硫酸纸物证袋、塑料袋、载玻片、提取板盒等现场物证查勘提取工具和器材。

（5）其他器材

现场物证查勘应配备坡度仪、不干胶、比例尺、放大镜、铅笔、玉石笔、卡钳、钢丝钳、指南针、印泥、录音设备、绘图用照明灯、脱脂棉、酒精、医用胶布、手套、口罩、毛巾、肥皂等现场物证查勘常用器材。

2. 物证查勘准备

现场物证查勘工作应按照《交通事故处理程序规定》有关规定进行。有人员伤亡的交通事故，应首先抢救伤员，然后进行现场痕迹、物证查勘。在抢救伤亡人员过程中需要移动肇事车辆、人体或有关物体，应做好相应的标记或照相摄像固定。

3. 痕迹、物证的发现

1）根据交通事故的类型及其特点，通过观察事故发生时所接触到的物体和接触部位所显现出来的异常现象，确定勘验的重点部位。

2）仔细观察交通事故现场，在交通事故现场地面、肇事车辆、伤亡人员及其他有关物体的接触部位寻找发现可疑物；注意发现留在车辆运行的路面上、受伤人或死者的身体上和衣裤上、被车辆碾压的物体上的车轮印痕；注意发现路面上的其他痕迹和车体外、车体内痕迹。

3）采用先进科学的手段和方法发现痕迹、物证。

4. 痕迹、物证的保全

1）痕迹、物证因故不能及时提取时，必须采取保护措施，防止痕迹、物证的破坏和灭失。

2）转向盘上遗留的指纹或轮胎上存在事故物证的车辆，必须先行提取，方能移动车辆。

3）现场路面上的交通事故痕迹和物证，必须在查勘、测量和照相之后，立即进行提取。

4）肇事车辆和物证，最好存放在室内。如果存放在室外，必须用妥善方法，将交通事故痕迹和物证部位保护起来。防止人体触摸或因天气变化造成痕迹和物证的损坏或灭失。

5）不便立即送检的易挥发性样品，必须使用清洁的玻璃瓶、塑料瓶或塑料袋密封，并低温保存。

5. 痕迹、物证的固定

固定方式采用照相、绘制现场图和现场勘验笔录。对交通事故现场进行方位、概览、中心、细目照相或摄像，对交通事故痕迹和物证进行重点拍摄。将交通事故痕迹和物证的位置、形状、大小、特征固定和记录下来。

6. 痕迹、物证提取的一般要求

1）确认或疑似交通事故痕迹、物证，应当进行提取。

2）在查勘和提取物证的过程中，要防止所提的物证被污染。提取物证之前，切勿在物证部位及附近用粉笔、圆珠笔或蜡笔等勾画。提取物证所用的各种工具、包装物、容器等必须干净，用同一工具提取不同部位的物证时，每提取一次，都必须把工具擦拭干净。提取各种物证，特别是提取油脂、血迹、人体组织等，不得重复使用同一工具，切勿用手直接接触物证。

3）对所发现的全部有关痕迹和各类实物，在提取之前应将其形状、数量、颜色、所在地点等分别编号记录。记录方式有录像、照相、绘图和笔录。对发现的实物可直接收取，但必须分别包装，特别是对需进行化验的物质（如血迹、汽油等），包装时应严防污染或相互混杂。对某些分离物或脱落物，在包装时应注意其边沿不被损坏。对交通事故中伤亡者衣服上的车轮花纹痕迹等，应连同衣服提取；对地面上的平面或立体轮迹，应当细心提取。

7. 痕迹、物证提取的具体要求

（1）直接提取

能反映交通事故痕迹及与形成交通事故痕迹有关的小件物品、易分解车辆零部件，应将物品和有关零部件全部直接提取。

（2）间接提取

无法进行直接提取的交通事故痕迹，应采用相应的照相或摄像法、静电吸附法、石膏灌注法、硅橡胶提取法、硬塑料提取法、复印法等技术手段进行提取。

1）拍摄的痕迹影像应完整、清晰、不变形，能反映痕迹的适当部位特征，并附以毫米比例尺。

2）遗留在光滑路面上的加层轮胎花纹痕迹，可采用静电吸附法提取。

3）遗留在路面上的立体痕迹，如泥土路面上的足迹、轮胎花纹痕迹等，可采用石膏灌注法进行提取。

4）对于有一定弹性而且不易断裂和破碎物体表面的痕迹，可用硅橡胶加一定量过氧化物的方法固化提取。

5）对于车辆或物体表面较大面积的痕迹可用硬塑料提取。

6）对于光滑平面上的指纹，如机动车转向盘、车门把手和车辆表面的可疑指纹，可用金属粉末提取。

（3）散落物的提取

1）散落在现场地面的玻璃碎片、油漆碎片、塑料碎片、车辆零部件及装载物等固体物质，可用镊子夹取。

2）沾有事故物证的较大物品以及散落在肇事车辆内的鞋只、钮扣、手套、人体组织等，可用手提取，切勿用手直接接触交通事故痕迹和附着物部位。

（4）附着物的提取

1）沾附在小件物品及易分解车辆零部件表面的物质，应将有关物品和零部件全部提取。

2）沾附在车体或其他较大物体表面的固体物质，可根据物质性质，如油漆、塑料、反光膜、干燥血痕及人体组织等，可用刀片刮、镊子夹等方法提取。必要时，为防止物证丢失，可采用剪、挖、锯等方法将物证连同部分载体一并提取。

3）血液、油脂等液体物质可用滤纸、纱布或脱脂棉擦取。

（5）提取对照样品

1）当肇事逃逸车辆本身的物质或装载物遗留在现场时，查勘人员应将现场遗留物细心提取，妥善保存。待查到可疑车辆后，从可疑车辆的有关部位，提取与现场遗留物外观相似的物质作为对照样品，进行比对检验。

2）查勘可疑车辆时，如果发现可疑附着物，应从被撞车辆、伤亡人体或现场其他物体表面提取对照样品，进行比对检验。

（五）交通事故中物证的提取方法

交通事故中针对不同的物证采用不同的提取方法。

1. 汽车玻璃物证的提取方法

1）判断是否为汽车玻璃。道路交通事故现场多为发生在道路面上，而路面上原有许多物质，也可能有玻璃碎片，若玻璃碎片数量较少，要仔细观察其形态，确定是否为汽车玻璃常用的品种。

2）判断是否为此次交通事故所留的汽车玻璃。注意观察现场玻璃碎片的新旧及污染状态等。

3）玻璃物质的提取方法。对肉眼能观察的玻璃碎片，一般用不锈钢镊子和检材收取勺提取，当玻璃较多，微粒较细，且分布面积较大时，可利用 JKX-AT 型交通事故现场微量物质提取箱中配备的静电取迹器提取。

2. 油漆物证的提取方法

油漆碎片和漆状附着物是交通肇事案件和刑事犯罪案件中的常见物证。尤其是交通事故中车辆之间相撞或刮擦后，被刮擦或碰撞部位的漆层会发生相互间转移；机动车辆若是与行人或骑自行车的人相碰撞或刮擦，有时在受害人衣物上也可能会留下肇事车辆的油漆擦痕。对于上述发生油漆转移的油漆碎片或漆状附着物应进行细致、科学的提取，同时提取比对用油漆，一起送检，可以为排除或确定肇事车辆的事故责任提供科学的物证依据。

(1) 提取油漆物证的一般方法

1) 在提取微量物证之前，应用酒精或干净纱布对常用的提取工具如镊子、手术刀、剪刀、检材收取勺等进行清洗或擦拭。在交通事故现场发现较完整的油漆碎片时，可利用不锈钢镊子轻轻地夹取放入检材收集瓶中。对于微小的油漆颗粒，则应使用检材收取勺或手术刀刮取后放入检材收集瓶中，谨防油漆检材的散失。对于刮擦痕迹部位的油漆附着物，最好是做完痕迹鉴定和拍照之后，小心地将漆状附着物连同载体一起妥善固定好，直接送检，由检验技术人员进行微量漆状附着物的提取。如果将漆状附着物连同载体直接送检有困难，可用JKX-AT型交通事故现场微量物证提取箱中的顶端带粘性的碳台来粘取已刮过漆状附着物的手术刀刀尖部位，或用碳台直接粘取经手术刀刮过的痕迹部位漆状附着物，以便送检进行漆状附着物的无机元素成分分析。

2) 在提取嫌疑肇事车的比对检验用油漆检材时，其提取油漆的部位必须能够形成刮擦痕迹，且比对用油漆的外观颜色要与漆状附着物颜色相一致。当上述条件均一致时，提取两三小块完整层数的油漆做比对检验用。

(2) 事故痕迹处油漆的提取方法

如果在嫌疑肇事车上找到新形成的刮擦痕迹，经过查勘分析后认为痕迹是此次事故造成的，在提取油漆检材时，最好不要直接从痕迹处刮取油漆层，因为在痕迹处提取油漆既破坏了痕迹物证本身，又可能使提取到的油漆层并不完整。只要痕迹处与附近的油漆表层一致，一般可以在痕迹的近处完整提取颜色一致的油漆层。

3. 纤维物证的提取方法

机动车辆与人、动物的毛发接触，往往会将受害一方的部分毛发转移并附着在肇事车辆上，或掉落在事故现场的地面上；机动车辆与人的织物接触也会造成织物纤维的掉落与转移，由于毛发、纤维掉落或附着的数量较少，而且毛发和纤维本身又很细，因此要用手柄放大镜仔细查勘事故现场，必要时应该用光源照射寻找纤维物证。在提取附着物之前，最好用照相机拍下纤维的原始依附状态作为重要位置形态资料。然后用干净的不锈钢镊子进行提取，最后将提取的纤维物证连同所提取的受害人一方（人或动物）被刮擦痕迹外的毛发或织物纤维三至五根一同送检。需要注意的是，应在先用立体显微镜观察到两者的颜色和外观形态近似或一致的基础上才能提取比对检材。

若微量纤维的种类较多，事故现场的散落面积较大难以在肉眼观察下用镊子一根一根地提取，此时可使用JKX-AT型交通事故现场微量物证提取箱中配备的静电取迹器进行提取。

4. 沥青物证的提取方法

在道路交通事故中的沥青物证主要来自路面。由于许多路面是沥青，汽车轮胎橡胶常与沥青路面接触，尤其是炎热的夏天，许多路面的沥青受热后变粘，极易粘附在轮胎面胶表面。当发生交通事故后，汽车驾驶员紧急刹车，造成橡胶物质碎末遗留在路面上，与路面沥青混粘在一起，这是提取轮胎物证的极好机会。除提取轮胎刹车痕迹处的黑色橡胶物质和检验用的相应轮胎面胶外，最好同时提取事故痕迹处沥青物质。方法是：用小刀慢慢刮取路面表层物质，立即放入玻璃瓶中，然后再提取路面1cm深的沥青物质，如有砂石应一同提取，装入另一玻璃瓶中，注明提取部位名称。

（六）交通事故痕迹、物证的测量

对已确定的交通事故痕迹、物证，应测量和记录交通事故痕迹的位置、长度、宽度、高度和方向，事故物证一般存在于交通事故痕迹处，只需测量和记录其位置即可。在交通事故痕迹物证的测量中应记录车辆碰撞损坏变形形状及变形量（长、宽、高或深度），记录交通事故现场路面坡度、转弯半径、附着系数等情况。

1. 地面痕迹测量

1）地面轮胎痕迹。

① 测量地面轮胎痕迹的种类、形状、方向、长度、宽度、痕迹中的附着情况，以及轮胎的规格、花纹等。

② 逃逸交通事故现场应测量肇事逃逸车辆两侧轮胎痕迹的间距和前后轮胎痕迹起止点的间距，判明肇事逃逸车辆的类型和行进方向。在有电子监控设备的路段，应及时查询监控设备所记录的车辆信息。

③ 测量滚印、压印、拖印、侧滑印、搓划印分段点相对路面边缘的垂直距离、痕迹与道路中心线的夹角，痕迹的滑移、旋转方向及旋转度数。

④ 滚印、压印、拖印、侧滑印、搓划印及痕迹突变点应分别测量；弧形痕迹应分段勘验；轮胎跳动引起的间断痕迹应作为连续痕迹测量，根据需要记录间断痕迹之间的距离。

2）测量车辆、鞋底或其他物体留在地面上的搓划、沟槽痕迹的长度、宽度、深度，痕迹中心或起止点距道路边缘的距离；确定痕迹的造型客体。

3）测量与交通事故有关的地面散落物、血迹、人体组织等的种类、形状、颜色，及其分布位置；确定主要散落物第一次着地点和着地方向。

4）水泥、沥青、块石路面上的痕迹被尘土、散落物覆盖时，在不妨碍其他项目勘验的前提下，可照相后清除覆盖物再测量。

5）根据需要制作痕迹模型，提取地面的橡胶粉末、轮胎的橡胶片、轮胎胎面上的附着物等，进行检验、鉴定。

6）测量装有制动防抱死装置（ABS）车辆地面轮胎痕迹，注意其制动痕迹大多为压印，偶尔为轻微的拖印，且轻淡、不易发现、易消失等特征。

2. 车体痕迹测量

1）勘验车体上各种痕迹产生的原因。勘验车辆与其他车辆、人体、物体第一次接触的部位和受力方向，确定另一方相应的接触部位。

2）勘验车体上各种痕迹的长度、宽度、凹陷深度、痕迹上、下边缘距离地面的高度，痕迹与车体相关一侧的距离。

3）勘验车辆部件损坏、断裂、变形情况。

4）与车辆照明系统有关的交通事故，应提取车辆的灯泡、灯丝及其碎片。

5）车辆与人体发生的交通事故，要特别注意勘验，提取车体上的纤维、毛发、血迹、人体组织、漆片等附着物。

6）需要确定车辆驾驶员的，应提取转向盘、变速杆、驾驶室门和脚踏板等处的手、足痕迹及附着物。

3. 人体痕迹测量

(1) 一般要求

测量人体痕迹之前，应先照相或现场调查、走访，记录受害人在现场的原始位置。人体痕迹勘验应从外到里进行，先衣着后体表。

(2) 测量衣着痕迹

1) 测量衣着上有无勾挂、撕裂、开缝、脱扣等痕迹、有无油漆、油污等附着物，鞋底有无搓划痕迹。

2) 测量衣着上痕迹、附着物的位置、形状、特征，造成痕迹的作用力方向，痕迹中心距足跟的距离。

3) 根据需要测量衣着的名称、产地、颜色、新旧程度等特征及穿着顺序；提取必要的衣着物证。

(3) 测量体表痕迹

1) 交通事故死者的体表痕迹由查勘人员或法医勘验；伤者的体表痕迹一般由医院诊断检查，根据需要可由法医检查或由查勘人员在医务人员协助下检查。

2) 查勘交通事故死者体表损伤的形成和尸斑、尸僵形成情况，确定死亡原因、时间。

3) 检查性别、体长、体型等体表特征。

4) 测量体表损伤的部位、类型、形状尺寸、造成损伤的作用力方向；损伤部位距足跟的距离，损伤部位的附着情况。

5) 查勘各主要骨骼有无骨折，肢体有无断离现象，体内组织有无外溢。

6) 根据需要提取伤、亡人员的衣着、血液、组织液、毛发、体表上的附着物等，进行检查、鉴定。

4. 其他痕迹、物证测量

1) 测量行道树、防护桩、桥栏、隔离设施等固定物上痕迹的长度、宽度、深度及距离地面的高度，确定造型客体。

2) 提取有关脱落物或部件碎片，注意保护断口形态，留做整体分离的物证。

3) 逃逸交通事故现场应提取现场遗留的所有与交通事故有关的痕迹、物证。

4) 从车辆上掉落的沙土、油脂、装载物品等，可以反映车辆的使用情况，特别是从轮胎上脱落的泥块，能反映车辆的行驶状态和轮胎花纹的局部形态。对这些物证均应提取，并妥善包装、保留，以便检验鉴定。

5) 由道路交通事故引发的车辆火灾应勘验火灾起火源。

5. 送检

对交通事故痕迹、物证进行了查勘、测量和记录，尚不能满足事故处理工作的需要，应提取有价值的痕迹、物证，送交专业技术人员或具备资格的检验鉴定机构进行检验、鉴定，对提取的微量痕迹、物证要妥善保管，及时送检。

1) 肇事车辆行驶速度的技术鉴定：对于装有符合 GB/T 19056—2003《汽车行驶记录仪》标准汽车行驶记录仪的肇事车辆可从汽车行驶记录仪直接提取有关数据；对于发生碰撞事故后安全气囊打开的肇事车辆可从安全气囊记录模块中提取数据。

2）对有酒后驾驶机动车引发交通事故的嫌疑人，提取血液进行酒精浓度检测，检测按照 GB 19522－2004《车辆驾驶人员血液、呼气酒精含量阈值与检验》标准执行。

3）肇事车辆安全性能技术鉴定按照 GB 7258－2004/XG3－2008《机动车运行安全技术条件》国家标准第 3 号修改单标准的有关规定执行。

4）对未知名尸体，应提取人身识别检材，采集 DNA 信息进行检验、鉴定。

（七）缮制查勘记录

当交通事故发生后，公安交通管理部门办案人员和保险公司查勘人员接报后迅速赶到事故现场，运用科学方法和技术手段，对交通事故现场进行实地勘验、检查后，将结果完整、准确地加以记录并用以反映现场查勘情况的文字材料，称为道路交通事故现场查勘记录。它既是现场调查工作的纪实，又是记录肇事事实，分析事故原因，甄别当事人供述，认定事故责任的依据，并为事故损害赔偿和依法处理肇事人提供证据。

缮制查勘记录报告的内容应全面准确。其内容为出险时间、地点、原因、施救过程、损余物资处理、损失情况、定损和修理意见、善后措施等。查勘记录报告必须由现场查勘人员缮制，一人缮制，另一人复核，两人签章上报。

1. 格式、内容及写作方法

道路交通事故现场记录由首部、正文、尾部三部分组成。

（1）首部

基本情况栏要写明事故发生的时间、地点、天气、路面性质、开始查勘时间、结束查勘时间。

（2）正文

正文包括简要案情、查勘情况、附记三个层次（见表 3-5）。

表 3-5　正文内容

层次	定位	具体内容
简要案情	主要简洁记录案情	包括当事人驾驶的车辆（车型、车牌号）在什么情况下发生了交通事故及事故发生的经过、原因、人员伤亡、物品损失等情况
查勘情况	现场查勘记录的中心部分	现场的具体地点和位置、周围环境、路段地形地物、肇事车辆与现场其他物体、痕迹的相互位置
		现场道路状况。如路形、路质、路宽、视线等
		肇事车辆痕迹。如车辆碰撞、挫划印痕、油漆脱落痕迹、车上头发、皮屑、血迹、手印等痕迹的部位、形状、特征及位置
		现场路面痕迹。如轮胎痕迹、制动拖印长度、车辆停止位置及状态等
		车辆检查自查情况。如车辆转向制动、传动、仪表、灯光、发动机效能状况等
		伤亡检查情况。如伤者的受伤部位、血迹部位、尸体位置与车辆的距离等
附记	主要写明备注情况	提取物证情况
		采取痕迹的名称和数量
		拍照、录像的内容和数量
		绘制现场图的种类和数量

(3) 结尾

由现场查勘指挥员、查勘人员、绘图员签名，并注明此现场查勘记录共几项。

2. 几种交通事故现场查勘记录的重点

(1) 机动车碰撞行人事故现场查勘记录的重点

1) 现场上人、车、物及与事故有关的痕迹、物体的方位及其相互关系。

2) 人行横道前所在位置、横道路线、车与人相撞时接触的部位及各自所在的位置。

3) 机动车上的毛发、头屑、血迹、手印、人体组织及其他附着物的部位及距离，车与人损伤部位距离地面高度是否相符。

4) 轮胎印痕、制动拖印长度和始点、终点至基准点的距离（制动拖印呈弧形状的还应测量凸凹处距路边的距离）。

5) 变动现场情况。变动物原来的位置与状态，及其与变动后位置的变化。

6) 机动车制动是否合格。

(2) 机动车碰撞自行车事故现场查勘记录的重点

1) 机动车、自行车相撞后的停止位置和骑车人躺卧位置、状态及三者之间在路面上的方位及位置关系。

2) 路面上机动车制动印和自行车轮下轧痕、在地拖印始点及其他遗物的方位，至快慢分道线或路边距离，及双方在肇事前行驶的路线。

3) 机动车车身痕迹的形状、所在部位及与车前端距离和离地高度以及自行车受力变形部位、方向、形状、离地高度。

4) 路口内机动车碰撞自行车，双方车辆停放位置至路口中心，各方来自路口停车线的距离，以及机动车制动印始点至路口切线或路口中心的距离。

5) 双方车辆制动是否有效，自行车载物是否超重、超长、超宽，碰撞后物体散落的位置。

(3) 机动车相撞事故现场查勘记录的重点

1) 双方车辆相撞后停止位置和状态、车与车之间的位置关系。

2) 双方车辆制动痕迹、痕迹突变的位置、长度和形态，痕迹和车辆的关系，制动印始点至路口中心、路口切线或路边（分道线）的距离。

3) 散落物的位置，散落物掉落的高度及抛出距离。

4) 双方车辆第一次碰撞破损痕迹所在部位、破损程度、着力方向、痕迹表面异物和颜色、痕迹面积、距地面的高度和车辆前后端角的水平距离。

5) 事故车辆档位、气压、装载、制动装置及效果、后视镜、方向机自由转动量、雨天雨刷器效能、夜间照明灯光及车尾事故中前车制动灯性能等。

(4) 机动车翻车事故现场查勘记录的重点

1) 现场路面的结构（如沥青、碎石、沙石、砾石、混凝土、木板、沙砖等），路面是否干燥或潮湿，有无积雪或泥土，附着系数的大小等。

2) 现场道路有无破损，或横坡度（龟背形）、转弯半径、外超高的高度以及路面坡度对车辆行驶稳定性的影响。

3) 车辆翻覆时遗留在路面上的制动拖印及轮胎挫划印痕所在位置、形状、面积，车辆翻覆起点至翻车止点的距离，车辆翻覆后的状态、损坏部位及其程度。

4）伤亡人员所在位置及散落物散落的方向、抛落位置和抛出距离。

3. 注意事项

制作现场查勘记录的基本要求是清楚、准确，能真实、客观地反映现场概况，做到根据记录内容恢复现场的原始状况。为此，在记述现场地点、方位、物体之前，要选择一叙述的基准点，然后用东、南、西、北“四至”的方法进行叙述，不要用“里外”、“前后”、“左右”，以免产生歧义。对现场的分析、判断、估计、推测的情景都不能写进记录，以免失去其证据作用和法律效力。

（八）现场访问的技巧

1. 交通事故询（讯）问技巧

交通事故当事人陈述和证人证言是交通事故处理的重要证据，对认定事故事实、分析事故原因、认定事故责任具有非常重要的作用。交通事故询（讯）问是调查取证工作的重要组成部分。交通事故询（讯）问的主体是公安交通管理部门，具有相应事故处理资格的事故办案民警。交通事故询（讯）问的被询（讯）问人是交通事故肇事人、其他当事人和证人。

交通事故询（讯）问技巧是指公安交通管理部门的事故办案人员在交通事故询（讯）问中，巧妙地掌握和运用询（讯）问方法的能力。制作询（讯）问笔录是办案人员的基本功之一。做好交通事故询（讯）问工作，取得可靠的当事人陈述和证人证言，是交通事故办案人员必须掌握的能力之一。为了做好询（讯）问工作，提高调查取证工作质量，事故办案人员应当认真研究交通事故询（讯）问技巧。

交通事故询（讯）问技巧的内容包括五部分：第一，重视现场询（讯）问；第二，正确地使用证据；第三，发现和利用矛盾；第四，适时进行说服教育；第五，提问的技巧。询（讯）问技巧的主要内容是第二、第三和第四项。重视现场询（讯）问，是交通事故询（讯）问技巧的特点。交通事故案件与刑事犯罪案件的主要区别之一是，当办案人员到达现场时，交通事故肇事人、其他当事人和证人在大多数事故中可能同时出现在事故现场，而在刑事犯罪现场可能只有被害人在现场。在交通事故询（讯）问中，重视现场询（讯）问可能收到事半功倍的效果。

2. 现场询（讯）问

（1）现场询（讯）问的规定

《交通事故处理工作规范》第二十六条第四项规定：交通警察查勘现场应当携带询问、讯问笔录纸、印泥等现场调查用具。第三十四条规定：“交通警察应当向现场人员了解交通事故基本情况，寻找证人，记录有关情况和证人的联系方法，在查勘现场同时或者之后进行询问。”

根据《交通事故处理工作规范》的规定，现场询（讯）问是现场查勘的内容之一。但是，许多事故办案人员在现场查勘时，不进行现场询（讯）问。原因主要有两个方面：第一，怕麻烦；第二，根本没有现场询（讯）问的概念，不知道应当进行现场询（讯）问。这样将严重影响提高交通事故调查取证工作的质量。

(2) 现场询（讯）问的目的

强调应当进行现场询（讯）问的目的是为了提高询（讯）问笔录的真实性。提高询（讯）问笔录真实性的有效措施之一是在事故发生以后尽快取得询（讯）问笔录。其原因如下：

第一，交通事故刚刚发生，各方当事人和证人对交通事故事实记忆犹新，所能提供的当事人陈述、证人证言的全面性和真实性较好。

第二，发生事故以后尽快取得询（讯）问笔录，可以有效防止当事人之间和当事人与证人之间串供，影响询（讯）问笔录的真实性。

第三，可以有效防止社会不正之风对询（讯）问笔录真实性的影响，在这种影响还没有施加之前取得询（讯）问笔录，提高询问笔录的真实性。

第四，发生事故以后，当事人在趋利避害心理的驱使下，对自己有利的就多说、添枝加叶的说，对自己不利的就少说，甚至不说。发生事故以后时间越长，趋利避害心理对询（讯）问笔录真实性的影响越大。

因此，发生交通事故以后，进行交通事故询（讯）问越早越好。《交通事故处理工作规范》第四十六条规定："交通警察应当确认肇事人、其他当事人、证人，按照《公安机关办理行政案件程序规定》及时对肇事人、其他当事人、证人进行讯（询）问或者由其自行书写陈述，并制作"讯（询）问笔录"、"交通事故当事人陈述材料"，告知肇事人、其他当事人、证人依法享有的权利和义务。对需要保密的内容，应当依法保密。""对发生有人员伤亡的交通事故，交通警察应当在 24 小时以内对肇事人、其他当事人、证人进行讯（询）问工作。肇事人、其他当事人、证人因伤情严重无法接受讯（询）问的，应当记录在案，并告知其所住医疗机构，待其能够接受讯（询）问时，立即通知办案交通警察。"根据该规定，有人员伤亡的交通事故，因为不可能在事故现场对伤员进行现场询（讯）问，所以应当在现场查勘完结以后，只要没有下一个现场等待查勘，事故办案民警应当从现场到医院，探视伤员，向医生询问伤情，如果伤员能够接受询（讯）问，事故办案民警应当立即对伤员进行询（讯）问。

通过现场询（讯）问，了解交通事故发生的基本事实，有助于高质量地完成现场查勘工作。特别是对交通肇事逃逸案件，寻找证人，通过询（讯）问取得关于破案的重要线索，对于尽快破案具有重要的意义。

(3) 现场询（讯）问的对象

现场询（讯）问的被询（讯）问人包括三个方面：肇事车辆的驾驶员、其他当事人和证人。

对于非逃逸事故，现场询（讯）问的重点对象是肇事车辆的驾驶员和证人。对于逃逸事故，现场询（讯）问的重点对象是报案人、最早发现事故现场的人和知情人。他们往往能够提供一些重要的破案线索。

(4) 现场询（讯）问的任务

现场询（讯）问的任务有两项：第一，查找被询（讯）问人，认定和查实当事人的身份，寻找证人；第二，现场询（讯）问，取得询（讯）问笔录。

事故办案民警到达现场以后，应立即寻找证人，否则，一旦证人走失，以后就很难找到。寻找证人的方法：

第一，向事故当事人询问。

第二，向证人询问事故发生时还有其他哪些证人在现场。

第三，深入现场周围，挨门串户进行查找。对事故现场附近居住的居民、学校的学生、店铺的经商人员、单位的职工、工厂的门卫、临时作业人员、过路停留人员等，进行深入细致的排查走访。

第四，对发生事故时途经事故现场的来往人员，如上学的学生、上下班的职工、临时性作业的流动人员、买菜的居民、乘坐公共汽车的乘客等进行排查，寻找证人。

认定当事人、找到证人之后，不论是否进行现场询（讯）问，都要询问清楚当事人、证人的一般情况，尤其是工作单位和联系电话，将其记录在现场查勘笔录里面，以备日后能够再次找到证人。

找到证人以后，最好当场进行询（讯）问，取得证人证言。因为事故刚刚发生，证人的印象深刻，各种不良干扰很少发生，提供证言的可能性较大，提供的证言比较全面、真实。特别是对交通肇事逃逸案，或者证人是外地人，或有急事需要离开现场，事故办案民警应当把握询（讯）问时机，立即进行询（讯）问，以免因证人走失而给调查取证造成不可弥补的损失。

(5) 对当事人的询（讯）问

对事故车辆驾驶员和其他当事人现场询（讯）问的内容主要是发生事故的主要过程。通过现场询（讯）问，力求既了解到事故的真实情况，又能摸清当事人的思想动态，为进一步询（讯）问打下基础。询（讯）问内容如下：

1）肇事前的行驶情况。肇事车是谁驾驶的，使用档位、行驶的车道或位置、行驶的方向和速度。

2）发生事故的基本情况。事故的时间、地点、当时的交通状况。

3）事故各方在道路上各自行驶（走）的方向、位置、状态和速度。

4）发现对方的地点、距离。

5）感到危险的地点和距离，发现危险时的心理状态，采取了什么措施？采取措施的地点和相互间的距离。

6）相互接触的地点、事故形态、接触部位。

7）事故后的车辆轨迹，当事各方停止的地点和状态。

8）抢救伤员，保护现场，报警的情况，是否变动了现场，变动的原因和内容，是否做了标记，有无目击证人等。

(6) 对证人的询（讯）问

对证人的现场询（讯）问应当按照对证人的询（讯）问内容要求进行。

1）证人的一般情况。证人的一般情况包括姓名、性别、出生日期、文化程度、户籍所在地（国籍、护照号）、现住地址及身份证号码、工作单位及联系电话。

2）告知权利、义务。

3）了解相互之间的关系。查清证人、事故车辆驾驶员、受害人、车辆所有人之间的关系，是认定证人证言的真实可靠性的重要方法之一。

4）事故发生过程及有关情况。

第一，发生事故的时间、地点，当时道路上交通状况，肇事车辆的情况。

第二，证人在发生事故时，所在的位置、形态和面对方向。

第三，事故前，各方车辆、人在道路上行驶（走）的方向、位置及速度。

3. 寻找证人

1）事故后，通过当事人的行为、议论、抢救伤员、现场变动情况分析寻找证人。

2）利用与事故有关的其他情况分析寻找证人。

4. 逃逸事故访问

对于逃逸事故，应当重点问清有关逃逸车辆的型号、牌照号、颜色、车种等特征；驾驶员及乘客的相貌特征、衣着特征；事故发生后，肇事车有无减速现象，停车情况及其他异常行为，当事人（伤、亡人员）在昏迷或死亡前的有关言行，有无念叨逃逸车辆的有关情况。

5. 非现场查勘要点

1）不能查勘事故现场的交通事故，原则上应要求提供公安部门出具的事故证明，依法进行责任划分。保险人员应积极前往车辆停放地或财产损失地查勘定损。

2）原则上应认可其他相关保险公司已经出具的查勘意见。如对查勘意见有异议或单证不完善的，可要求事故当事人进行补充或及时与相关保险公司沟通协调。

（九）知识点

1	交通事故痕迹、物证的作用	11	沥青物证的提取方法
2	交通事故常见痕迹、物证	12	地面痕迹测量
3	物证查勘的一般要求	13	车体痕迹测量
4	痕迹、物证的发现	14	人体痕迹测量
5	痕迹、物证的保全	15	缮制查勘记录报告的内容
6	痕迹、物证的固定	16	事故现场查勘记录的重点
7	痕迹、物证提取的要求	17	交通事故询（讯）问技巧
8	汽车玻璃物证的提取方法	18	现场询（讯）问的目的
9	油漆物证的提取方法	19	现场询（讯）问的内容
10	纤维物证的提取方法	20	寻找证人的方法

二、典型案例

2013 年 8 月某日 9 时 25 分许，陈某驾驶小轿车行驶至交叉路口时，与魏某驾驶的电动三轮车发生交通事故，造成魏某重伤。陈某陈述：小轿车右转弯后停车等人时，电动三轮车从右侧超车并冲撞小轿车车身后，侧翻在路面上，造成电动三轮车驾驶员重伤的交通事故（图 3-10）。

图 3-10　事故现场图

公安交通管理部门首先到达事故现场，疏导交通，进行现场拍照、测量绘制现场图及采集物证。保险公司接险后，定损人员到达的是第一现场，因此定损人员对事故的原因、过程、责任都比较明确。

1. 事故现场情况的了解

为了更好地采集物证，定损人员对事故现场情况进行调查了解。事故路段位于城市街道的丁字交叉路口，主干道为水泥路面，双向六条车行道；与主干道垂直的支线为混合车道，沙土路面，进入支线的路口处设置有水泥减速坎。

2. 查勘寻找事故痕迹和辨别

(1) 地面痕迹查勘

路面遗留一条长为 4.30m 的黑色印迹，起点距小轿车行驶方向右侧的隔离花带 1.40m，至电动三轮车左后轮止（图 3-11）。痕迹说明驾驶员采取了转向的措施。

(2) 车体痕迹查勘

小轿车右侧车身可见大面积的擦拭状和碰撞痕迹（图 3-12）。痕迹说明该车与其他物体发生了碰刮。

图 3-11　地面轮胎痕迹

图 3-12　小轿车车体碰撞痕迹

(3) 电动三轮车刮擦痕迹查勘

电动三轮车左后轮胎的胎侧及钢圈可见不规则刮擦痕迹（图 3-13）。痕迹说明该车处于倾翻状态。

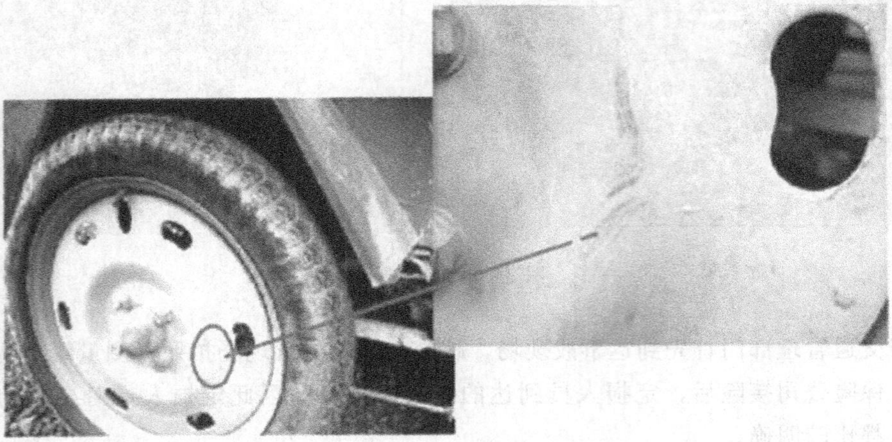

图 3-13　电动三轮车钢圈刮擦痕迹

(4) 座椅的靠背被撕脱痕迹查勘

电动三轮车驾驶员座椅的靠背被撕脱（图 3-14）。痕迹说明该车在倾翻过程中与其他物体发生碰刮。

3. 事故痕迹、物证保护与提取

1）在座椅的靠背上部边缘检查发现擦拭状的刮痕，表面遗留有与小轿车车身相同的黑色油漆痕迹（图 3-15）。痕迹说明该部位与小轿车曾发生碰刮。

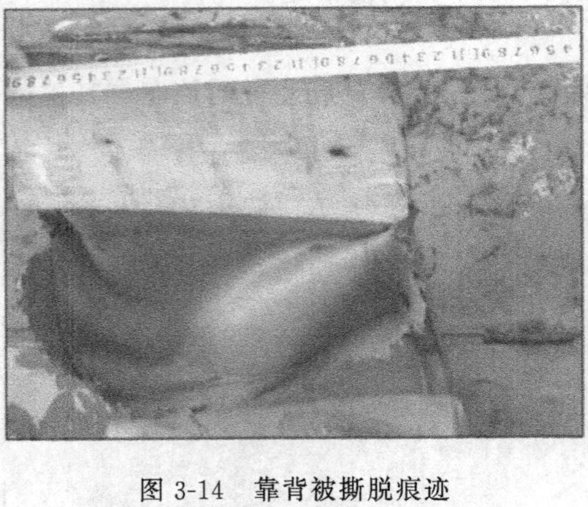

图 3-14　靠背被撕脱痕迹

图 3-15　座椅的靠背上部边缘刮痕

2）提取地面散落的物证（图 3-16）。

3）轮胎痕迹提取（图 3-17）。

图 3-16　地面散落物提取

图 3-17　轮胎痕迹提取

4. 痕迹鉴定

（1）对路面黑色轮胎痕迹的确认（图 3-18）

根据路面轮胎痕迹宽度明显窄于电动三轮车轮胎断面宽度的外部特点，痕迹鉴定民警首先确定此痕迹为电动三轮车轮胎遗留的侧滑痕迹。根据该痕迹向右转角斜率约 45°的特征，痕迹鉴定民警分析认为，电动三轮车此时处于行驶过程中向右大角度转向的状态。

从路面轮胎痕迹中，痕迹鉴定民警读出如下信息：

1）电动三轮车在行驶中，驾驶员采取了向右急打方向的措施。

2）大角度转向是电动三轮车产生侧滑现象的直接原因。

（2）对小轿车车速痕迹的确认

在小轿车右侧车身前门距地高 56～57cm 处，痕迹鉴定民警鉴定了与电动三轮车车身颜色相同的绿色痕迹（图 3-19），经辨认，该痕迹新鲜，未见错动、重叠等异常现象，痕迹面积较小，呈现出前重后轻、减层处未见车体凹陷变形，为刮擦痕迹。

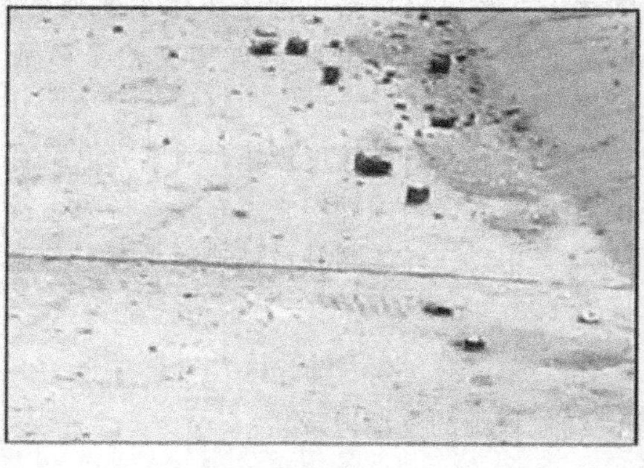

图 3-18　路面黑色轮胎痕迹鉴定

图 3-19　小轿车车速痕迹鉴定

将小轿车与电动三轮车靠近比对（图 3-20），痕迹鉴定民警发现，电动三轮车在侧翻过程中，与小轿车右侧车门的痕迹在高度上可以形成一致，在刮擦形态上可以互为造型主体。

图 3-20 小轿车与电动三轮车靠近比对图

从小轿车刮擦痕迹中，痕迹鉴定民警得出如下结论：

1）发生刮擦瞬间，两车处于同向行驶状态。

2）发生刮擦瞬间，小轿车处于平面运动状态，电动三轮车处于侧翻运动状态。

3）发生刮擦瞬间，小轿车的行驶速度大于电动三轮车的行驶速度。

5. 案情分析

痕迹鉴定结论完全推翻了小轿车驾驶员的陈述，办案民警重新讯问了小轿车驾驶员，面对几乎还原了交通事故发生过程的痕迹鉴定新证据，小轿车驾驶员如实交代了事故过程：

小轿车在临近交叉路口前超越了电动三轮车，由于小轿车行驶速度极快，对紧靠道路右侧行驶的电动三轮车动态观察不足，且小轿车超越电动三轮车后立即实施了右转弯行为，挤占了电动三轮车前方活动空间，为避免发生追尾碰撞，电动三轮车驾驶员被迫随小轿车急速向右转向，导致车辆失控侧滑而翻车。

6. 缮制查勘记录

依据查勘情况，将相关物证和照片收集齐全，缮制详细的查勘记录。

三、技能训练任务五——收集物证、缮制查勘记录

1. 技能训练任务设计（图 3-21）

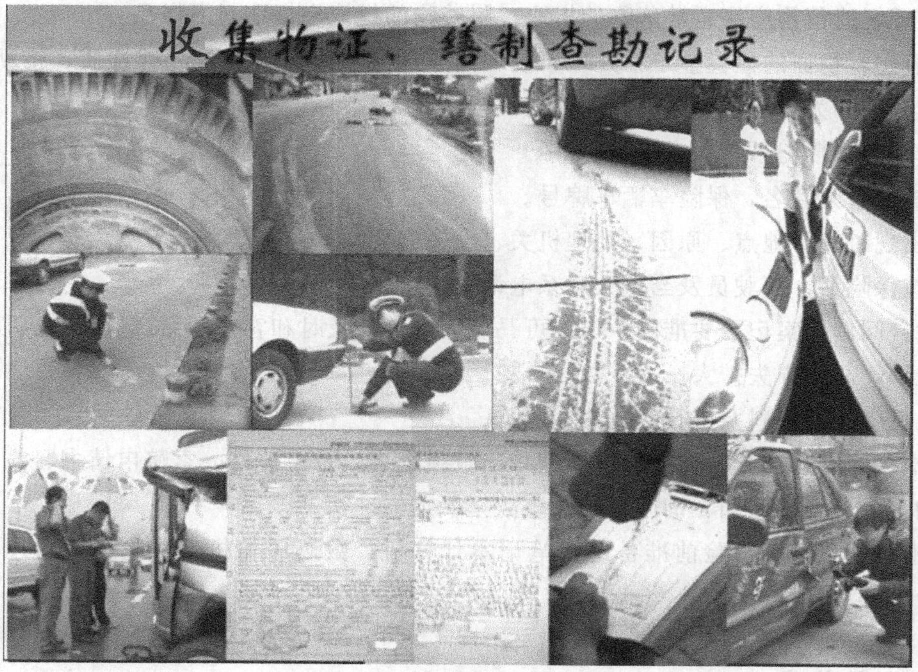

图 3-21　收集物证、缮制查勘记录

2. 技能训练学生分工

以 4～7 人为一组进行训练，1 人作为当事人报险，1～2 人作为接线员接险、调度员实施调度，1～2 人作为保险公司查勘人员收集物证及缮制查勘记录，1～2 人分析、记录、评估。

3. 技能训练方式

各小组循环进行收集物证及缮制查勘记录训练。

4. 技能训练准备材料

彩色粉笔、棉球、塑料袋、笔、记录本、报案记录、现场查勘记录、询（讯）问笔录等。

5. 技能训练时间

2 学时。

6. 技能训练任务要领

（1）收集物证

1）辨明痕迹物证的基本类型。根据痕迹、物证的形态和形成机制大体可分为附着物、

散落物、痕迹等类型。常见的附着物包括塑料附着物、油漆附着物、反光膜、油斑附着物和纤维物证等。

2）痕迹、物证的提取方法及注意事项。事故痕迹的提取通常包括直接提取和间接提取两种。间接提取可以采用摄影或录像法、石膏灌注法、硅橡胶和硬塑料橡胶提取法、复印法及静电吸附法等方法。

提取现场遗留物应注意散落物的提取、附着物的提取和提取对照样品。

3）痕迹、物证的检验鉴定在处理事故中的作用包括确定交通事故的性质、推断车辆类型、认定车辆和为分析事故原因和责任提供依据等。

（2）缮制查勘记录

1）被保险人姓名，保险车辆车牌号。

2）出现时间、地点、原因、处理机关、损失概要。

3）被保险人、驾驶员及当事人联系电话。

注意：阅读报案记录要准确，切不可马虎大意，要及时和客户联系，避免遭到投诉，加快办事效率，防止损失扩大。

（3）携带查勘资料及工具

1）准备的资料部分。在查勘前要携带出险报案表、报单抄件、索赔申请书、报案记录、现场查勘记录、索赔须知、询问笔录、事故车辆损失确认书。

2）准备的工具。出险前准备定损笔记本计算机、数码照相机、手电筒、卷尺、砂纸、笔、记录本等工具。

四、职业养成

1. 宣言——要从细节做起，冷静练就一双慧眼

细心观察是为了理解，透彻理解是为了行动。要想工作不一般，就要学会在细节上下功夫。要从细节做起，力求更加完美。

无论做什么事情，都不要着急。不管发生什么事，都要冷静、沉着。要从细节做起，冷静练就一双慧眼，识别事情的真相。

把每一件简单的事做好就是不简单；把每一件平凡的事做好就是不平凡。

2. 细读宣言

1）细心观察是为了理解，透彻理解是为了行动。

2）没有顽强的细心的劳动，即使是有才华的人也会变成绣花枕头似的无用的玩物。

3）凡在小事上对真理持轻率态度的人，在大事上也是不足信的。

4）一件简单的事做好就是不简单；一件平凡的事做好就是不平凡。

5）保持冷静的头脑，谈判桌上切莫发脾气。

6）不要小看一切的小事情，1%的错误会带来100%的失败。

3. 职业养成

1）收集物证、缮制查勘记录首先要养成细心观察现场，认真检查事故现场的情况。

2）查勘人员到达事故现场一定要冷静观察，有一个大致印象；根据实际情况运用合理的搜寻方式仔细查勘；不能轻易放过任何可疑物与痕迹；要有目的，有根据地收取痕迹物证。

3）认真核对现场的地面轮胎痕迹、车体刮擦痕迹、油漆片、油漆粉末、轮胎橡胶粉末、车体撞击痕迹、人体痕迹。

4）仔细检查肇事车辆接触部位黏附的物体，以便分析、判断事故的真实情况。

5）在收集物证的时候一定要认真测量现场的数据。

6）作为查勘人员一定要熟悉现场查勘取证，绘制草图的程序步骤。

7）热情对待每一个客户，认真仔细对待每一项物证和每一个人证，只有用放大镜一般的眼睛才能明辨事故真相，不失误任何一次。

4. 阅读材料

细心决定成败

细心决定成败，斯坦尼斯拉夫斯基说过，没有顽强的细心的劳动，即使是有才华的人也会变成绣花枕头似的无用的玩物。

收集物证、缮制查勘记录首先要细心，相信许多查勘定损人员都有亲身体会。从某种意义上来说，细心决定收集物证的成败。

收集物证、缮制查勘记录需要细心发现。当勘查定损人员来到事故现场的时候，面对情绪激动的车主及家属，要在这样混乱的情况下，收集到充分有利的证据，不细心是不行的。

收集物证、缮制查勘记录一样要细心，冷静观察，有一个大致印象；根据实际情况运用合理的搜寻方式仔细勘查；不能轻易放过任何可疑物与痕迹；要有目的、有根据地收取痕迹、物证。

曾经因为忽视细心的重要性，我的工作和生活受到深深的影响。现在的我，做事一直将细心放在第一位，常常因为细心受到领导的表扬，少走了很多的弯路……

时刻将细心挂在心间，将细心融入到生活、工作中的每一个角落，那么成功将离我们越来越近。

所以无论做什么事情，一定要仔细观察，细心思考，认真对待问题。

谈判格言：保持冷静的头脑，谈判桌上切莫发脾气。

五、学习工作页

见附录B学生手册。

项目训练二 一般事故车的查勘与定损

1. 项目训练任务设计

通过模拟一起机动车一般交通事故，坚持贴近学生专业实际、贴近职业活动实际的基本原则，采用“贯穿项目训练综合能力”的培训模式，使学生掌握事故现场测量、草图绘制、采集物证及缮制查勘记录等技能，并训练学生的与人合作能力。

2. 项目训练学生分工

本项目训练每组共需 6 人，2 人负责现场测量；1 人负责草图绘制；2 人负责采集物证；1 人缮制查勘记录。

3. 项目训练方式

各小组成员轮换岗位进行锻炼，能胜任本项目各岗位的工作。

4. 项目训练准备材料

数码照相机、定损笔记本计算机、卷尺、手电筒、笔、记录本、出险报案表、报单抄件、索赔申请书、报案记录、现场查勘记录、索赔须知、询问笔录、事故车辆损失确认书等。

5. 项目训练时间

6 学时。

6. 项目训练任务要领

(1) 事故车现场测量

1) 现场测量的基本内容：

① 确定方位，选定坐标，现场定位。

② 测量道路。

③ 测量主要物体及痕迹。

④ 测量肇事接触部位。

2) 现场定位。

① 现场定位的基础：确定现场方位；确定定位基准点；确定定位基准线；确定固定点及固定线。

② 现场定位方法：直角坐标定位法；极坐标定位法；交叉定位法；综合定位法。

(2) 现场图的绘制

1) 现场图的内容：

① 基准点和基准线。

② 道路全宽和各车道宽度、路肩宽度及性质。

③ 第一冲突点遗留在路面的痕迹及其与其相关的物体、痕迹间的数据关系。

④ 各被测物体痕迹、尸体所在位置，距丈量基准线尺寸及相互间尺寸。

⑤ 3%以上的道路坡度，弯道半径及超高，超车视距及停车视距。

⑥ 路口各相位的宽度及视线区。

2）绘制交通事故现场图的步骤：

① 定规格。

② 定比例。

③ 定中心。

④ 绘初稿。

⑤ 描图。

⑥ 标注说明。

3）绘制交通事故现场图的技术要点。

交通事故现场图是平面俯视图，利用图例和注记，通过数据，能科学地反映交通事故现场真实的情况。现场图上面记录有地物、地貌的符号，有道路的边线、分道情况，车辆停放位置、人体倒卧位置、路面痕迹和散落物等。

一幅好的现场图，要能反映出事故现场的实际情况，包括现场环境、事故性质、现场痕迹及损失情况等，这样才有利于事故责任认定及后期工作的完成。

（3）采集物证

检查肇事车辆接触部位黏附的物体，以便分析、判断事故的真实情况。

1）交通事故物证的基本性质：事故物证的客观性、关联性、合法性。

2）交通事故物证的特征：

① 物证的表现形式是实物或者痕迹。

② 物证具有较强的稳定性和较大的客观性。

③ 物证只能对案件事实起间接证明作用。

④ 交通事故物证既可能是原始证据，又可能是传来证据。

3）交通事故物证种类：地面轮胎痕迹、车体刮擦痕迹、油漆片、油漆粉末、轮胎橡胶粉末、车体撞击痕迹、人体痕迹。

4）交通事故物证的作用：

① 确定交通事故案件的性质。

② 揭露交通事故真相。

③ 用来审查、判断言词证据的真实可靠性。

④ 物证有助于交通肇事逃逸案件的侦破。

5）现场痕迹的固定和提取：

① 对发现的各类痕迹在测量或提取前，要采用照相的方法固定，直接提取和间接提取。

② 应测量各类痕迹的长度、宽度、高度，注明痕迹的部位、形状及形成方向。

③ 在现场查勘笔录中，必须对所有痕迹做文字描述和测量数据记录。

④ 衣着上的轮胎花纹印痕用固定剂固定。

⑤ 土路上轮胎印痕采用石膏灌注方法固定。

⑥ 提取驾驶员的指纹，车体上指纹采用金属粉粉刷，再用透明胶带粘取的方法提取。

⑦ 衣着上轮胎花纹印痕用静电吸附的方法提取。

(4) 缮制查勘记录

现场查勘记录或报告要在第一现场完成。现场查勘记录应该包括记录事故发生的时间、地点、原因、损失概况、驾驶员及车辆的证件、车辆基本情况、现场草图等。对重大或有疑问的案件，询问驾驶员或目击证人完毕后要请被询问人确认并签字。

1）根据查勘情况，认真填写《查勘报告》，肇事驾驶员或报案人应在《查勘报告》上签字确认。

2）涉及人员伤亡的，要分别登记保险车辆车上人员和三方车辆、车外人员的死亡、受伤人数。

3）对于多车互碰的案件，应对所有三方车辆的基本情况逐车进行记录。

4）重大、复杂或有疑点的案件，应在询问有关当事人、证明人后，在《车险事故查勘询问笔录》中记录，并由被询问人签字确认。

5）重大、出险原因较为复杂的赔案应绘制事故现场草图。

情境四　重大事故车的查勘与定损

任务7　事故车维修方案的确定

★ 学习目标

知识目标		能力目标	
1	熟悉事故车辆定损原则	1	能够判别事故的真伪
2	掌握事故车辆定损步骤	2	能够具有事故车辆零部件受损程度的辨别能力
3	掌握事故车维修方案的确定	3	能合理确定事故车辆的维修方案

★ 任务导入

事故车辆维修方案的确定指的是定损人员填写受损部件的修换清单，填写的完整性、全面性及真实性，直接影响到受损车辆的理赔环节，所以作为一名定损人员不仅要掌握好定损的基本原则，还应具备汽车维修的相关专业知识、过硬的专业技能及良好的职业道德，只有这样才能保证所制订的事故车的维修方案合理、无误。另外，它也是衡量定损人员水平的一个重要标志。在保证汽车修理质量的前提下，用最少的成本，完成受损部位修复是定损人员评估受损汽车的原则。

一、知识准备

（一）车辆定损

在我国车险条款中规定：关于损失的确定，因保险事故损坏的被保险机动车，应当尽量修复。修理前被保险人应当会同保险人检验，协商确定修理项目、方式和费用。否则，保险人有权重新核定；无法重新核定的，保险人有权拒绝赔偿。

1. 车辆定损原则

车辆定损原则的核心是“尽量修复”。修理范围仅限于本次事故中所造成的车辆损失；能修复的零部件修复为主，不要随意更换新的零部件；能局部修复的不能扩大到整体修复；能更换零部件的不更换总成件；根据修复工艺难易程度，参照当地工时费用标准，准确确定工时费用；准确掌握汽车零配件价格；利用简单工艺即可恢复，且修复不影响使用性能和外观质量的，应以修复为主；二类以上维修企业技术水平无法修复或在工艺上无法保证修复后质量的应更换；当配件修复费用超过或等于该配件更换费用时应更换；所有更换件定损规格不得高于原车事故前装配的品牌、规格。这些都是确定损失中的一些原则，实际工作中，由于配件价格差异较大，各类修理厂工时标准不一，各地配件工时也不尽相同，无法公布标准，只能根据事故损失情况和当时当地的市场行情协商确定。

2. 车辆易受损零件

在交通事故中，机动车碰撞常受损零件有车身（图 4-1）、结构钣金件、车身覆盖钣金件、塑料件、机械件及电器件等。

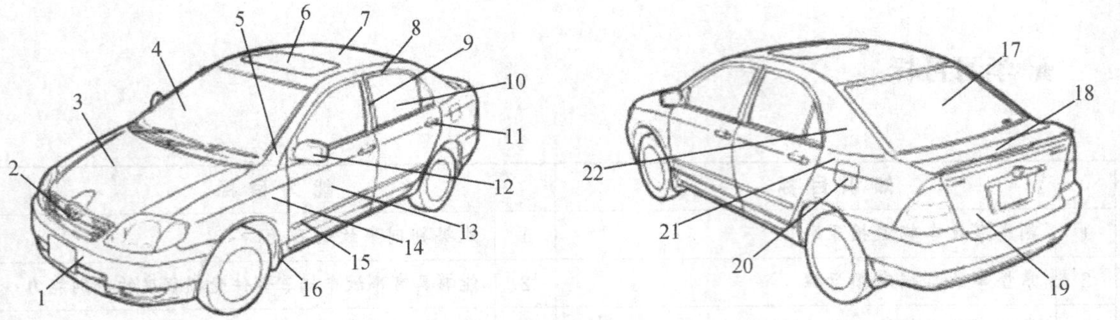

图 4-1 机动车车身结构

1—保险杠 2—散热器护栅 3—发动机罩（盖） 4—风窗玻璃（前窗玻璃） 5—A 柱 6—滑动天窗（太阳天窗，月亮天窗） 7—天窗板 8—门框 9—B 柱 10—门窗玻璃 11—外侧车门把手 12—车外后视镜（车门后视镜） 13—门板 14—前翼子板 15—外嵌条（保护性嵌条） 16—挡泥板 17—后窗玻璃 18—后扰流器 19—行李箱盖（行李箱板） 20—加油口盖（油箱盖） 21—后翼子板 22—C 柱

3. 车身结构钣金件定损

碰撞受损的车身结构件是更换还是修复的一个简单原则，即“损坏以弯曲变形（弹性变形）为主就进行修复；损坏以折曲变形（塑性变形）为主就进行更换”。

1）弯曲变形（弹性变形）特点：损伤部位与非损伤部位的过渡平滑、连续，通过拉拔校正可使它恢复到事故前的形状，而不会留下永久的塑性变形。

2）折曲变形（塑性变形）特点：弯曲变形剧烈，曲率半径小于 3mm，通常在很短的长度上弯曲 90°以上，如图 4-2 所示；校正后，零件上仍有明显的裂纹或开裂，或者出现永久变形带，不经过调温加热处理不能恢复到事故前的形状。

注意事项：如果损伤发生在平面内，则校正工作比棱角处的严重起皱和折曲可能容易得多，在轮廓分明的棱角处发生了折曲变形，则只能采取更换的方法；如车门玻璃框折曲，需要更换；如果损伤部位处于纵梁的端部附近，且压扁区未受到影响或变形的范围影响不大，通过拉拔可矫正的，则必须修复；如果压扁区已出现折曲，并将碰撞力传递到后部，造成后部也变形，则必须予以更换。如果损伤位置在发动机或转向器安装位置附近，重复性载荷会造成疲劳破坏（重复震动力或应力会加重并产生二次变形），这些安装位置发生折曲变形后，则必须更换；由于严重冷作硬化而造成的严重折叠起皱变形，则必须更换；如果只有一个未曾完全修复的轻微折曲变形，应采取挖补法修复；如果已经更换某个配件一部分，且决定将其连接的相邻部分也更换掉，而且比较容易、费用也不大的情况下，允许予以更换；在将变

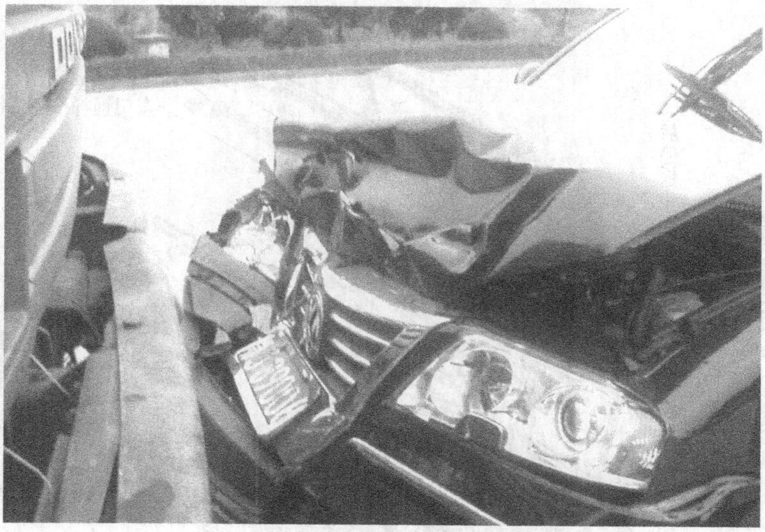

图 4-2　折曲变形图例

形周围部分均校正到适当尺寸，剩下折曲变形部分确实无法校正好，且这部分形状复杂，无法采用挖补法修复的，则该部件应予以更换。

当车身决定采用更换结构钣金件时，应遵照制造厂的工艺要求，因为当需要切割或分割钣金件时，可能降低乘客安全性和汽车性能，且影响关键尺寸。所以决定更换或修复结构钣金件时，应该采用“弯曲变形就修，折曲变形就可换，而不是必须更换”，从而避免可能产生更大的车身损伤。尤其要注意高强度钢在任何条件下，都不能用加热来校正。

4. 覆盖钣金件的定损

覆盖钣金件又称非结构钣金件，车身的覆盖钣金件通常包括可拆的卸前翼子板、车门、发动机盖、行李箱盖，和不可拆卸的后翼子板、车顶等。

（1）前翼子板定损

1）损伤程度没有达到必须将其从车上拆下来才能修复时，如整体形状还只是中部的局部凹陷，一般不考虑更换。

2）损伤程度达到必须将其从车上拆下来才能修复，并且前翼子板的材料价格低廉、供应流畅，如果材料价格达到或接近整形修复工时费时，则应考虑更换。

3）如果每米长度超过三个折曲、破裂变形，或已无基准形状，应考虑更换。一般来说，当每米折曲、破裂变形超过三个时，整形和热处理后很难恢复尺寸。

4）如果每米长度不足三个折曲、破裂变形，且基准形状还在，应考虑整形修复。

5）如果修复工时费明显小于更换费用时，应考虑以修复为主。

（2）车门定损（图 4-3）

1）如果车门门框产生塑性变形，一般来说是无法修复的，应考虑以更换为主。

2）许多汽车的车门面板是可以作为单独的零件供应的（图 4-4），面板的损坏可以单独更换，不必更换门壳总成。

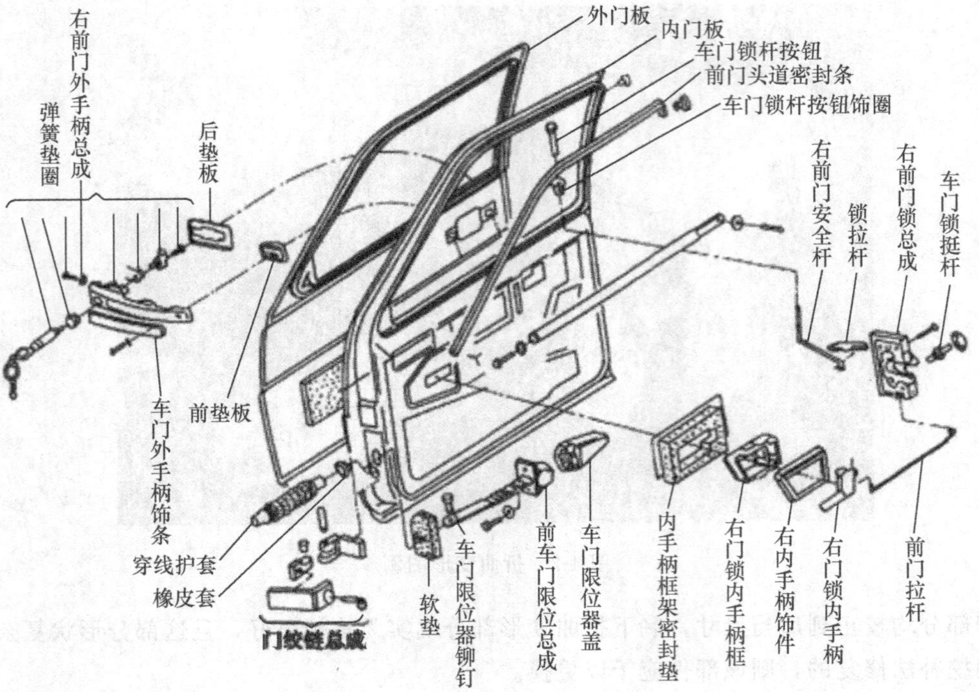

图 4-3 桑塔纳轿车右前车门结构（车门、铰链、限位器、门锁及手柄）

图 4-4 奥迪 100 车门

（3）发动机盖和行李箱盖定损

目前在国内，大多数汽车的发动机盖和行李箱盖都是由两个冲压成形的冷轧钢板经翻边胶黏制成的。

判断碰撞损伤变形时，主要看是否将两层分开进行修复，如果不需将两层分开，则不应考虑更换；相反需将两层分开整形修复的，需要考虑修复成本和修复后的使用价值，如果修复成本超过更换的成本或者修复后无法满足使用要求的，则应更换。

（4）三厢车的后翼子板定损

在汽车碰撞受损部位中，最常见的不可拆卸件指的是三厢车的后翼子板（图 4-5），由于更换需要从车身上将其切割下来，而目前国内大多数修理厂切割和焊接工艺水平都不高，从而会造成车身结构新的修理损伤，所以三厢车的后翼子板在受损不是非常严重的情况下，还是以修复为主。

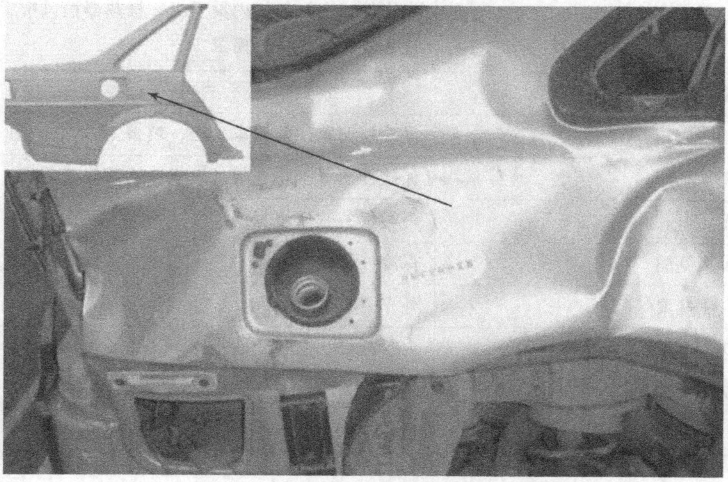

图 4-5 三厢车的后翼子板

5. 塑料件的定损

1）塑料件的定损基本原则是热塑性塑料件损伤以修复为主，热固性塑料件损伤需更换，常用汽车塑料的名称及应用见表 4-1。

2）车身塑料件鉴别方法主要是查看 ISO 识别码，此码常在注塑时模压在塑料件上，常标在注模号或零件码前面，通常需要拆下该零件与鉴别。

3）热塑性塑料件常用汽车塑料件名称有 AS、ABS、ABS/PVC、PC、PE、PP、PS、TPUP、PVC 等，以上配件在不影响外观的情况下可以修复。

4）热固性塑料件常用汽车塑料件名称有 ABS/MAT、PA、PPO、PUR、SAN 等，玻璃钢件在变形破损不严重的情况下可以修复。

表 4-1 常用汽车塑料的名称及应用

符号	化学名称	应用举例	属性
AS	丙烯腈-苯乙烯	—	热塑性
ABS	丙烯腈-丁二烯-苯乙烯共聚物	车身板、仪表板、护栅、前照灯外罩	热塑性
ABS/MAT	玻璃纤维强化硬质丙烯腈-丁二烯-苯乙烯共聚物	车身板	热固性
ABS/PVC	丙烯腈-丁二烯-苯乙烯共聚物/聚氯乙烯	—	热塑性
EP	环氧树脂	玻璃钢车身板	热固性
EPDM	乙烯-丙烯二烯共聚物	保险杠冲击条、车身板	热固性
PA	聚酰胺	外部装饰板	热固性

（续）

符　号	化　学　名　称	应　用　举　例	属　性
PC	聚碳酸酯	护栅、仪表板、灯罩	热塑性
PPO	聚苯撑氧	镀铬塑料件、护栅、仪表前板、前照灯外罩、装饰件	热固性
PE	聚乙烯	内翼子板、内衬板、阻流板	热塑性
PP	聚丙烯	内饰件、内衬板、内翼子板、散热器挡风帘、仪表板、保险杠、面罩	热塑性
PS	聚苯乙烯	—	热塑性
PUR	聚氨酯	保险杠面罩、前后车身板、填板	热固性
TPUP	热塑性聚氨酯	保险杠面罩、防石板、填板、软质仪表前板	热塑性
PVC	聚氯乙烯	内衬板、软质填板	热塑性
RIM	反应注模聚氨酯	保险杠面罩	热固性
RRIM	强化反应注模聚氨酯	外车身板	热固性
SAN	苯乙烯-苯烯腈	内衬板	热固性
TPR	热塑橡胶	帷幔板	热固性
UP	聚酯	玻璃钢车身板	热固性

6. 机械类零件的定损

机械类零件的定损基本原则是：超过配合尺寸，通过加工也无法达到装配技术要求，或变形通过校正无法保证使用性能和安全技术要求，或断裂无法焊接或焊接后无法保证使用性能和安全技术要求，原则上必须更换。机械类零件的损坏通常是指事故碰撞造成发动机缸体、缸盖的外部损伤和事故发生引起发动机“飞车”造成拉缸、烧瓦等发动机内部损伤。

（1）悬架系统、转向系统零件的定损

在确定悬架系统中零件修与换时，必须明确悬架系统与车轮定位的关系。非车载式车身，正确的车轮定位的前提是正确的车架形状和尺寸；承载式车身，正确的车轮定位的前提是正确的车身定位尺寸。车身定位尺寸的允许偏差一般在1～3mm，可见要求之高。

汽车悬架系统中的任何零件是不允许用校正的方法进行修复的，当车轮定位仪器（前轮定位或四轮定位仪器）检测出车轮定位不合格，用肉眼和一般量具又无法判断出具体的损伤和变形的零部件时，不能随意更换悬架系统中的某个零件。

车轮外倾、主销内倾、主销后倾，它们都与车身定位尺寸密切相关。车轮外倾、主销内倾、主销后倾不正确时，首先分析是否是碰撞造成的，由于碰撞事故可能造成轮胎的不均匀磨损，可通过检查轮胎的磨损是否均匀，初步判断事故前的车轮定位情况。

例如，桑塔纳车的车轮外倾角，下摆臂橡胶套的磨损、锁板固定螺栓的松动，都会造成车轮外倾角的增大。再检查车身定位尺寸，在消除了诸如摆臂橡胶套的磨损等原因，校正好车身，使得相关定位尺寸正确后，再做车轮定位检测。如果此时车轮定位检测仍不合格，再根据其结构、维修手册判断具体的损伤部件，逐一更换、检测，直至损伤部件确认为止。上述过程通常是一个非常复杂而烦琐的过程，又是一个技术含量较高的工作，由于悬架系统中的零件都是安全部件，而零件的价格又较高，所以鉴定评估不可忽视。

碰撞会造成车身变形，首先必须校正车身，待车身定位尺寸恢复后再进行定位检测，这时的检测结果才能作为更换悬架零件的前提，转向机构中的零件也有类似问题。

(2) 铸造基础件的定损

汽车的发动机缸体、变速器、主减速器和差速器的壳体往往用球墨铸铁或铝合金铸造而成。在遭受冲击载荷时，常常会造成固定支脚的断裂。球墨铸铁、铝合金铸件都是可以焊接的。

一般情况，对发动机缸体、变速器、主减速器和差速器的壳体的断裂是可以进行焊接修复的。图 4-6 为标致 307 轿车在遭受正面或左侧正面碰撞时，气缸盖和发电机固定处常见的碰撞断裂，这种断裂通过焊接其强度、刚度和使用性能都可以得到满足。空调压缩机固定支架处也经常会遭受类似的碰撞损伤，也可以用类似方法修复。

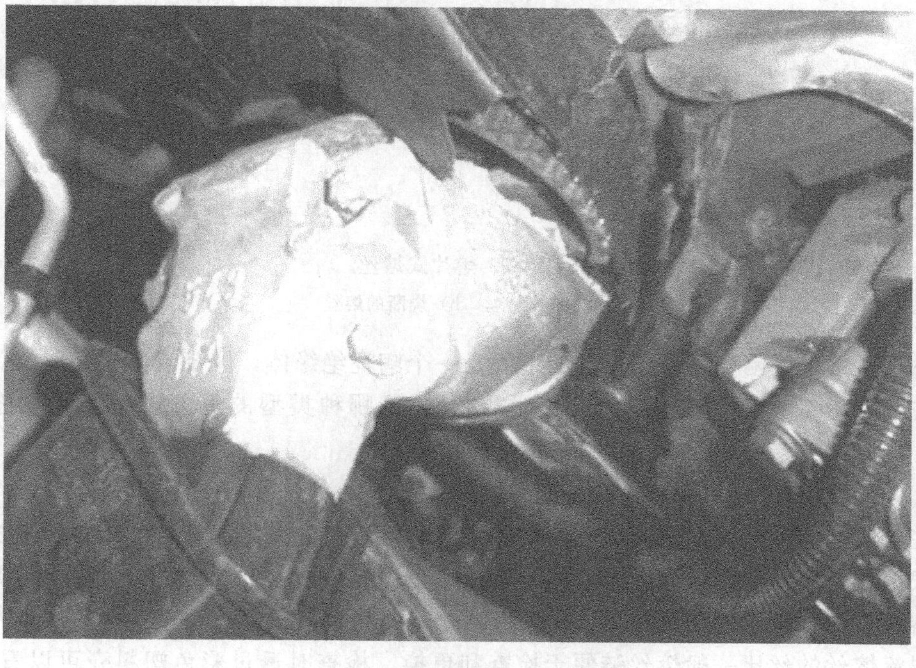

图 4-6　发电机支架断裂、正时轮碎裂

但不论是球墨铸铁或铝合金铸件，焊接都会造成其变形，这种变形通常肉眼是看不出来的，但由于焊接部位的附近对形状尺寸要求较高（如发动机气缸壁、变速器、主减速器和差速器的轴承座），则采用焊接的方法无法正常修复；如果这些部位产生断裂，一般来说应考虑更换。

7. 电器件的定损

有些电器件在遭受碰撞后，它的外观看起来是没有损伤的，但是却不能正常使用，那么这个时候就要考虑，是电器件本身损坏了还是由于系统中的电路保护装置不工作引起的呢？

如果电路过载或短路就会出现大电流、导线发热、绝缘损伤，结果会酿成火灾。因此，电路中必须设置保护装置。熔丝、大限流熔丝和断路器都是过流保护装置，它们可以单独使用，也可以配合使用。碰撞会造成系统过载，相应的熔丝、大限流熔丝和断路器会因过载而工作出现断路，电器元件也就不能正常工作了。

各种电路保护装置如下：

(1) 熔丝

目前汽车使用较多的是熔片式熔丝（图 4-7)。

检查时将熔丝从熔丝板（俗称熔丝盒）上拉出来，透过透明塑料壳查看里边的熔丝有没有烧断和塑料壳有没有变色。如果烧断，应更换同一规格（电流量）的熔丝。

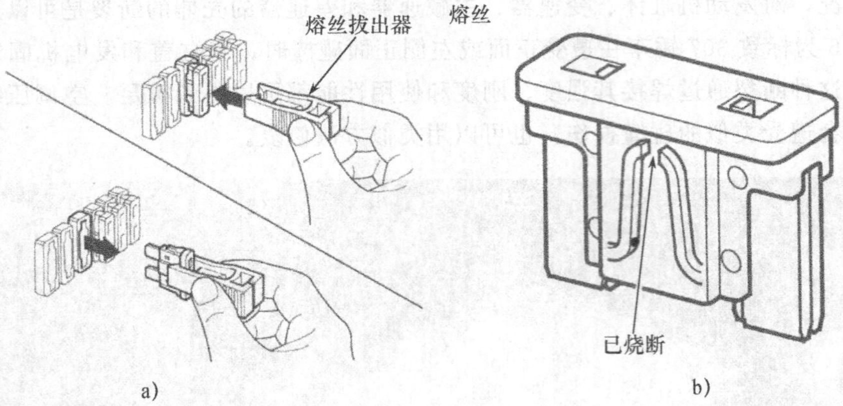

图 4-7 熔片式熔丝

a) 拔出熔丝 b) 烧断的熔丝

欧系车通常采用陶瓷熔断器，它的中间是一个陶瓷绝缘体，侧绕着一根金属丝。检查时可查绕在陶瓷绝缘体外的金属丝有没有烧断。无论哪种类型的都可以用万能表进行断路检测。

(2) 大限流熔丝

有些新的电器系统用大限流熔丝取代了常规的熔丝链。大限流熔丝的外观和用法有些像双熔片式熔丝，但外形比较大，电流的额定值也更高（一般要高 4～5 倍）。大限流熔丝装在单独的熔丝盒内，位于发动机罩下。

大限流熔丝的丝比一般熔丝链便于检查和更换。检查时透过彩色塑料壳可以看到熔丝，如果熔丝断了，将熔丝从熔丝盒里抽出来即可更换。

大限流熔丝的另一个优点是可以将汽车的电器系统分成几个较小的电路，方便诊断和检查。例如，有些汽车上用一个熔丝链控制大半个整机电路，如果这个熔丝链断了，许多电器装置都不能工作，换成若干个大限流熔丝，则因一个熔丝烧断而停机的电器装置的数目显著减少，这样可准确地找到故障源。

(3) 断路器

有的电路用断路器保护。它可以集中装在熔丝盒上，也可以分散串在电路中。跟熔断器一样，它也是以电流值来定等级的。

1) 循环式断路器。循环式断路器常用一个由两面金属膨胀率相差较大的金属薄片制成（俗称双金属熔丝），当流过双金属臂的电流过大时，金属臂就发热，由于两种金属的膨胀率相差较大，金属臂产生弯曲变形而打开触点，切断电流，电流停止后，金属冷却，恢复到原形状触点闭合，恢复供电。如果电流仍过大，电路又切断，如此反复。

2）非循环式断路器。非循环式断路器有两种：一种是停止给电路供电既可复位的，这种断路器的双金属臂上绕有线圈，过流时触点打开，有小电流流过线圈，小电流不能驱动负载，但可以加热双金属臂，使臂保持断路状态，直到停止供电；另一种要按下复位按钮才能复位，其金属臂有一弹簧顶住，保持触点接通。电流过大时，双金属臂发热弯曲到一定程度，克服弹簧阻力而打开触点，直到按下复位按钮才能重新闭合（如 EQ1091 前照灯线路采用）。

（二）维修方案的确定

以桑塔纳普通型轿车的碰撞损失为例，说明损失项目确定的过程和次序。登记损坏零件的顺序：由前至后，由左至右，由外至内，内按总成分，适当灵活，并且修复与更换分类。首先将桑塔纳普通型轿车的损失项分为下列 30 多项：

1. 前保险杠及附件

前保险杠及附件由前保险杠、前保险杠饰条、前保险杠内衬、前保险杠骨架、前保险杠支架、前保险杠灯等组成。

常见轿车的保险杠绝大多数由塑料制成，对于用热塑性塑料制成、价格又非常昂贵的保险杠，如果其破损处不多，并且要为表面做漆的，可用塑料焊机焊接。

保险杠饰条破损后基本以换为主。保险杠使用内衬的多为中高档轿车，常为泡沫制成，一般可重复使用。

常见轿车的保险杠骨架多数用金属制成，使用较多的是用冷轧板冲压成型，少数高档轿车采用铝合金制成。对于铁质保险杠骨架，轻度碰撞常采用钣金修理的方法修复，价值较低的中度以上的碰撞常采用更换的方法修复。铝合金的保险杠骨架修复难度较大，中度以上的碰撞多以更换修复为主。

保险杠支架多为铁质，一般价格较低，轻度碰撞常采用钣金修复，中度以上的碰撞多为更换修复。

保险杠灯多为转向信号灯和雾灯，表面破损后多采用更换修复，对于价格较高的雾灯，且损坏为少数支撑部位的，常用焊接和黏结修理的方法修复。

2. 前护栅及附件

前护栅及附件由前护栅饰条、前护栅铭牌等组成。前护栅及附件的破损多数以更换修复为主。

3. 前照灯及角灯

前照灯及角灯由前照灯、前角灯等组成。

目前汽车灯具表面多为聚碳酸酯（PC）或玻璃制成，支撑部位常用丙烯腈-丁二烯-苯乙烯共聚物（ABS）制成。最常见的损坏为调节螺钉损坏，只需更换调节螺钉，再进行灯光校正。ABS 塑料属热塑性塑料，可用塑料焊焊接。表面用玻璃制成的，如果破损，且有玻璃灯片供应可考虑更换玻璃灯片。对于价格较昂贵的前照灯，如果只是支撑部位局部破损的，可采取塑料焊焊接的方法修复。

4. 散热器框架

散热器框架又称前裙。常见轿车的散热器框架在承载式车身中属于结构件，多为高强度钢板。

由于散热器框架结构形状复杂，轻度的变形通常可以用钣金修复，而中度以上的变形往往不易钣金修复，高强度低合金钢更是不易钣金修复。

5. 冷凝器及制冷系统

空调系统由压缩机、冷凝器、干燥瓶、膨胀阀、蒸发箱、管道及电控件等组成。目前汽车空调冷凝器均采用铝合金制成，中低档车的冷凝器一般价格较低，中度以上的损伤一般采用更换的方法处理；高档轿车的冷凝器一般价格较贵，中度以下的损伤常可采用氩弧焊进行修复。注意冷凝器因碰撞变形后虽然未漏制冷剂，但拆下后重新安装时不一定就不漏制冷剂。

储液罐（干燥瓶）因碰撞变形一般以更换为主。如果系统在碰撞中以开口状态暴露于潮湿的空气中时间较长（具体时间由空气湿度决定），则应更换干燥瓶，否则会造成空调系统工作时“冰堵”。

压缩机因碰撞常见的损伤有壳体破裂，带轮、离合器变形等。壳体破裂一般采用更换的方法修复。带轮变形、离合器变形一般采用更换带轮、离合器的方法修复。

汽车的空调管有多根，损伤的空调管一定要注明是哪一根，常用×××～×××加以说明。

汽车空调管有铝管和胶管两种，铝管因碰撞常见的损伤有变形、折弯、断裂等。变形一般采取校正的方法修复；价格较低的空调管折弯、断裂一般采取更换的方法修复；价格较高的空调管折弯、断裂一般采取截去折弯、断裂处，再接一节用亚弧焊接的方法修复。胶管的破损一般采用更换的方法修复。

汽车空调蒸发箱通常包括蒸发箱壳体、蒸发器和膨胀阀等，最常见的损伤多为蒸发箱壳体破损。蒸发箱壳体大多用热塑性塑料制成，局部的破损可用塑料焊焊接修复，严重的破损一般需更换，决定更换时一定要考虑有无壳体单独更换。蒸发器的更换与修复基本同冷凝器。膨胀阀因碰撞损坏的可能性极小。

空调系统中的发动机通过一个电磁离合器驱动的。在离合器接通和断开的过程中，由于磁场的产生和消失，产生了一个脉冲电压。这个脉冲电压会损坏车上精密的电脑模块。为了防止出现这种情况，在空调电路中接入一个分流二极管，这个二极管阻止电流沿有害的方向流过。当空调系统发生故障时，分流二极管有可能被击穿，如果不将被击穿的二极管换掉，可能会造成空调离合器不触发，甚至损坏电脑模块。

6. 散热器及附件

散热器及附件包括散热器、进水管、排水管、副散热器等，如图 4-8 所示。

目前汽车散热器基本上是铝合金的，铜质散热器由于造价较高，基本已不再使用。判断散热器的修复与更换基本与冷凝器相似。所不同的是散热器常有两个塑料水室，水室破损后，一般需更换，而水室在遭受撞击后最易破损。

水管的破损一般以更换的方法修复。

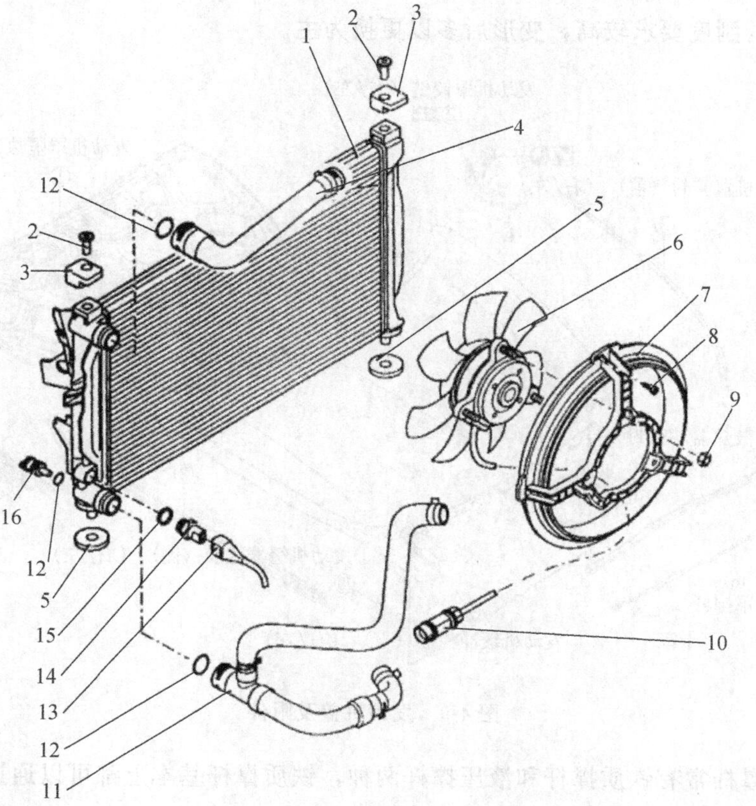

图 4-8　桑塔纳散热器及附件

1—散热器　2—固定夹　3—固定橡胶　4—上部冷却液软管　5—橡胶垫　6—冷却风扇（V7）　7—风扇罩壳　8—紧固螺栓　9—螺栓（10N·m）　10—双头插式接头　11—下部冷却液软管　12—O 形圈　13—连接插头　14—散热风扇（F18）的热敏开关（35N·m）　15—密封圈　16—排水螺栓（10N·m）

水泵传动带轮是水泵中最易损坏的零件，通常变形后以更换为主，较严重的会造成水泵前段（俗称水泵头子）中水泵轴承处损坏，一般更换水泵前段即可，而不必更换水泵总成。

轻度风扇护罩变形一般以整形校正为主，严重的变形常常采取更换的方法修复。

主动风扇与从动风扇常为风扇叶破碎，由于生产时将风扇叶做成了不可拆卸式，也无风扇叶购买，所以风扇叶破碎后要更换总成。

风扇传动带在碰撞后一般不会损坏，由于其正常使用的磨损也会造成损坏，拆下后如果需更换应确定是否是碰撞原因。

7. 发动机盖及附件

发动机盖、铰链及附件等如图 4-9 所示。

轿车发动机盖绝大多数采用冷轧钢板冲压而成，少数高档轿车采用铝板冲压而成。冷轧钢板在遭受撞击后常见的损伤有变形、破损。铁质发动机盖是否需要更换主要依据变形的冷作硬化程度、基本几何形状变形程度。冷作硬化程度较少，几何形状较好的发动机盖常采用钣金修理法修复，反之则更换。铝质发动机盖通常产生较大的塑性变形就需更换。

发动机盖锁遭受碰撞变形、破损多以更换为主。发动机盖铰链遭受碰撞后多以变形为主，由于铰链的刚度要求较高，变形后多以更换为主。

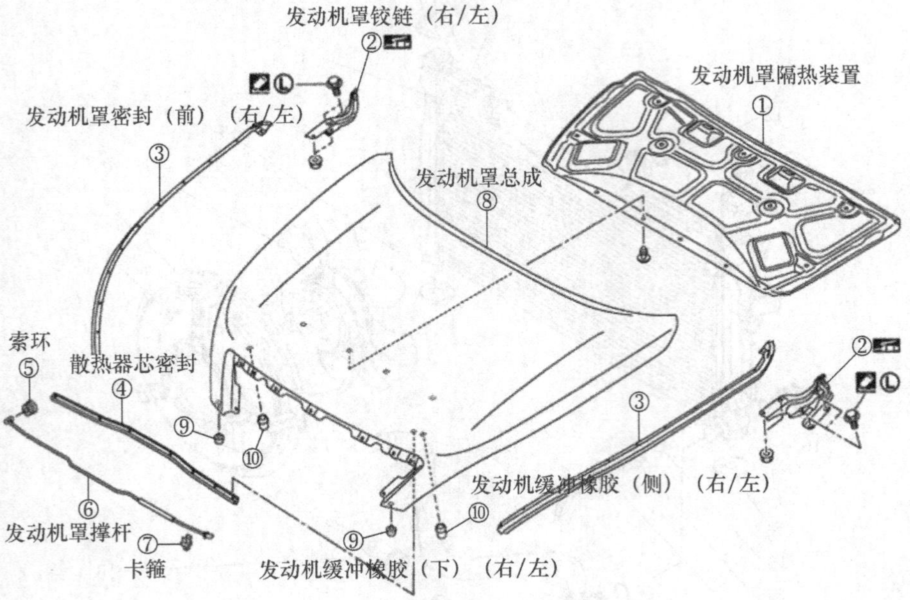

图 4-9 发动机盖及附件

发动机盖撑杆常有铁质撑杆和液压撑杆两种，铁质撑杆基本上都可以通过校正修复，液压撑杆撞击变形后多以更换修复为主。

发动机盖拉索在轻度碰撞后一般不会损坏，碰撞严重会造成折断，折断后应更换。

8. 前翼子板及附件

前翼子板及附件如图 4-10 所示。

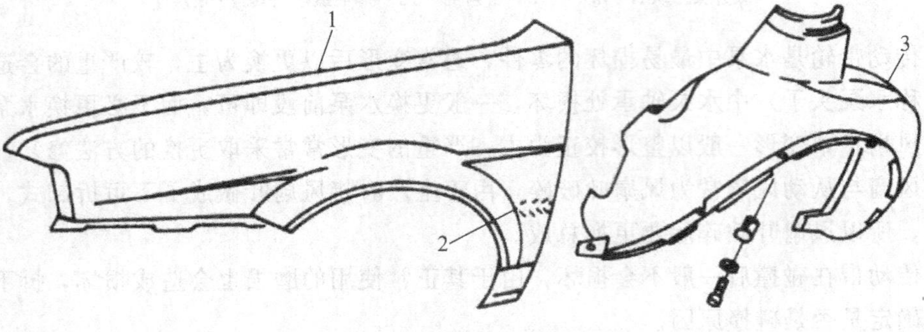

图 4-10 前翼子板及附件

1—前翼子板 2—前翼子板饰条 3—砾石板

前翼子板的附件常有饰条、砾石板等，饰条损伤后多以更换为主，即使饰条未遭受撞击，而常因钣金整形前翼子板需拆卸饰条，许多汽车的饰条拆下后就必须更换。砾石板因价格较低，撞击破损后一般做更换处理。

9. 前纵梁及悬架座

对于车身的汽车前纵梁及悬架座属于结构件，按结构件方法处理。

10. 车轮

车轮由轮辋、轮胎、轮罩等组成。

轮辋遭撞击后以变形损伤为主，多以更换的方式修复；轮胎遭撞击后会出现爆胎现象，以更换方式修复；轮罩遭撞击后常会产生破损现象，以更换方式修复。

11. 前悬架系统及相关部件

前悬架系统及相关部件主要包括悬架臂、转向节、减振器、稳定杆、发动机托架、制动盘等，如图 4-11 所示。

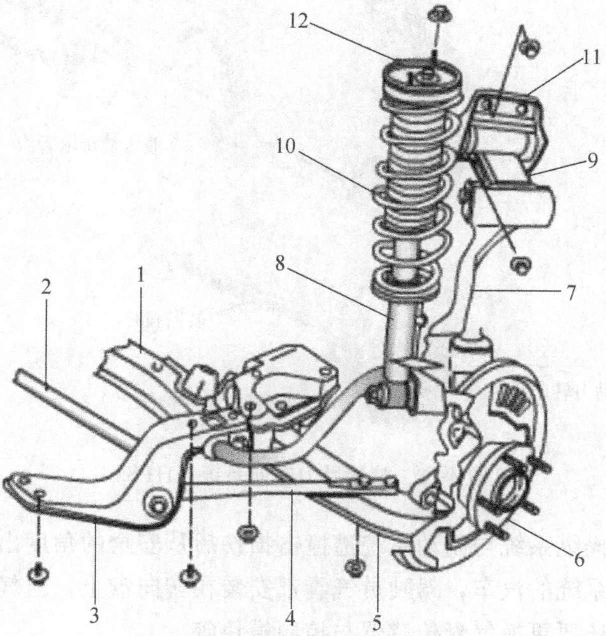

图 4-11　前悬架的组成

1—前悬架横梁　2—前稳定杆　3—拉杆支架　4—黏滞式拉杆 5—横连杆总成　6—轮毂转向节总成　7—第三连杆　8—减振器　9—上连杆　10—螺旋弹簧　11—上连杆支架　12—减振器隔振块

前悬架系统及相关部件中制动盘、悬架臂、转向节、稳定杆、发动机托架均为安全部件，发现有撞出变形均应更换。

减振器主要鉴定其是否在碰撞前已损坏。减振器是易损件，正常使用到一定的程度后会漏油，如果减振器外表已有油泥，说明在碰撞前已损坏。如果外表无油迹，碰撞造成弯曲变形，应更换。

12. 传动轴及附件

中低档轿车多为前轮驱动，碰撞常会造成外侧等角速万向节（俗称外球笼）破损，常以更换的方法修复，有时还会造成半轴弯曲变形，也以更换的方法修复。

13. 转向操纵系统（转向盘、转向传动杆、转向机、横拉杆、转向助力泵等）

液压助力转向系统如图 4-12 所示。

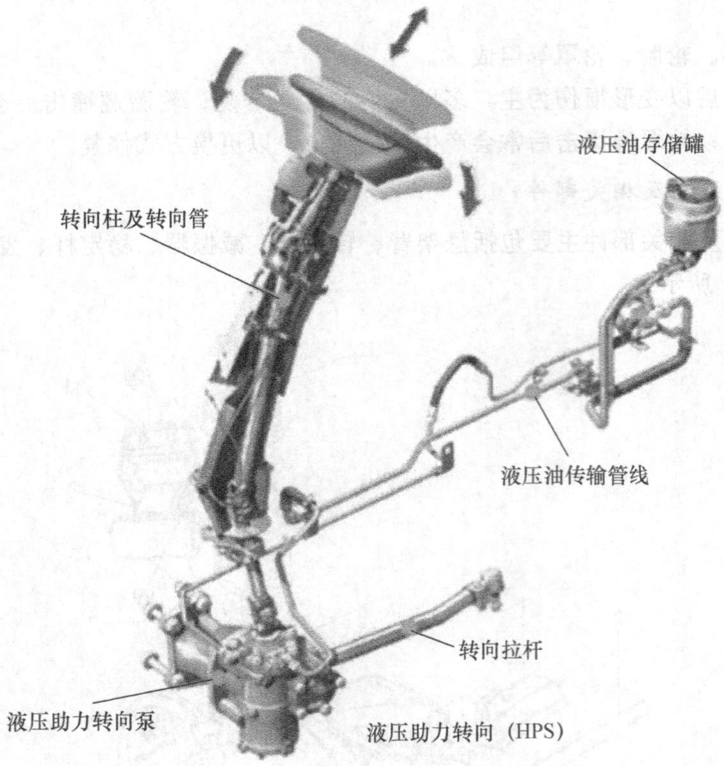

图 4-12　液压助力转向系统（HPS）

操纵系统中转向操纵系统与制动系统遭撞击损伤后从安全的角度出发多以更换修复。

安装有安全气囊系统的汽车，驾驶员气囊都安装在转向盘上，当气囊因碰撞引爆后，不仅要更换气囊，通常还要更换气囊传感器与控制模块等。

14. 发动机附件（凸轮轴传动机构及附件、油底壳及胶垫、发动机支架及胶垫、进气系统、排气系统等）

发动机附件中凸轮轴传动机构及附件因撞击破损和变形以更换修复为主。油底壳轻度的变形一般无需修理，放油螺塞处碰伤及中度以上的变形以更换为主。

发动机支架及胶垫因撞击变形、破损以更换修复为主。

进气系统因撞击破损和变形以更换修复为主。

排气系统中最常见的撞击损伤为发动机移位造成的排气管变形，由于排气管长期在高温下工作，氧化现象较严重，通常无法修复。消声器吊耳因变形超过弹性极限破损，也是常见的损坏现象，以更换的方法修复。

15. 发电机及蓄电池

发电机最常见的撞击损伤为传动带轮、散热叶轮变形，壳体破损，转子轴弯曲变形等。传动带轮变形以更换方法修复。散热叶轮变形以校正修复为主。壳体破损，转子轴弯曲变形以更换发电机总成修复为主。

汽车用蓄电池的损坏多以壳体四个侧面破裂为主。汽车蓄电池多为铅酸蓄电池，由 6 格（汽油车）或 12 格（柴油车）组成。碰撞会造成 1 格或多格破裂，电解液外流。一时查看不到破裂处，可通过打开加液盖观察电解液量来判断，如果只是 1 格或几格严重缺液，多为蓄电池破裂；如果每格都缺液，多为充电电流过大所致，而不是破裂。

16. 前风窗玻璃及附件（前风窗玻璃、前风窗玻璃密封条及饰条、内视镜等）

前风窗玻璃及附件因撞击损坏基本上以更换修复为主。

前风窗玻璃有胶条密封式和粘贴式，桑塔纳普通型为胶条密封式，更换风窗玻璃不用更换密封胶条。对于粘贴式的风窗玻璃，更换风窗玻璃时可能还要更换风窗玻璃饰条（如夏利 TJ7100 型和奥迪 100 型车）。

因为许多车将内视镜粘贴在前风窗玻璃上，所以将其与风窗玻璃归在一起，内视镜多为二次碰撞致损，破损后一般以更换为主。

17. 刮水系统（刮水片、刮水器臂、喷水壶、刮水器联动杆、刮水器电动机、喷水管等）

刮水系统中刮水片、刮水器臂、刮水器电动机因撞击损坏，主要以更换修复为主。刮水器固定支架、联动杆中度以下的变形损伤以整形修复为主，严重变形的一般需更换。

一般刮水喷水壶只在较严重的碰撞中才会损坏，损坏后以更换为主。刮水喷水电动机、喷水管和喷水嘴因撞坏的情况较少出现，若撞坏以更换为主。

18. A 柱及饰件、前围、暖风系统、集雨栅等

车身的汽车 A 柱如图 4-13 所示。

A 柱因碰撞产生的损伤多以整形修复为主，由于 A 柱为结构钢，当产生折弯变形时，以更换外片为主要修复方式。

图 4-13 轿车 A 柱

A 柱有上下内饰板，破损后一般以更换为主。

前围多为结构件，整修与更换按结构件的整修与更换原则执行，A 柱内饰板因撞击破损以更换修复为主。

前围上板上安装有暖风系统，较严重的碰撞常会造成暖风机壳体、进气罩的破碎，以更换为主，暖风散热鼓风机一般在碰撞中不会损坏。

集雨栅为塑料件，通常价格较低，因撞击常造成破损，以更换修复为主。

19. 仪表台及中央操纵饰件

仪表台组件如图 4-14 所示。

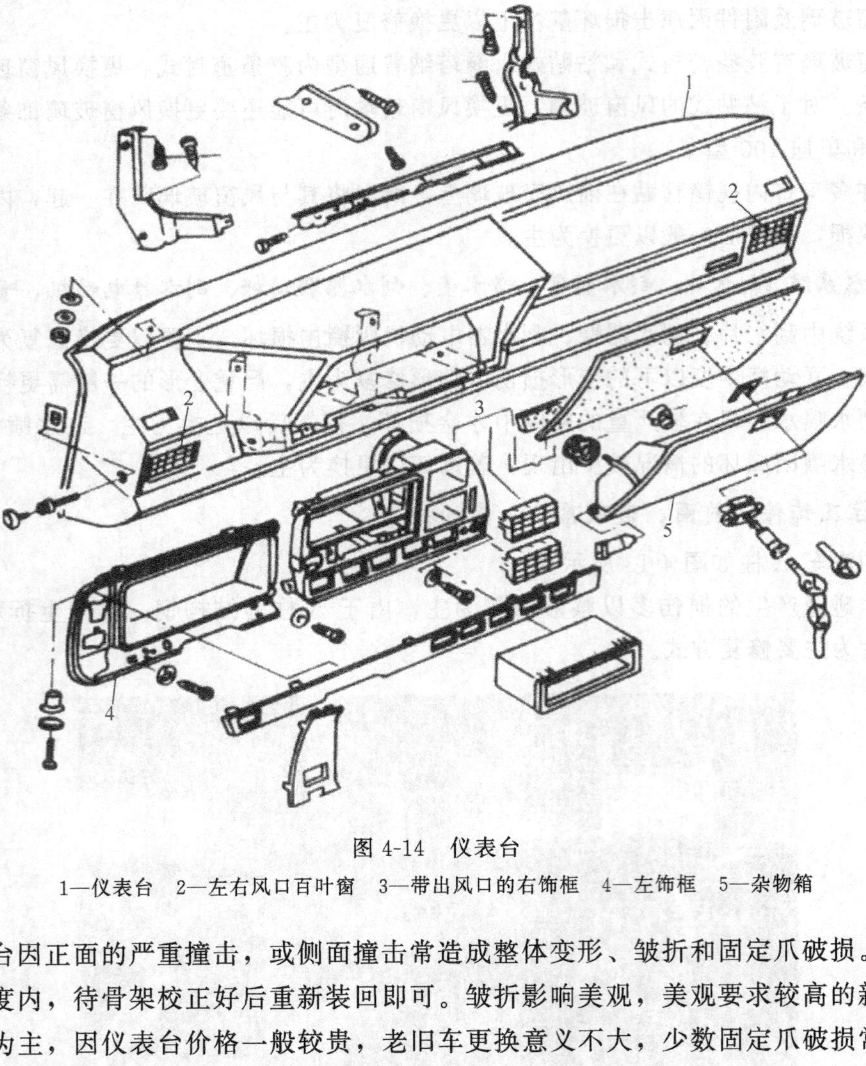

图 4-14 仪表台

1—仪表台 2—左右风口百叶窗 3—带出风口的右饰框 4—左饰框 5—杂物箱

仪表台因正面的严重撞击，或侧面撞击常造成整体变形、皱折和固定爪破损。整体变形在弹性限度内，待骨架校正好后重新装回即可。皱折影响美观，美观要求较高的新车或高级车以更换为主，因仪表台价格一般较贵，老旧车更换意义不大，少数固定爪破损常以焊修修复为主，多数固定爪破损以更换修复为主。

左右出风口常在侧面撞击时破碎，右出风口也常因二次碰撞被副驾驶员右手支承时压坏。

左右饰框常在侧面碰撞时破损，严重的正面碰撞也会造成支爪断裂，均以更换修复为主。

杂物箱常因二次碰撞被副驾驶员膝盖撞破裂，一般以更换修复为主。

桑塔纳普通型中央操纵饰件为通道罩，如图 4-15 所示。

严重的碰撞会造成车身底板变形，车身底板变形后会造成通道罩破裂，以更换修复为主。

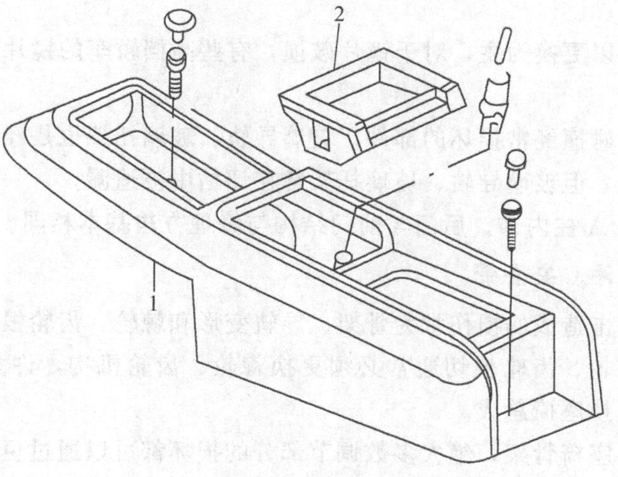

图 4-15　通道罩

1—通道罩　2—烟灰缸

20. 车门及饰件前门后视镜、后门及饰件等

以前门为例，门玻璃升降机如图 4-16 所示。

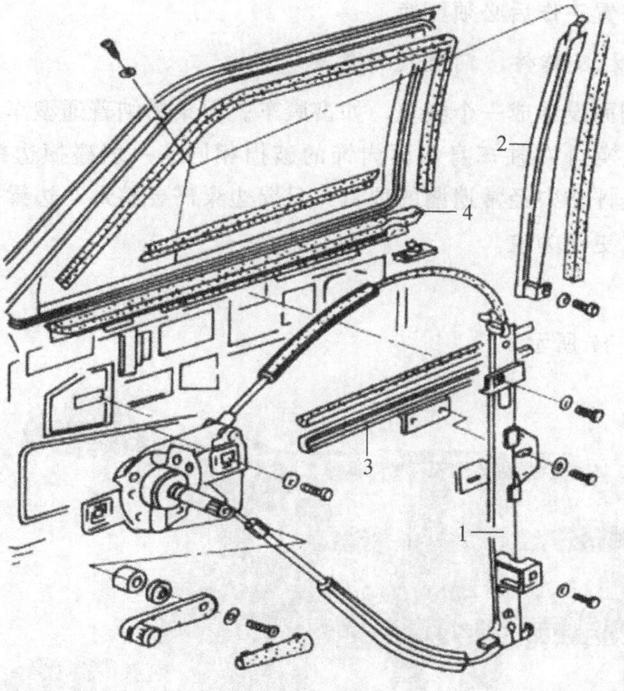

图 4-16　门玻璃升降机

1—玻璃升降机总成　2—玻璃导轨　3—玻璃托架　4—玻璃内密封条

门防擦饰条碰撞变形应更换，由于门变形需将门防擦饰条拆下整形，多数防擦饰条为自干胶式，拆下后重新粘贴上不牢固，用其他胶粘贴影响美观，应考虑更换。

门框产生塑性变形后，一般不好整修，应考虑更换。门锁及锁芯在严重撞击后会产生损坏，一般以更换为主。

后视镜镜体破损以更换为主，对于镜片破损，有些高档轿车的镜片可单独供应，可以通过更换镜片修复。

门玻璃升降机是碰撞经常损坏的部件，玻璃导轨、玻璃托架也是经常损坏的部件，碰撞变形后一般都要更换，但玻璃导轨、玻璃托架常在评估中被遗漏。

车门内饰修理同A柱内饰。后门与前门结构与修理方法基本相同。

21. 前座椅及附件、安全带

座椅及附件因撞击造成的损伤常为骨架、导轨变形和棘轮、齿轮根切现象，骨架、导轨变形常可以校正，棘轮、齿轮根切通常必须更换棘轮、齿轮机构，许多车型因购买不到棘轮、齿轮机构常会更换座椅总成。

桑塔纳轿车提供座椅骨架，绝大多数调节部分的损坏都可以通过更换座椅骨架修复，而不用更换座椅总成。

现今我国已强制使用被动安全带，绝大多数中低档车为主动安全带，大多数安全带在中度以下碰撞后还能使用，但必须严格检验，前部严重碰撞的安全带，收紧器会变形，从安全角度考虑需更换。中高档轿车上安装有安全带自动收紧装置，收紧器上拉力传感器感应到严重正面撞击后，电控自动收紧装置会点火，引爆收紧装置，从而达到快速收紧安全带作用，但安全带自动收紧装置工作后必须更换。

22. 侧车身、B柱及饰件、门槛及饰件等

有的汽车车身侧面设计成一个整块，如富康车。但桑塔纳普通型车没有这样设计。

B柱的整修与更换同A柱车身侧面内饰的破损相同。一般碰撞边梁的变形以整形修复为主，边梁保护膜是评估中经常遗漏的项目，只要边梁需要整形，边梁保护膜就要更换。门槛饰条破损后一般以更换为主。

23. 车身地板

车身地板如图4-17所示。

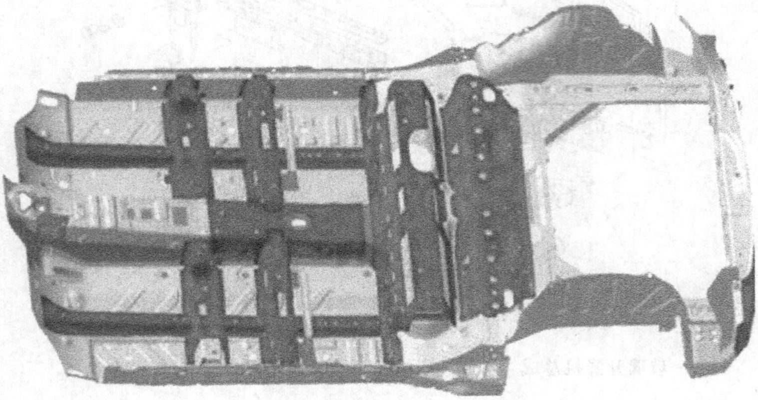

图4-17　车身地板

车身地板因撞击常造成变形，常以整修方式修复，对于整修无法修复的车身地板，在现有的国内修理能力下，应该考虑更换车身总成。

24. 车顶及内外饰件［落水槽及饰条、车顶（指外金属件）、顶篷（指内饰）、天窗等］

车顶结构如图 4-18 所示。

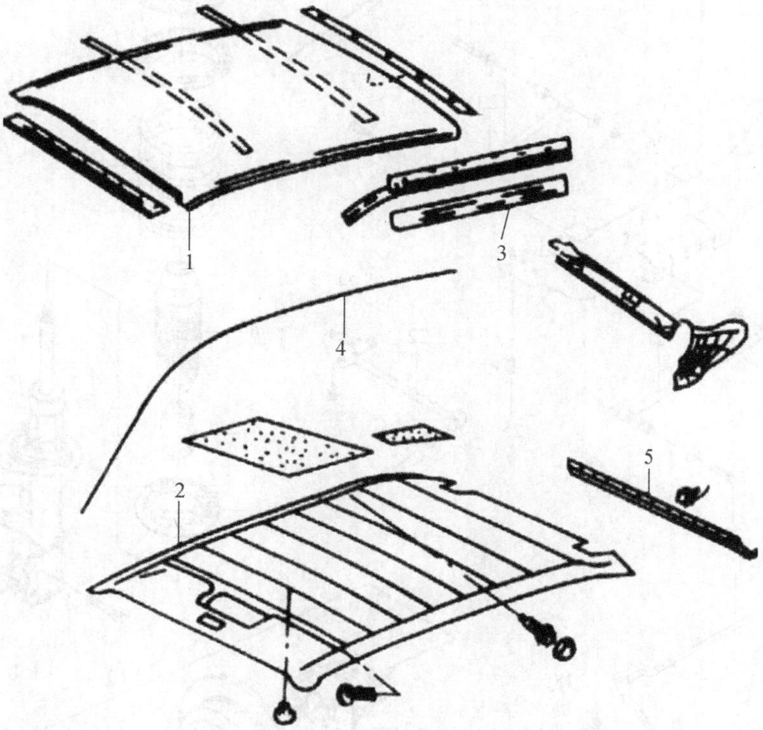

图 4-18　车顶分解图

1—车顶　2—顶篷　3—车顶边梁　4—落水槽饰条　5—车顶后内饰条

严重的碰撞和倾覆会使车顶损伤。车顶的修复同发动机盖，只要能修复，原则上不予更换。内饰同车门内饰。落水槽饰条为铝合金外表做漆，损伤后一般应予更换。

25. 后风窗玻璃及附件（后风窗玻璃、后风窗玻璃饰条等）

后风窗玻璃及附件的结构同前风窗玻璃。区别在于，前风窗玻璃为夹胶玻璃，后风窗玻璃为带加热除霜的钢化玻璃。修理方法同前风窗玻璃。

26. 后翼子板及饰件（后三角窗、后悬架座等）

后翼子板如图 4-19 所示。

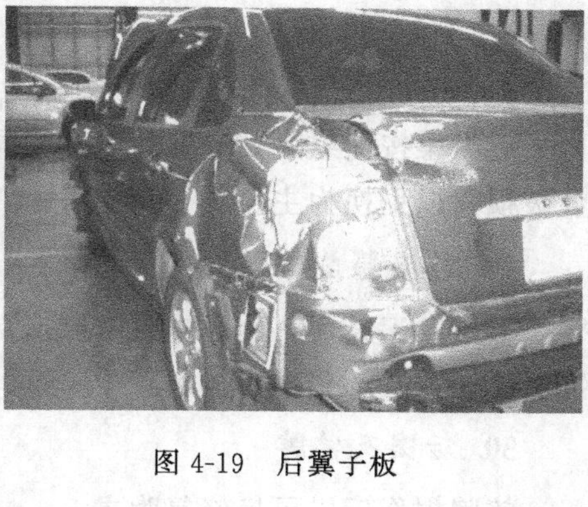

图 4-19　后翼子板

后翼子板与前翼子板不同，后翼子板为结构件，按结构件方法处理。行李箱落水槽板、三角窗内板、挡泥板外板及挡泥板内板一般不予更换。后三角窗按风窗玻璃方法处理。

27. 后桥及后悬架

后桥结构如图 4-20 所示。

后悬架按前悬架方法处理，后桥按副梁方法

处理。

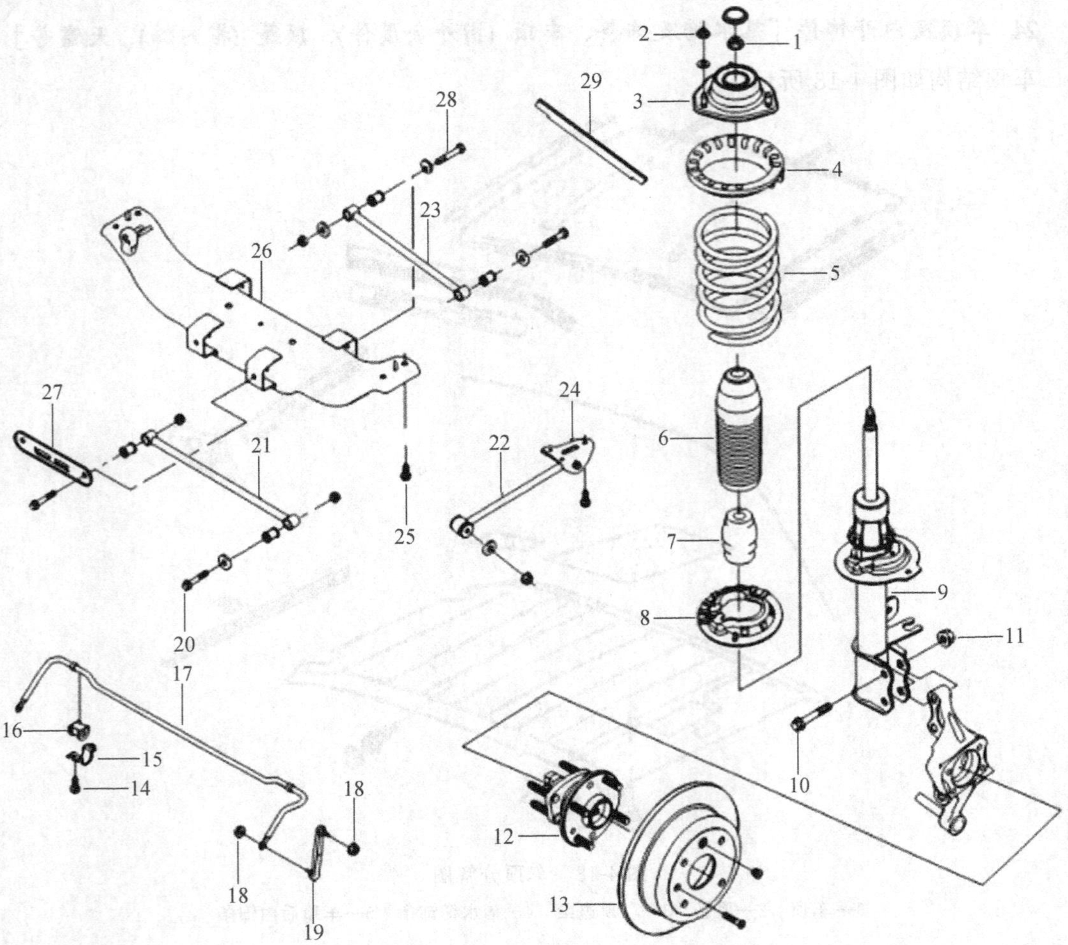

图 4-20 后桥结构图

1—支柱座锁止螺母 2—支柱总成至车身螺母 3—支柱座 4—上弹簧座 5—后弹簧 6—支柱减振器防尘罩 7—空芯保险杠 8—下弹簧绝缘环 9—后支柱减振器 10—支柱总成至转向节螺栓 11—支柱总成至转向节螺母 12—芯轴总成 13—制动盘 14—稳定轴卡箍螺栓 15—稳定轴卡箍 16—稳定轴绝缘体 17—稳定轴 18—稳定轴至稳定连杆螺母 19—稳定连杆 20—后平行连杆至转向节螺栓 21—后平行连杆 22—牵引杆 23—前平行连杆 24—牵引杆支架 25—后横梁至车身螺栓 26—后横梁 24—后横梁罩 28—前束调整螺栓 29—ABS 导线罩

28. 后部底板、后纵梁及附件

后纵梁按前纵梁方法处理，其他同车身底板处理方法相似。备胎盖在严重的追尾碰撞中会破损，以更换为主。

29. 行李箱盖及附件

行李箱工具盒在碰撞中时常破损，评估时注意不要遗漏。后轮罩内饰、内饰板、右侧内饰板碰撞一般不会损坏。

30. 后围及铭牌

铭牌损伤后以更换修复为主。

31. 尾灯

尾灯按前照灯方法处理。

32. 后保险杠及附件

按前保险杠处理方法处理。

(三) 零配件及总成更换标准

零配件及总成更换标准见表 4-2。

表 4-2　零配件及总成更换标准表

零配件或总成名称	更换标准
前、后保险杠	1) 保险杠靠近轮位的吊耳、固定码断裂或断脚的（如广本 2.4 车型中网靠中间位的耳或脚），给予更换 2) 凹陷裂开的给予更换正厂件，断裂和破碎的给予更换付厂件 3) 保险杠体穿孔且缺损的予以更换
前、后杠内骨架	撞扁在 1/3 以上的（以厚度或长度计算，材料为铝合金），折曲弯度大于 30°以上难以修复的或修理工时费用大于更换的，给予更换（注：根据保险额以及霉烂情况，予以等价值更换）
前杠支架	撞扁在 1/3 以上的，折曲弯度大于 30°以上难以修复的或修理工时费用大于更换的，给予更换
中网、杠体栅格	断脚、撞扁或表面断裂、或影响美观的（电镀件），折曲弯度大于 30°以上难以修复的或修理工时费用大于更换的，基本给予更换
前、后照灯总成 角灯 雾灯 翼子板灯	撞烂、撞穿灯面、灯壳或撞断灯脚，给予更换处理。灯面磨损深，抛光抛不平的，基本给予更换
前盖	撞损位置扁烂、撞穿或撞折，特别是骨位折曲在 1/3 以上（特别是铰位在前面的，是固定受力位而且是主力的）的头盖，铝盖在周边 10cm 以上损坏、穿孔可以更换
前盖撑杆	撑杆有弯曲现象，撑杆芯有划痕，撑杆球头脱落给予更换
前档下饰板	金属变形或塑料裂开在 5cm 以下不影响使用和美观的给予修复，缺损的给予更换
前档饰条	前档胶条和金属饰条：开裂和缺损的给予更换，如奥迪前档饰条是一次性使用，给予更换
后视镜	外部缺损和只烂镜片的给予更换半总成，电镜的电控转向器损坏的，给予更换总成
龙门架	1/3 以上的撞扁、撞曲、撞折和头盖锁位置以及铰位损坏的（钢材），或材料为塑料、玻璃钢的，给予更换
散热网	轻微变形，给予修复，有穿漏现象（因有压力）或有折曲的、断脚的给予更换
散热器	1) 轻微变形或水道管穿孔细微的，铜制水道管可用铜焊焊补的给予修复，铝制水道管可用亚弧焊给予修补 2) 水道管撞扁、撞烂、断脚或要截断改变水道管的（因缩短水道管影响水降温时间，容易造成水温高）给予更换
风扇总成（含电机）	1) 胶扇叶和金属扇叶有缺损、变形的给予更换 2) 电机表面完好、轴无变形或轴承无异响及转动正常（必要时可通电试）不给予更换

（续）

零配件或总成名称	更换标准
前翼子板	1）前面撞扁、撞折或骨位折曲超1/3以上，穿烂划破超过10cm以上，按以上规定给予更换 2）侧面凹陷无论大小都不给予更换，应给予修复 3）修复工时费用大于换件价格给予更换
前翼子板内骨架	影响避振机座造成前轮定位和前束有问题的给予更换
前纵梁	折曲、撞扁或扭曲1/3以上给予更换
前、后桥	1）要观看其撞击位置主要在轮位、纵梁（严重折曲）和前桥上，如载货车撞不到该位置不会损坏 2）用眼看到损坏的或看不到的就要观看其前桥底部的四颗大螺钉有无移位变形、下摆臂固定位变形，如有则给予更换，如无就不能更换
仪表台壳	塑料有爆裂、穿洞、变形给予更换，真皮面尽量给予修复
发动机脚胶	断裂、缺损给予更换
脚胶支架	同上（铝合金或铸成一体）
避振器	变形、避振机芯明显划痕，明显碰撞痕迹的基本予以更换
下悬架臂	变形、有明显碰撞痕迹的基本予以更换
转向节	变形、有明显碰撞痕迹的基本予以更换（可以考虑将轴承一同更换）
方向机	变形、有明显碰撞痕迹的基本予以更换
横、直拉杆	变形、有明显碰撞痕迹，或有裂痕的基本予以更换
半轴	变形、有明显碰撞痕迹的基本予以更换
半轴万向节（球笼）	有损坏的基本予以更换
正时室盖	缺损或裂开、变形给予更换
发动机油底壳	撞损直径1/3，深度3cm以上给予更换
气门室盖	缺损、爆裂、变形按以上标准给予更换
中缸壳	1）螺钉断裂一个的，原则上予以修复 2）裂纹不大于5cm以上，或位置不在油道水道可以修复，否则予以更换 3）如有缺损、崩烂的给予更换
波箱壳	同中缸壳
波箱油底壳	撞损、变形、凹陷深度2mm以上，按以上标准给予更换
进、排气歧管	1）铸铁件变形、缺损给予更换 2）塑料件有损坏基本予以更换
前排气歧管 中排气歧管 后排气歧管	变形偏离支承点超过5cm的或撞穿及撕裂的，原则上给予更换
三元催化器	内、外部破裂，有异响的给予更换
消声器	凹陷深度超过1cm的或撞穿的、有异响的，原则上给予更换
前、后立柱 A、B、C柱	撞穿或柱体凹陷变形部分达到柱体20%的，原则上给予更换

（续）

零配件或总成名称	更换标准
车门壳	1）缺损的、撞穿直径超过10cm的或弯曲角度超过1/3的，原则上给予更换 2）窗框部位凹陷变形部分达到框体20%的给予更换
车门玻璃升降器总成	胶扣断裂、钢丝散开、齿轮牙缺损、举升支架变形超过1/4或电机受损不能运转的，原则上给予更换
下裙饰板、车门外饰板、轮眉饰板	缺损、断脚（码）、塑胶的饰板弯曲部分超过板体的1/3或撕裂的，原则上给予更换
天窗玻璃导轨	变形导致天窗玻璃滑动不畅的，原则上给予更换
后翼子板	1）撞扁、撞折或骨位折曲超1/4以上、穿烂划破超过10cm以上，给予更换 2）侧面凹陷无论大小都不给予更换，应给予修复 3）修复工时费用大于换件价格给予更换
后翼子板内骨架	缺损的或弯曲角度超过1/3的，原则上给予更换
后窗台板	饰板裂开、钢材支架变形范围达到50%、缺损的，原则上给予更换，其他情况不建议更换
油箱总成	1）撞穿、边角凹陷超过1cm的，原则上给予更换 2）塑胶的油箱有超过1.5mm深度的划痕或有褶皱的，原则上也给予更换
尾盖	1）撞损位置扁烂、撞穿或撞折，特别是骨位折曲在1/4以上的，给予更换 2）中间凹陷的无论大小不能更换
尾盖撑杆	撑杆有弯曲现象，撑杆芯有划花痕，撑杆球头脱落的，给予更换
行李箱地板	缺损或撞穿直径超过20cm以上的，给予更换
ABS执行器	线束插头、插座损坏、电路板部位受明显撞击、泵体有明显撞击损坏的，基本予以更换
安全气囊电脑	气囊爆出，气囊游丝、电脑、气囊、感应器（奥迪A6/A4、广本系列无感应器）予以更换
轮辋（包括铝合金）	变形失圆、缺损的，基本予以更换
前、后盖锁	变形的，基本予以更换
门锁	明显变形、破裂的基本予以更换
门把手	有明显摩擦痕迹、断裂（含塑料、电镀面）的，基本予以更换
防撞胶条	有变形、明显摩擦痕迹、断裂（含塑料、电镀面）的，基本予以更换
玻璃压条	有变形、明显摩擦痕迹、断裂（含塑料、电镀面）的，基本予以更换
天线	天线杆有变形、断裂的，基本予以更换
倒车雷达感应器	有损坏的，基本予以更换

（四）知识点

1	汽车车身结构件的认识	5	汽车零部件的维修方案的确定
2	事故车辆定损原则	6	汽车车身塑料的维修方案的确定及常用材料
3	事故车辆定损步骤	7	事故车拆装隐含的工时的确定
4	钣金件的维修方案的确定	8	常见车型的配置

二、典型案例

案例：雪佛兰柯西嘉桥头被撞事故

1. 事故介绍

一辆平头载货车在没有减速的情况下追尾了一辆雪佛兰柯西嘉轿车，将三厢车直接变成了两厢车，损坏程度相当严重，所幸没有人员伤亡。雪佛兰柯西嘉轿车事故车如图 4-21 所示。

事故地点在外环线 10 号桥上，众多的载货车往返于外环线也使得事故频繁发生。本起事故就是发生在这里，平头载货车从后方将一辆雪佛兰柯西嘉轿车撞得“伤势严重”，并且被撞的雪佛兰柯西嘉轿车属于外地车辆。

图 4-21　雪佛兰柯西嘉事故车

2. 事故查勘

事故发生后双方事主拨打了 122，事故民警很快赶到，为了尽快疏通道路而将双方车辆移至附近停车场内。随后事主又与保险公司取得了联系，并简单介绍了事故情况，并要求定损人员第 2 天到停车场进行车辆定损以及确定赔偿金额。

事故发生的第二天上午 10：03，定损人员到达位于军粮城滨瑕路上的停车场，因为已经不是事故现场，因此，定损人员一上来还是要询问事故原因以及经过。

因为雪佛兰柯西嘉属于比较稀少的车型，载货车驾驶员也知道此次事故要赔偿的金额不会太少，只是希望能和对方协商好赔偿金。

定损人员了解了整个经过后，开始察看损伤情况很严重的雪佛兰柯西嘉（图 4-22），雪佛兰柯西嘉尾部已经被挤进去大部分，车体其他部位也都有损伤，想象得出来当时载货车在没有减速而且车上有货的情况下撞击到雪佛兰柯西嘉的力量是相当巨大的。由于肇事载货车只有第三者责任险，因此对载货车的察看也只是核对双方车辆的事故面是否吻合，以便确定事故真假。

图 4-22　受损后翼子板与后杠

3. 事故定损

雪佛兰柯西嘉的定损过程属于比较困难的，本身该车型已经不出产新配件，但之前该车型的配件又相对很高，这其中就出现了一个问题即：目前无该车型配件的市场价格可询，又不能随便赔偿结案。因此，询问该车型配件的以往价格以及征询车主的意见便尤为重要。经过仔细确定雪佛兰柯西嘉的后杠、后胎、后备门及字标、后杠饰条、左右侧围、后围板、后杠架、后尾灯、后视镜等部件都需要更换（图 4-23），至于具体赔偿价格还需进一步确定。

图 4-23　事故车定损

经过近一个小时的询问价格，定损人员将赔偿金额初步确定为 36000 元左右，鉴于数额比较巨大，定损人员需转交保险公司其他部门处理。

4. 定损用时

从 10：03 定损人员到达现场至 11：35 初步定损完毕，共用时 1 小时 32 分钟。

5. 案件分析

本起事故中载货车负全责，载货车车主也没有疑义，只是由于只上有第三者责任险，因此希望可以和雪佛兰柯西嘉车主协商好一个价格。

雪佛兰柯西嘉属于目前比较少见的车型，因此在评估、折价方面都比较麻烦，特别是对于一些目前市场中没有的配件来说，它的价格就更加难以判断，唯一的依据只是车辆配件前几年的价格，根据此价格进行赔偿。

本次事故因需要鉴定的损坏部位过多，因此定损过程也是相对较长的。

三、技能训练任务六——事故车维修方案的确定

1. 技能训练任务设计

根据事故车维修方案的总原则，分别对钣金件、塑料件及机械配件进行定损，并填写事故车修换清单（图 4-24）。

保险单号：	PDAA200736252300XXXXX	厂牌型号：	雪佛兰牌 SGM7140SE		本栏为保险人内部询报价使用			
号牌号码：	赣 EXXXXX	保险金额：						
序号	部位	名称	配件编号	数量	工时费	估计价格	报价	备注
1		防冻液		1		50		
2		雨刮片		1副		40		
3	钣金	左前翼子板			20		合计 ¥270.00	
4		右前翼子板			50			
5		龙门架			80			
6		雨刮连杆固定架			40			
7		纵梁			40			
8		左前立柱			40			
9	油漆	翼子板			140		合计 ¥450.00	
10		龙门架雨刮连杆固定架纵梁			100			
11								
12		引擎盖			140			
13		保险杠			70			
14	其它	仪表台拆装			60		合计 ¥250.00	
15		安装前挡			40			
16		发动机			20			
17		电工			40			
18		其它安装费			60			
19		空调			30			
小计					¥970.00	¥3706.00	合计:4676.00	

36252300XXXXX	厂牌型号：	雪佛兰牌 SGM7140SE		本栏为保险人内部询报价使用		
EXXXXX	保险金额：					
部件名称	配件编号	数量（件）	工时费	估计价格	报价	备注
左大灯		1		255		
右大灯		1		255		
雨刮水壶		1		88		
副水箱		1		35		
前保险杠		1		230		
空调散热板		1		260		
雨刮杠		2		45		
前挡玻璃		1		350		
前杠灯（左右）		2		150		
刹车油壶		1		45		
前杠骨架		1		200		
发动机装饰盖		1		95		
气门室盖		1		275		
电瓶		1		240		
空调电子扇		1		176		
水箱电子扇		1		176		
导水板		1		50		
雨刮连杆		1		55		
遮阳板（带镜）		1		78		
遮阳板（带镜）		1		78		
引擎盖		1		380		
[illegible]		4		60		
[illegible]		1		20		
刹车油		1		20		
小计				¥3636.00		

图 4-24　事故车维修方案的确定

2. 技能训练学生分工

以 4～7 人为一组进行训练，1 人作为当事人报险，1～2 人作为接线员接险、调度员实施调度，1～2 人作为保险公司查勘定损人员进行定损，1～2 人分析、记录、评估。

3. 技能训练方式

各小组循环进行拆解定损及评估训练。

4. 技能训练准备材料

数码照相机、定损笔记本计算机、笔、记录本、事故车辆损失确认书等。

5. 技能训练时间

4 学时。

6. 技能训练任务要领

（1）钣金件定损（图 4-25）

1）弯曲变形，修复为主。

2）折曲变形，更换为主。

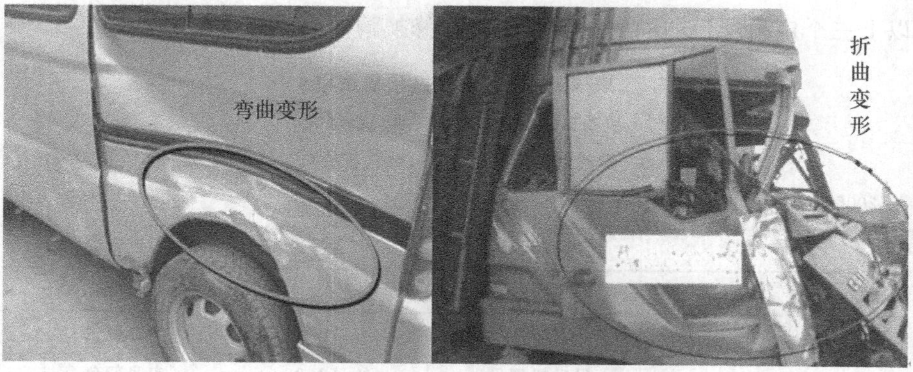

图 4-25　钣金定损

（2）塑料件定损（图 4-26）

1）热塑性塑料件损伤，修复为主。

2）热固性塑料件损伤，更换为主。

3）车身塑料件鉴别。

图 4-26　塑料件定损

(3) 机械配件定损（图 4-27）

超过配合尺寸，通过加工也无法达到装配技术要求，或变形通过校正无法保证使用性能和安全技术要求，或断裂无法焊接或焊接后无法保证使用性能和安全技术要求，原则上必须更换。

图 4-27 机械配件定损

(4) 填写修换清单

完成以上三个定损项目的同时，要详细填写修换清单（见表 4-3）。

表 4-3 零部件更换项目清单

机动车辆保险车辆损失情况确认书

零部件更换项目清单（代询价单）

报案号：RDAA200644200000028676

定损单位名称：	湖北××	车辆型号：	柯西嘉 2.0L	燃料：	汽油
承保公司名称：	××××××	车辆牌照号：	粤 T×××××	档位：	自动
被保险人名称：	张××	VIN 号码：	L422L134CIDGASFIN	内饰颜色：	灰
		发动机型号：	L422L	车身颜色：	红
承修厂名称：		制造年份：	1995-4-10	排气量：	2L
黄石恒通汽车修理厂		定损员：	李××	出险日期：	2006-6-4
注：	1. 请准确填写询价单中各项内容。				
	2. 请注意询价时间及询价权限。				
	3. 请注明需更换的玻璃类型。				
	4. 请剔出辅料及待查配件项目。		分公司盖章		
		核准：	0.00		
序号	零件名称	零件编号	数量	询价金额	报价金额
1	后杠		1	800	
2	后胎		2	1200	
3	后备门及字标		1	2000	
4	后杠饰条		1	300	
5	左右侧围		1	1000	

（续）

序号	零件名称	零件编号	数量	询价金额	报价金额
6	后围板		1	700	
7	后杠架		1	400	
8	后钢圈		1	700	
9	后尾灯		2	1000	
10	后杠内泡沫		1	200	
11	后杠内衬（内铁）		1	500	
12	后风窗玻璃		1	1000	
13	后门防撞条		2	300	
14	后车牌架		1	300	
15	后视镜		1	400	
16	行李箱盖		1	3200	
……	×××××……		1…	……	
25	合计		28	￥36 000 00	

四、职业养成

1. 宣言——态度决定成败！态度确定成功的高度

积极乐观的态度是决定成功的关键。人生的旅途不可能只有鲜花和欢笑，征途中肯定会有荆棘，有挫折，无论处于多么严酷的境界之中，心头都不应为悲观的思想所萦绕！积极乐观的态度能感染和带动大家向前直至成功。

态度确定成功的高度，要始终用老实的态度去做人做事。青年人最可贵的是老实作风，“老实”就是不自欺欺人。做到不欺骗人家容易，不欺骗自己最难。“老实作风”就是脚踏实地，不占便宜。世界上没有便宜的事，谁想占便宜谁就会吃亏。吃亏是福，吃亏能使人积累经验，吃亏能为你带来做事的机会，机遇也随之而来。

2. 细读宣言

1）生活而无目标，犹如航海之无指南针。积极乐观就是有目标。

2）机会总是降临在那些“确信自己一定会成功”，而且早已开始“为成功做准备”的人身上。

3）态度决定成败，无论情况好坏，都要抱着积极的态度，莫让沮丧取代热心。生命可以价值极高，也可以一无是处，一切在于你。

4）“当你面向太阳，就看不到背后的阴影。”当你不断帮助他人解决问题，你就没有时间陷在不必要的困境中。

5）做一个发掘别人优点的黄金制造者，而不是专找他人缺点的垃圾制造机。

6）当你多做奉献、多吃亏做事情的时候，你的经验就不断积累，成功也就离你不远了。

7）欺骗谁也不要欺骗自己，时刻记住自己的缺点和不足，只有不断努力、不断去做事情才能改变这一切。

3. 职业养成

1）不管在任何时候都要为公司和客户着想，告诉客户公司一定按照原则进行理赔，始终有一个公平公正的态度。

2）养成先勘察仔细后再定损的好习惯。养成良好的职业素养，具有良好的专业水准，用专业的态度来做事情。

3）绝不去投机取巧，严格遵守定损原则（①既不影响使用性能又不影响外观质量，且利用简单工艺即可恢复的，应以修复为主。②二类以上维修企业技术水平无法修复或在工艺上无法保证修后质量的应更换。③当配件修复费用超过或等于该配件更换费用时应更换。④所有更换件定损规格不得高于原车事故前装配的品牌、规格）进行定损。

4）爱护客户的财物，用积极的态度为客户着想，始终照顾客户的情绪，不克扣客户，不为难客户。

5）以老实的态度确定维修方案，不偏袒客户，也不为保险公司刻意节约。

6）绝不做私案、假案，一切老实行事，不违背自己的职业道德。

4. 阅读材料

态度决定成败，保持你的态度

态度决定成败，无论情况好坏，都要抱着积极的态度，莫让沮丧取代热心。生命可以价值极高，也可以一无是处，随你怎么去选择。

我所认识的成功人士，都是清楚知道人生中的“为什么”与“如何做”的人，你吩咐他们做事时，顺便告诉理由，他们就觉得自己是计划中的一部分，而不仅仅是奉命行事布局，这样做的结果令人十分满意。

心灵的工作就像一座花园。你种菜豆，收到的不会是马铃薯；你种一棵菜豆就肯定不会只收获一棵菜豆，你会收获许多菜豆。在播种与收成之间，菜豆的数目会增加许多。这就是心灵的工作方式。无论什么事出现在你的心灵都会出现很多的结果。播种一种思想，不论是消极的还是积极的，你都会收到多倍的思想，因为播种与收成之间，由于介入了幻想而使结果增加了数倍。

从某些角度出发，心灵也像商业银行一样工作，任何人与任何事物都会在你的心灵存入积极或消极的思想。一般说来，你是唯一能在你的银行账户存入的人，而且能使所有的存入都是积极的。

五、学习工作页

见附录B学生手册。

任务 8 材料费、工时费的核定

★ 学习目标

知识目标		能力目标	
1	熟悉维修成本的构成	1	判别事故车的档次与品牌
2	掌握事故车材料费的计算公式	2	能够掌握材料费的基本核定方法
3	掌握事故车工时费的计算公式	3	能够掌握工时费的基本核定方法

★ 任务导入

事故车在维修过程中会产生一些材料费和工时费，这也是保险公司在定损的过程中必须要确定的两个最主要的支出部分。不同的地方、不同的汽车维修企业针对不同的车型，材料费、工时费的标准也不完全一致，定损的准确性对于保险公司来说是非常重要的，所以在确定事故车维修方案后，要准确掌握当地的和这个维修企业的材料费和工时费的标准，明确维修成本的构成及核定方法，最后制单上交。

一、知识准备

（一）事故车辆维修成本的构成

事故车辆修复费用包括事故损失部分维修工时费、事故损失部分需更换的配件费（包含管理费）和残值。

1. 事故损失部分维修工时费

1）事故相关部件拆装工时费。

2）事故部分钣金修复工时费（包含辅助材料费）。

3）事故部分配件修复工时费（包含外加工时费项目）。

4）事故相关的机修工时费。

5）事故相关的电工工时费。

6）事故部分喷漆费（包含原材料费用）。

7）事故修复所需的附料费。

2. 事故损失部分需更换的配件费（包含管理费）

（1）配件费的价格形式

目前，配件市场上主要有三种价格形式

1）由汽车生产厂家对其特约售后服务站规定的配件销售价格——厂家指导价。

2）当地大型配件交易市场上销售的原装零配件价格——市场零售价。

3）符合国家标准及汽车厂家质量标准，合法生产及销售的装车件、配套件（OEM）价格——生产厂价格；保险公司确定事故车辆修复中需更换的配件价格一般以市场零售价为基础，再加一定的管理费为原则。

（2）配件管理费

配件管理费是指保险公司针对保险车辆发生保险责任事故时，保险人员对维修企业因维修需更换的配件在采购过程中发生的采购、装卸、运输、保管、损耗等费用以及维修企业应得的利润和出具发票应缴的税金而给出的综合性补偿费用。

（二）事故车辆维修成本计算中的问题

事故损失维修工时费计算中应注意的问题：

（1）车身钣金

车门、车顶维修时需有内饰及附件拆装工时费；后侧翼子板发生重大变形的，维修与更换隐含拆装后风窗玻璃。

（2）机修

独立前悬挂只有事故损坏更换上/下悬挂、拉杆等相关附件才需做前轮定位（注意：不是四轮定位）；制动只有拆装或更换油管路件，才需检修和调整；吊装发动机工时已包含了拆装与发动机相连的散热系统、变速器及传动系统工时；发动机只有更换气缸体，才可以定损为大修工时（若需更换内部磨损件属于非保险责任，若为配合原部件需对气缸体加工则属保险责任）；更换新气缸盖，则隐含铰削气门座和研磨气门工时。

（3）电工

更换前照灯隐含调整灯光工时；更换空调系统中任何涉及制冷剂泄漏件均需查漏、抽空、加/补制冷剂工时；更换电控系统电脑（必须为原厂件）不需解码仪检测解码，只有单换感应器（传感器）才需解码仪检测解码。

（4）维修工时费

所有维修工时费均包含辅助材料费（消耗材料费、钣金焊接材料费）和管理费（利润、税金）。

（5）喷漆工时费

喷漆工时费应包含喷漆需要的原子灰、漆料、油料、辅助剂料等材料费，工时定额以实色油漆材料为基准工时费，原车辆使用珍珠油漆，工时费可适当上浮；如果使用实色漆不需要罩树脂的，工时费应适当下浮。

（6）外加工费

事故车辆维修过程中本厂以外协作方式由专业加工企业进行加工、维修而发生的费用。

（7）外加工费确定原则

索赔时可直接提供外加工费发票，本厂不得再加收管理费；凡是已含在维修工时定额范围内的外加工费，不得另行列项，重复收费。

（三）常见车型档次分类

汽车维修过程中，无论是产生的工时还是所需的材料，都与汽车的档次是分不开的，而目前国内的汽车种类繁多，所以在修理过程中，采用什么样的修理方式和材料，也要看车的档次。按车价进行分类的常见车型档次见表 4-4。

表 4-4　常见车型档次分类一览表

分　类	车 辆 名 称
低价值经济型车	适用于普通漆福莱尔、爱迪尔、爱迪尔 II、昌河骏马、福瑞达、长安奥拓、羚羊、绿色新星、长安星韵、长安彩虹、长安星光、长安星卡、长安镭蒙、金迪尔、哈飞百利、哈飞民意、哈飞中意、黑豹轿卡、吉利自由舰、吉利豪情、吉利美日、吉利豹风 GT、江南奥拓、江南传奇、江南精灵、新雅途、奇瑞 QQ3、奇瑞旗云、海域两厢、SPARK 乐驰、五菱之光、五菱扬光、五菱荣光、夏利、佳宝 CA6360、佳宝 AV6、众泰 2008、北斗星、昌铃王、幸福使者、优利欧、奇瑞 QQ6、长安奔奔、昌河新单双排、双环小贵族、哈飞锐意、力帆 520、安之星、五菱鸿途、昌河浪迪、瑞麒 G6、新力帆 520、小康 K01、小康 K05、小康 K07、小康福运、新众泰 2008、哈飞路宝、长城精灵、运动系列、中兴皮卡、比亚迪 F0、吉利熊猫、同悦、同悦 RS
15 万元以下	Jeep2500/2700、索纳塔、嘉年华、福克斯、长城哈弗、猎豹飞腾、黑金刚、标致 307、标致 206、阳光、颐达、骐达、爱丽舍、毕加索、赛纳、起亚远舰、赛拉图、千里马、菱动、菱帅、富利卡、得利卡、风行菱越、风行、菱通、风行菱智、福迪飞越、福迪探索者、天马座、宝龙商务车、思迪、哈飞赛豹、福美来、普力马、阁瑞斯 MPV、金杯锐驰、金杯海狮、特拉卡、江淮瑞风、江铃全顺、金杯 S10、金程海狮、陆风新饰界、陆风 X9、陆风 X6 新舒适版、陆风 X6 新饰力、依维柯 Daily、都灵 V、得意、东方之子、奇瑞瑞虎、奇瑞 A5、NHR55 轻型载货车、凯越、凯越 HRV、速威、速达 SUV、泰威、征服者、挑战者、领航者、傲龙、双环 SCEO、双环 SRV、花冠、威驰、金龙特种车、金龙海狮、高尔夫、开迪、捷达、速腾、尊驰、骏捷、中兴无限、众泰 2008、华翔驭虎、雅绅特、乐风、桑塔纳、波罗 POLO、马自达 3、凯旋、思域、利亚纳、红旗明仕、红旗世纪星、蓝瑟、陆风风尚、福克斯两厢、陆风 X6 超值版、奇瑞 V5、POLO 劲情、POLO 劲取、翱龙、宝来、奔腾、雪铁龙 C2、轩逸、天语 SX4、圣达菲、陆铃、CFA6473 入门级、骏逸、特锐、瑞风救护车、江淮瑞鹰、瑞风祥和、吉利远景、戈蓝、赛欧、旗胜、卡罗拉、酷宝、比亚迪 F6、RIO 锐欧、英雄、奇瑞 A3、明锐、骊威、骑士、海马 3、长安杰勋、MPX 蒙派克、瑞虎 3、东方之子 Cross、ZN6492、锐骐、吉奥 GX6、奥丁、飞度、江淮宾悦、吉普之星、标致 307 三厢、猎豹 CS6、风行景逸、伊兰特、伊兰特两厢、天语 SX4 两厢、新陆风 X9、新赛拉图、Cross Polo、竞速 RCR、桑塔纳 Vista、赛拉图欧风、景程、名爵 MG3 SW、马自达 3 两厢、标致 307 两厢、新乐骋 AVEO、悦动、马自达 2 劲翔、雅力士、凯越旅行车、荣威 550、D22、猎豹 CS7、长安志翔、长城嘉誉、日产皮卡、双环来宝、朗逸、一汽自由风、世嘉、新宝来 HS、标致 207 三厢、竞悦、君阁、晶锐、陆风龙腾版、City 锋范、比亚迪 F3 DM、梦迪博朗、科鲁兹、帕拉骐、骏捷 Wagon、吉奥凯睿、华普海景、福瑞迪、名驭、陆风 X8、i30、吉利帝豪、奔腾 B70、威麟、莲花 L3、比亚迪 G3、瑞虎 DR、名爵 MG6

（续）

分 类	车辆名称
15～30 万元	君越、欧蓝德、奇瑞 V5、宝来、奔腾、路帝、索兰托、欧菲莱斯、瑞风救护车、GL8 陆尊、迈腾、狮跑、VQ 威客、典雅、瑞风祥和、汇众专用车、风景海狮、速派、日产风度 Cefiro、日产奇骏 Xtrail、赛拉图、菱动、菱绅、XG 君爵、Azera 雅尊、Actyon 爱腾、赛纳、起亚嘉华、起亚远舰、ZN6492、瑞风专业救护车、锐骐、蒙迪欧致胜、福特 SMAX、普锐斯、世嘉、德驰、君阁、花冠、金龙特种车、宝马 1 系、特拉卡、君威、标致 307CC、Nubira 旅行家、Stream 时韵、天籁、起亚嘉华、阁瑞斯 MPV、标致 307 两厢、铂锐、新世代全顺、途胜、御翔、风景爱尔法、别克 GL8、锐志、金龙特种车、维特拉 Vitara、Zafira 赛飞利、大切诺基、陆霸、雅阁、逍客、帕萨特领驭、道奇凯领、东方之子、轩逸、圣达菲、CJY6470 环保型、蒙迪欧、雪铁龙 C5、森林人、Legacy 力狮、风景快客、陆霸、普力马、阳光、蓝鸟、天籁、风行菱智、猎豹飞腾、颐达、骐达、毕加索、福克斯、风行菱越、凯美瑞、荣威 750、富利卡、得利卡、卡罗拉、凯越旅行车、荣威 550、戈蓝、迈腾、特拉卡、酷宝、比亚迪 F6、明锐、金杯锐驰、道奇锋哲 Avenger、马自达 3、凯旋、思域、格蓝迪 Grandis、指南者、马自达 6、帕拉丁、尊驰、哈弗派、克莱斯勒 300C、标致 307、蒙迪欧、帕杰罗、本田 CRV、黑金刚、福克斯两厢、马自达 5、红旗世纪星、雷诺风景 scenic、名爵 TF、沃尔沃 S40、科帕奇、甲壳虫、翼虎、依维柯 Daily、帕杰罗速跑、欧蓝德、索纳塔、江淮瑞风、江铃全顺、速腾、帕拉丁、尊驰、帕萨特、金龙海狮、开迪、马自达 3 两厢、奇骏、景程、途安君威、御轩、奥丁、竞技者、伊思坦纳、骏捷、华翔驭虎、君越、奥德赛、骏逸
30～50 万元	风度 III 代，奥迪 A4、A6，皇冠 3.0，佳美 2.4，GL8，时韵，丰田霸道，陆地巡洋舰，三菱吉普 V73、V74，宝马 3 系列，沃尔沃 740，绅宝 9-5
50～100 万元	奔驰 W140、C202，宝马 5 系列，沃尔沃 S60、S80、S90，宝马 X5
100 万元以上	奔驰 C220、宝马 7 系列

（四）维修材料费的核定

1. 维修材料费= 外购配件费+ 自制配件费+ 辅助材料费

汽车维修材料费是指在汽车维修过程中更换、修理的零配件以及消耗的原材料（含材料、漆料、燃润料）费用。维修中发生的辅助材料不另行计费。

1）维修用的零配件和原材料的价格应按实际购入价格加上合理的进销差率制订。材料进销差率由维修企业自行制订。零配件价格和材料进销差率按规定告之客户。

2）旧件修复配件，是指非原车的修复配件。使用修复配件，先应征得托修方同意后才能使用，其价格应与托修方协商，并征得托修方同意。另外，结算时承修方必须在材料清单中注明。

3）自制配件，是汽车维修企业在保证质量的前提下自制的配件。使用自制配件，事先应征得托修方同意，自制配件收费也应与托修方协商，可按市场价格或实际制造成本计算。另外，结算时承修方必须在材料清单中注明。

2. 材料费标准

1）原则上以车辆承修地，购置其适用配件的最低价格为标准，其上限不得超过系统内规定的配件价格。

2）涉及车辆的安全系统、行驶及转向系统的配件，其价格可按照市场上 OEM 价格确定。

在汽车维修中，材料费常常占维修费用较大的比例，如何判断修理厂材料费是否合理呢？有以下两种方法：

1）查询法。目前大部分车型的零件价格都能在相关网站上查询到。

2）比较法。大部分4S店都会将主要零部件的最终用户价公示出来，这个价格可以作为预估材料费的参考。

在预估材料费时，要特别注意原厂配件、副厂配件和修复配件的价格差异是很大的，国家的相关法规明确规定，修理厂对原厂配件、副厂配件和修复配件要分别标识，明码标价，如果修理厂告诉托修方使用的是原厂配件，托修方有权要求修理厂在开具结算清单时注明。

3. 事故损失部分需更换的配件费

配件费＝配件进货价×（1＋管理费比例）－残值

配件进货价以该配件的市场零售价为准。

配件定价的原则：

1）配件报价以该配件的市场（北京、广州）零售价为准。

2）配件价格严格按照总公司关于配件核价的相关规定执行。

3）老旧车型更换配件以换型替代件或通过与被保险人协商按照拆车件价格定价，原车损坏时是副厂配件按副厂配件价格定价。

4. 配件管理费确定的原则

根据维修厂技术类别、专修车型综合考虑进行确定，维修站没有配件管理费。残值以维修当地行业通行标准为计算基础。

（1）所有残值归被保险人所有，保险人在维修费用中扣减

（2）事故车辆更换的配件由保险人员收回后不计入残值之内

（3）零配件材料管理费按更换零配件材料进货价格的一定比例收取

1）一、二类综合类型修理厂一般为10%～15%。

2）4S店、特约维修站可适当上浮，最高不超过20%。

3）资质较差的修理厂应适当下浮。

（4）每辆事故车辆零配件材料费金额较大时，应按如下比例适当降低管理费标准

1）材料费在1～3万元的，管理费应不超过10%。

2）材料费在3万元以上的，管理费应不超过8%。

（5）零配件扣除残值标准

1）扣除残值原则。残值必须从维修总费用中扣除。对于更换项目中存在可变卖（如金属制品）或可回收利用（如部分车身贴纸，一般只需更换一部分，剩余部分仍可继续使用）的零件时，需要扣除残值。

2）扣除残值的标准。残值的数额可依照更换件的剩余价值（废品回收或可继续使用）来折算。一般标准如下：

① 车价在30万元以上（含30万元）的按更换配件材料费的2%计算。

② 车价在30万元以下的，按更换配件材料费的3%计算。

③ 单件价格超过200元以上的高价电子元器件，一旦确定更换，因其残值很低，但道

德风险较大，必须回收残件。

(五) 维修工时费的核定

汽车修理工时包括更换、拆装项目工时、修理项目工时和辅助作业工时。工时费是根据损失项目的确定而确定的，可以从评估基准地的《汽车维修工时定额与收费标准》中查到相应的工时数量或工时费标准。

1. 更换、拆装项目工时费的确定

汽车修理中更换项目与拆装项目的工时费绝大多数相似，有时更是相同，所以通常将更换与拆装作为同类形式处理。

汽车碰撞损失的更换、拆装项目工时费的确定可以从评估基准地的《维修工时定额与收费标准》中查找，然而在我国绝大多数地区没有相应工时定额与收费标准。通常可以首先查阅生产厂有无相应的工时定额，如果有再根据当地的工时单价计算相应的工时费，在我国汽车生产厂几乎是在卖车时向汽车购买者明示碰撞损失后的修理费用。发生事故后的争议往往在汽车所有者与生产厂的售后服务站和保险公司间因价格差异较大而产生。

2. 部分拆装、更换工时费标准

1）玻璃拆装工时费标准见表 4-5。

表 4-5 玻璃拆装工时费标准

<table>
<tr><th colspan="2">档次 / 项目</th><th>15 万以下</th><th>15～40 万</th><th>40 万以上</th></tr>
<tr><td rowspan="2">前、后风窗玻璃拆装</td><td>挂胶</td><td colspan="3">120 元</td></tr>
<tr><td>粘胶</td><td colspan="3">120 元</td></tr>
<tr><td colspan="2">侧窗玻璃拆装</td><td colspan="3">60 元/个</td></tr>
<tr><td rowspan="2">拆装天窗</td><td>含拆装窗框</td><td colspan="3">180 元</td></tr>
<tr><td>不含拆装窗框</td><td colspan="3">80 元</td></tr>
<tr><td rowspan="2">中巴前、后风窗玻璃拆装</td><td>挂胶</td><td colspan="3">150 元</td></tr>
<tr><td>粘胶（含胶）</td><td colspan="3">200 元</td></tr>
<tr><td rowspan="2">大巴前、后风窗玻璃拆装</td><td>挂胶</td><td colspan="3">300 元</td></tr>
<tr><td>粘胶（含胶）</td><td colspan="3">400 元</td></tr>
<tr><td rowspan="2">大巴侧窗玻璃拆装</td><td>有窗框</td><td colspan="3">80 元/个</td></tr>
<tr><td>无窗框（含胶）</td><td colspan="3">150 元/个</td></tr>
</table>

2）玻璃胶定价标准见表 4-6。

表 4-6 玻璃胶定价标准

档次 / 项目	15 万以下	15～40 万	40 万以上
玻璃胶单价	30 元	50 元	80 元

注：玻璃胶数量为小型客车、面包车三支。

3）常见拆装工时费见表 4-7。

表 4-7 常见拆装工时费一览表 （单位：元）

<table>
<tr><th colspan="2">档次
项目</th><th>15 万元以下</th><th>15～40 万元</th><th>40 万元以上</th></tr>
<tr><td colspan="2">拆装前、后保险杠</td><td>10～50</td><td rowspan="14">上浮 10%～30%</td><td rowspan="14">上浮 30%～50%</td></tr>
<tr><td colspan="2">拆装前翼子板</td><td>20～50</td></tr>
<tr><td colspan="2">拆装前盖</td><td>20～50</td></tr>
<tr><td rowspan="2">拆装车门</td><td>换总成</td><td>20～50</td></tr>
<tr><td>含附件拆装</td><td>120</td></tr>
<tr><td colspan="2">拆装后翼子板</td><td>200～500</td></tr>
<tr><td colspan="2">拆装行李箱盖</td><td>20～50</td></tr>
<tr><td colspan="2">更换行李箱后围板</td><td>100～200</td></tr>
<tr><td rowspan="2">更换车顶</td><td>小型客车</td><td>150～400</td></tr>
<tr><td>面包车、吉普车</td><td>300～500</td></tr>
<tr><td colspan="2">更换前纵梁</td><td>100～300</td></tr>
<tr><td rowspan="3">拆装龙门架</td><td>螺钉连接</td><td>30</td></tr>
<tr><td>纤维</td><td>100</td></tr>
<tr><td>焊接</td><td>120</td></tr>
<tr><td rowspan="2">座椅拆装（电动）</td><td>前座</td><td>50/张</td><td colspan="2">80/张</td></tr>
<tr><td>后座</td><td>75</td><td colspan="2">120</td></tr>
<tr><td colspan="2">全车机械座椅拆装</td><td colspan="3">100</td></tr>
<tr><td colspan="2">全车内饰拆装</td><td>≤400</td><td colspan="2">≤600</td></tr>
</table>

3. 修理件工时费的确定

零件的修理工时范围的确定与更换工时相比要复杂得多，其原因有以下几点：

1）一般说来，零件的价格决定着零件修理工时的上限，同样名称的零件，不同的汽车价格差距甚远，从而造成同样名称的零件修理工时的差距之大。例如，同是发动机盖，零件价格从 300～10000 元不等，从而造成其工时从 2～100h 不等。

2）由于地域的差异，同一个零件在甲地的市场价格是 100 元，而在乙地的市场价格是 200 元，同样的损失程度，在乙地被认为应该修理，而甲地则不值得修理，所以这个零件在甲地的修理工时范围可能是 1～2h，乙地的修理工时范围可能是 1～4h。

3）由于修理工艺的差异，如碰撞致车门轻微凹陷，如果修理厂无设备，校正车门就必须拆下车门内饰板，这样车门的校正工时差距就会很大；又如桑塔纳普通型的发动机缸盖因碰撞经常造成发电机支架处断裂，按项目修理工艺是可以采取氩弧焊工艺焊接的，但是，实际评估时会发现当地根本就没有氩弧焊设备，送到有氩弧焊设备的地方加工，往往因时间、运费等又不现实。

4）电工部分。电工工时费标准见表 4-8。

表 4-8 电工工时费标准一览表

项目 \ 档次		15 万元以下（基础值）	15～40 万元	40 万元以上
检修冷气加制冷剂	普通	120 元		
	环保	150 元		
电脑解码		150 元		500 元
仪表台拆装		≤200 元	300～400 元	450～550 元
检修安全气囊 SRS（含写码）		200 元		
检修 ABS		200 元		300 元

注：1. 双空调的面包车可增加 50 元雪种费。

2. 当事故涉及 ABS、变速器电脑、发动机电脑、气囊电脑、音响受损时方可给电脑解码费；电脑解码费与单项解码费不可同时使用。

5）机修部分

① 机修工时费标准见表 4-9。

表 4-9 机修工时费标准一览表

项目 \ 档次		15 万元以下	15～40 万元	40～70 万元	70 万元以上
发动机（换中缸）	4 缸	700	900	1000	——
	6 缸	——	1000	1500	2500
	8 缸	——	——	2500	3000
	12 缸	——	——	——	4500

注：1. 发动机换中缸时，涉及换气门的加 200 元工时费。

2. 非电喷发动机的工时费在表中的基础上下调 20%。

② 手动变速器解体换件（换中段壳体）工时费见表 4-10。

表 4-10 手动变速器解体换件工时费

项目 \ 档次	15 万元以下	15～40 万元	40 万元以上
手动变速器解体换件	200～300 元	300～400 元	400～550 元

③ 自动变速器（换中段壳体）工时费见表 4-11。

表 4-11 自动变速器解体换件工时费

项目 \ 档次	15 万元以下	15～40 万元	40 万元以上
机械	400～800 元		——
电子	800～1200 元	1000～1500 元	1200～1500 元
手自一体	1000～1500 元		1300～2000 元
无级变速	1200～2000 元		1800～3000 元

注：自动变速器的解体工序包括：解体、清洗、检测、解码。

4. 辅助工时费的确定

在汽车修理作业中除包括更换件工时、拆装件工时、修理项目工时外，还应包括辅助作业工时，通常包括：

1）把汽车安放到修理设备上并进行故障诊断。

2）用推拉、切割等方式拆卸撞坏的零部件。

3）相关零部件的校正与调整。

4）去除内漆层、沥青、油脂及类似物质。

5）修理生锈或腐蚀的零部件。

6）松动锈死或卡死的零部件。

7）检查悬架系统和转向系统的定位。

8）拆去打碎的玻璃。

9）更换防腐蚀材料。

10）修理作业中当温度超过60%时，拆装主要电脑模块。

11）拆卸及安装同车轮和轮毂罩。

上述各项作业虽然每项工时不大，但对于较大的碰撞事故，各作业项累计通常是不能忽视的一项重要工作。最后必须注意：将各项工时累加时，各损失项目在修理过程中有重叠作业，必须考虑将劳动时间减少。

5. 钣喷工时费的确定

（1）钣金部分费用的确定

钣金工时费标准见表4-12。

表4-12　钣金工时费标准一览表

名　称	损失程度	工时费范围/元
前、后保险杠	轻度	40～80
	中度	80～150
	严重	150～200
前、后保险杠内杠	轻度	40～80
	中度	80～100
前翼子板	轻度	40～80
	中度	80～150
	严重	150～200
前纵梁	轻度	150～400
后翼子板	轻度	40～80
	中度	100～150
	严重	150～200
车门	轻度	40～100
	中度	100～180
	严重	180～250

（续）

名称	损失程度	工时费范围/元
裙边	轻度	50～100
	中度	100～150
	严重	150～200
前、后围	轻度	50～100
	中度	100～150
	严重	150～200
元宝梁	轻度	200～300
车顶	轻度	80～150
	中度	150～200
	严重	200～300
发动机盖	轻度	50～200
	中度	200～300
	严重	300～400
行李箱盖	轻度	50～200
	中度	200～300
	严重	300～400
车架校正	轻度	500～1000
	中度	1000～2000
	严重	2000～3000
大梁校正	轻度	100～1000
	中度	1000～1500
	严重	1500～2000

注：1. 工时费范围是指车价在15～40万的事故车相对应零配件的修理工时费范围。40万以上车型修理工时费可适当上浮20%左右；15万以下车型修理工时费可适当下浮20%左右。

2. 非上表所列零配件，视损坏程度，可参照该零配件价格的20%～50%核定修理工时费。

3. 元宝梁、前纵梁、车架、大梁修复，可增加发动机吊装费400～600元。但每次事故修复中只允许使用一次。

（2）涂饰费用的确定

汽车修理涂漆收费标准全国各地不尽相同，有以每平方米多少元计算的，有每幅多少元计算的，但是基本上都是按面积乘以漆种单价作为计价基础。

1）面积的计算方法。以每平方米计价单位（不足 $1m^2$ 按 $1m^2$ 计价），第二平方米按 $0.9m^2$ 计算，第三平方米按 $0.8m^2$ 计算，第四平方米按 $0.7m^2$ 计算，第五平方米按 $0.6m^2$ 计算，第六平方米以后，每平方米按 $5m^2$ 计算。

2）漆种单价的确定

① 确定汽车涂装原料。根据汽车修复中使用的涂装原料用途的差异，可以将汽车涂装原料分为以下几类（见表4-13）。

表 4-13　汽车涂装原料分类

名　称	说　明
铁红醇酸底漆	主要起防腐铺底作用。底漆要求附着力好、快干，既可烘干，又可自干，成本较低
原子灰	主要由不饱和树脂组成。原子灰可填补凹陷不平的地方，它能与各种底面漆配套，结合力好；更主要的是它能里外同时固化，且固化后体积收缩极少，坚硬牢固。此外，其涂刮性、打磨性及韧性较好，又能耐一定的温度
免磨二道封闭漆（苏灰土）	对被涂物表面的微细缺陷（如砂孔、磨痕等）进行填补而不需打磨，可直接施喷面漆
硝基磁漆	快干易施工，作为封闭漆用于显现底涂层的缺陷以便于修整；消除底涂层各处对面漆的不同吸收，以提高面漆层的光泽和丰满度；提高底面漆之间的结合力和减少价格较贵的面漆用量
幼灰（细补土）	作为封闭前后对表面微细缺陷的检补腻子
金属闪光色面漆油	漆内含铝粉，可以提高面漆的鲜艳性和光泽
配套的罩光漆	主要用途是克服因直接涂含铝粉涂料而出现的铝粉分布不均匀所造成的色差和阴阳面等现象
本色漆	光泽较低，这种漆仅作图案和分色线条用

② 确定漆种的单价。市场上所能购买的面漆大多为进口和合资品牌，世界主要汽车面漆的生产厂家，如美国的杜邦和 PPG、英国的 ICI、荷兰的新劲等，每升面漆单价都不一样，定价时常采用市场公众都能够接受的价格。

每平方米的涂漆费用中有材料费和工时费。在经济相对发达的地区，材料费较低而工时费较高，经济相对落后的地区，材料费较高而工时费低，结合起来，每平方米涂漆费用差别不大。

（3）汽车塑料件涂漆的费用

由于塑料与金属薄板的物理性能不同，塑料与金属薄板表面的涂漆有些差异。由于漆对塑料有很好的附着性，多数硬塑料不需要使用塑料底漆，但塑料由于易膨胀、收缩和弯曲，应在漆层的底层喷涂塑料底漆，并在面层漆中加入柔软剂，否则会产生开裂和起皮现象。所以柔性塑料涂漆的成本会略有增加，可考虑增加 5%～10%的费用。

（4）漆工时费标准

漆工时费标准见表 4-14。

表 4-14　漆工时费标准一览表　（单位：元）

车价 部位	7 万元以下	7～12 万元	12～15 万元	15～30 万元	30～50 万元	50～80 万元	80 万元以上
全车	1800±500	2400±600	2800±650	4500±750	5500±800	7000±900	9500±1000
前后保	200±80	250±100	300±150	350±130	400±150	650±180	750±200
前翼子板	120±80	150±100	200±120	300±150	400±150	550±180	750±200
机盖	350±80	375±100	450±120	500±130	600±150	750±150	850±180
车顶	300±80	350±100	450±120	500±130	600±150	750±150	850±180

（续）

部位＼车价	7万元以下	7～12万元	12～15万元	15～30万元	30～50万元	50～80万元	80万元以上
车门	300±80	350±100	400±120	450±130	480±150	550±150	750±150
后翼子板	200±80	300±100	300±120	300±130	380±150	550±180	600±200
后盖	300±80	300±100	400±120	500±130	600±150	750±150	850±180
立柱	30～50	50～100	50～150	50～150	50～150	50～200	150～200
后视镜	50	50～100	50～100	50～120	50～150	50～150	50～200

注：1. 全车喷漆如为金属漆可增加10%～15%。

2. 综合修理厂原则上不允许上浮，特约维修站可适当上浮，最高不超过上限，资质较差的修理厂应适当下调。

3. 全车外部共分为13幅：前、后杠，四个门，前、后盖，四个翼子板，车顶。

4. 两幅喷漆的，按总费用的95%计算，三幅喷漆按90%计算，四幅喷漆按85%计算，五幅喷漆按80%计算，六幅喷漆按75%计算，七幅及以上按70%计算。

5. 面包车及商务车侧围可按轿车的2.5倍车门计算，车顶按轿车的两倍车顶计算。

6. 易损件常见车型工时费的定损

（1）车门

1）车型：奥德赛（图4-28），车门修复工时费见表4-15。

2）车型：捷达（图4-29），车门修复工时费见表4-16。

图4-28 奥德赛车门

图4-29 捷达车门

表4-15 奥德赛车门修复

	项目	工时数	工时费/元	说明
轻度	钣金	0	0	含拆装
	事故喷漆	半喷	250	半喷＝单幅×面积比例＋浮动值

表4-16 捷达车门修复

	项目	工时数	工时费/元	说明
轻度	钣金		60	含拆装
	事故喷漆	全喷	300	左前门全喷＝300＋浮动值

3）车型：风度（图 4-30），车门工时费的定损见表 4-17。

(2) 前翼子板

1）车型：宝来（图 4-31），前翼子板工时费见表 4-18。

图 4-30 风度车门

图 4-31 宝来前翼子板

表 4-17 风度车门修复

	项 目	工时数	工时费/元	说 明
中度（后门）	钣金		150	工艺：整形、缩火，含拆装
	事故喷漆	全喷	350	左后门全喷＝450＋浮动值
严重（前门）	钣金		250	左前门修复含拆装（15～30 万元车）
	事故喷漆	全喷	350	车门全喷＝450＋浮动值

表 4-18 宝来前翼子板修复

	项 目	工时数	工时费/元	说 明
轻度	钣金		100	左前翼子板修复（含拆装）
	事故喷漆	全喷	150	左前翼子板全喷＝单幅×面积比例＋浮动值

2）车型：帕萨特（图 4-32），前翼子板工时费见表 4-19。

3）车型：富康（图 4-33），前翼子板工时费见表 4-20。

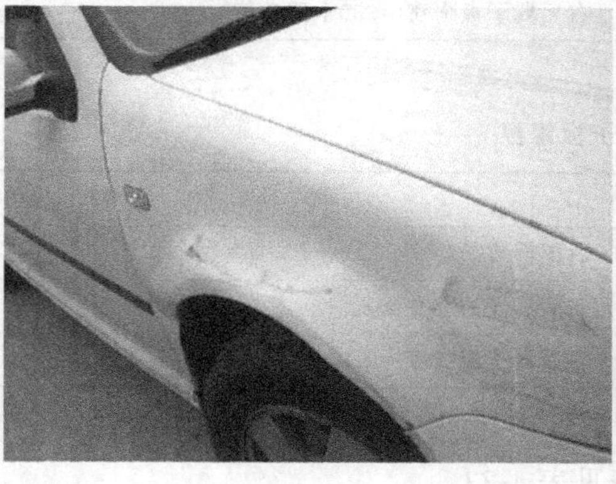

图 4-32 帕萨特前翼子板

图 4-33 富康前翼子板

表 4-19 帕萨特前翼子板修复

	项　目	工时数	工时费/元	说　明
中度	钣金		120	右前翼子板修复含拆装（15～30 万元车）
	事故喷漆	全喷	180	右前翼子板全喷＝单幅×面积比例＋浮动值

表 4-20 富康前翼子板修复

	项　目	工时数	工时费/元	说　明
严重	钣金		120	右前翼子板修复含拆装
	事故喷漆	全喷	150	右前翼子板全喷＝单幅×面积比例＋浮动值

（3）后翼子板

1）车型：奥德赛（图 4-34），后翼子板工时费见表 4-21。

2）车型：捷达（图 4-35），后翼子板工时费见表 4-22。

图 4-34 奥德赛后翼子板

图 4-35 捷达后翼子板

表 4-21 奥德赛后翼子板修复

	项　目	工时数	工时费/元	说　明
轻度	钣金		60	右后翼子板拆装修复
	事故喷漆	全喷	300	右后翼子板全喷＝330＋浮动值

表 4-22 捷达后翼子板修复

	项　目	工时数	工时费/元	说　明
中度	拆装		100	后围拆装
	钣金		240	右后翼子板及柱修复
	事故喷漆	全喷	300	右后翼子板喷漆＝250＋浮动值

3）车型：帕萨特（图 4-36），后翼子板工时费见表 4-23。

4）车型：捷达（图 4-37），后翼子板工时费见表 4-24。

图 4-36　帕萨特后翼子板

图 4-37　捷达后翼子板

表 4-23　帕萨特后翼子板修复

	项　目	工时数	工时费/元	说　明
严重	拆装		100	拆装后挡
	钣金		300	右后翼子板及柱修复含拆装
	事故喷漆	全喷	400	后右翼子板全喷＝330＋浮动值

表 4-24　捷达后翼子板修复

	项　目	工时数	工时费/元	说　明
更换	拆装		400	更换右后翼子板含后挡拆装
	事故喷漆	全喷	400	后右翼子板全喷＝400＋浮动值

（4）发动机盖

1）车型：宝来（图 4-38），定损工时费见表 4-25。

2）车型：道奇（图 4-39），定损工时费见表 4-26。

图 4-38　宝来发动机盖

图 4-39　道奇发动机盖

表 4-25　宝来发动机盖修复

	项　目	工时数	工时费/元	说　明
轻度	钣金		150	发动机盖修复含拆装（15～30 万元车）
	事故喷漆	全喷	500	发动机盖全喷＝330＋浮动值

表 4-26　道奇发动机盖修复

	项　目	工时数	工时费/元	说　明
中度	钣金		200	发动机盖修复含拆装
	事故喷漆	全喷	500	发动机盖全喷＝600＋浮动值

3）车型：捷达（图 4-40），工时费见表 4-27。

（5）行李箱盖

1）车型：帕萨特（图 4-41），定损工时费见表 4-28。

图 4-40　捷达发动机盖

图 4-41　帕萨特行李箱盖

表 4-27　捷达发动机盖修复

	项　目	工时数	工时费/元	说　明
严重	钣金		240	发动机盖修复含拆装（15 万元以下车）
	事故喷漆	全喷	450	发动机盖全喷＝450＋浮动值

表 4-28　帕萨特行李箱盖修复

	项　目	工时数	工时费/元	说　明
轻度	钣金		130	行李箱盖修复含拆装
	事故喷漆	全喷	400	行李箱盖全喷＝500＋浮动值

2）车型：捷达（图 4-42），定损工时费见表 4-29。

3）车型：帕萨特（图 4-43），定损工时费见表 4-30。

图 4-42　捷达行李箱盖

图 4-43　帕萨特行李箱盖

表 4-29　捷达行李箱盖修复

	项　目	工时数	工时费/元	说　明
中度	钣金		200	行李箱盖修复含拆装
	事故喷漆	全喷	400	行李箱盖全喷＝375＋浮动值

表 4-30　帕萨特行李箱盖修复

	项　目	工时数	工时费/元	说　明
严重	钣金		200	行李箱盖修复含拆装
	事故喷漆	全喷	400	行李箱盖喷漆＝400＋浮动值

4）车型：捷达（图 4-44），定损工时费见表 4-31。

（6）保险杠

1）车型：捷达（图 4-45），定损工时费见表 4-32。

图 4-44　捷达行李箱盖

图 4-45　捷达保险杠

表 4-31　捷达行李箱盖修复

	项　目	工时数	工时费/元	说　明
更换	拆装		40	行李箱盖拆装及附件
	事故喷漆	全喷	300	行李箱盖全喷＝300＋浮动值

表 4-32　捷达保险杠修复

	项　目	工时数	工时费/元	说　明
轻度	钣金		90	保险杠修复含拆装
	事故喷漆	全喷	300	保险杠全喷＝300＋浮动值

2）车型：凯越（图 4-46），定损工时费见表 4-33。

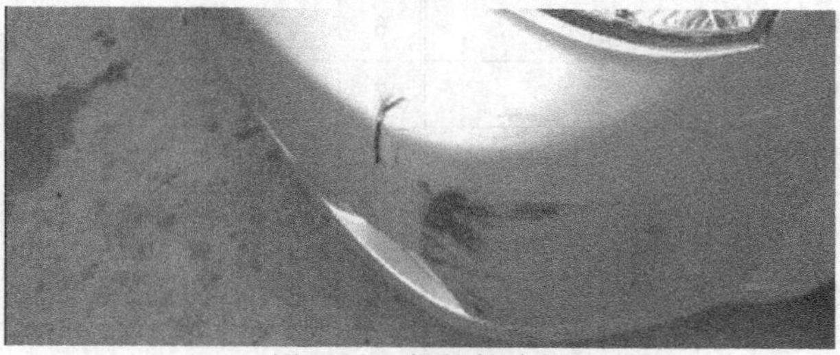

图 4-46　凯越保险杠

表 4-33 凯越保险杠修复

	项　目	工时数	工时费/元	说　明
中度	钣金		180	保险杠修复含拆装
	事故喷漆	全喷	350	保险杠全喷＝300＋浮动值

(六) 核价及核损上报

1）根据车辆零部件损失金额，确定是否属上一级核价和核损范围。

2）属上一级核价和核损范围的，应履行逐级上报原则。不属上一级管辖范围的，根据当地报价规定，核定配件价格。

3）上一级核价核损人对管辖范围内的案件进行核准操作；对于核定金额高于本级报价金额的，应向上一级核价核损人申请核价或核损操作。经最终核价或核损后的结果应及时通知上报人，经最终核价或核损后的结果，其上报人不得随意修改。

(七) 增补定损

1）受损车辆原则上采取一次定损。如在修复中发现确属定损时遗漏的项目，需要增加修理的，在修复或更换前，由被保险人立即通知定损方。增项后如损失金额超过定损原额或机构权限的应履行逐级核定程序，经核实审批后，可追加修理项目和修理费用。

2）增补定损项目时，应注意区分零部件损坏是在拆检过程、保管过程、施救过程中发生，还是在保险事故发生时造成的损失。

3）须在修车过程中检验的待检项，应在检验结束后填制《保险车辆增加修理项目申请单》，上报核审后方可增补定损。

4）由承修方在修理时造成的损失扩大部分，不予做增项处理。

(八) 修复车辆的复检

对损失较大的事故车辆，在其修复完工并客户提取车辆之前，可选择安排车辆复检，即对维修方案的落实情况、更换配件的品质和修理质量进行检验。以确保修理方案的实施，零配件修理、更换的真实性，防范道德风险的发生，保证被保险人的利益。复检的结果应在定损单上注明。如发现未更换定损配件或未按定损价格更换正厂件，应在定损单上扣除相应的差价。

(九) 知识点

1	事故车维修成本的构成	6	汽车电工工时费标准
2	事故车的档次识别	7	汽车钣金工时费标准
3	维修材料的组成及核定	8	汽车油漆工时费标准
4	汽车拆装、更换工时标准	9	核价及核损上报
5	汽车机修工时标准	10	增补定损及复检

二、典型案例

1. 事故介绍

晚上 9：30，吴先生驾驶雪佛兰新赛欧回家，在车行驶至桃园大街十字路口附近的时候，由于抢红灯躲闪不及，突然与反向行驶的环卫车发生了碰撞，车辆前部多处部件损坏，如图 4-47 所示，导致环卫车驾驶员当场死亡。

事故后吴先生首先拨打了 120 和 122，很快交通警察和救护车到现场对事故进行善后处理，而后吴先生又与保险公司取得了联系，并将事故经过简单向保险公司介绍了一遍，之后便与专门负责此事的定损人员约定了时间进行车辆损坏情况的察看。

图 4-47　交通事故现场

2. 现场查勘

接险 10min 后，保险人员到达事故现场查勘，吴先生出示了三证及保单。保险人员查勘行车痕迹、以及受损车辆和人员伤亡情况，而后交通警察出具了责任认定书，责任主要由雪佛兰新赛欧车主承担。

在交通警察处理完现场后，吴先生将车辆移至某修理厂内，由定损人员前来定损，同时将之后的定损处理工作交由维修厂负责处理。

3. 定损

定损人员同维修厂负责此事的负责人交流事故车的处理，并对车辆的损坏情况进行了初步的了解。由于事故车辆的损坏程度比较严重，各部件的损坏程度鉴定就比较困难，所以定损人员需要维修厂边拆解车辆的损坏部位边进行损坏程度鉴定，这样可以比较完整地对整个车辆进行定损，如图 4-48a～f 所示受损零部件。

在拆解过程中由于遭损坏的部件很多而且多为机械内部的小零件，这样就很难确定其是否已经损坏，定损人员须逐一进行检查，并不时左右端详这些小零件。经过近半个多小时的检查终于将所有已损坏的小零件确定完毕。前杠、中网、前照灯、制动油箱、散热器等部位损坏严重，特别是车体前部的前机箱内的部分零件损坏情况比较严重需要更换配件，发动机

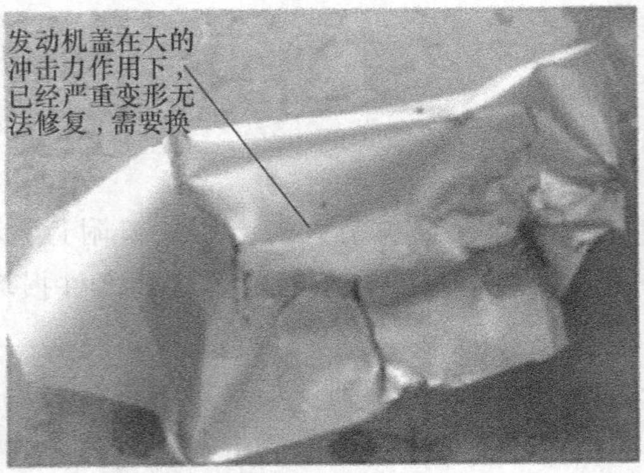

a)

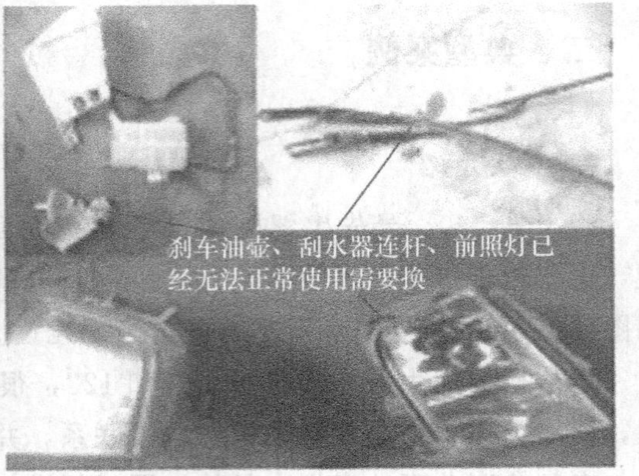

b)

c)

d)

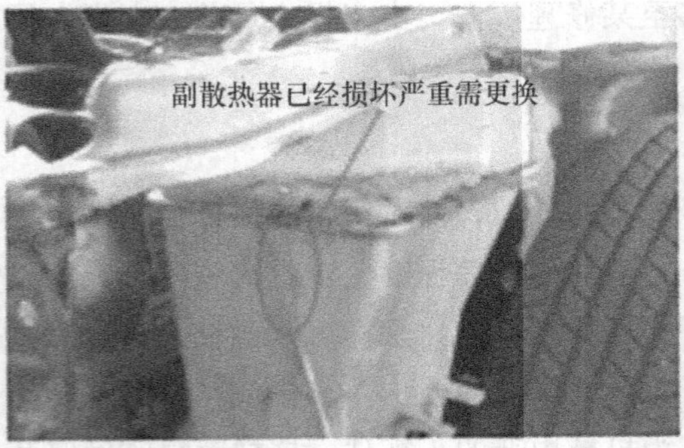

e)

f)

图 4-48 受损零部件

盖、翼子板等需要钣金油漆修复。

由于此次定损过程车主在场，因此定损人员在确定了损坏部位以及赔偿金额后，将整个赔偿结果告知车主并询问了对方的意见，在得到认可的情况下，定损人员填写了定损赔偿清单，见表4-34、表4-35（表中数据仅供参考）。

表4-34　机动车辆保险车辆损失情况确认书零部件更换项目清单1（代询价单）

保险单号：	PDAA2007362523000×××××	厂牌型号：	雪佛兰牌 SGM7140SE	本栏为保险人员内部询报价使用
车牌号码：	赣B×××××	保险金额：		

序号	零部件		配件编号	数量/件	工时费/元	估计价格/元	报价/元	备注
	部　位	名　称						
1		左照灯		1		255		
2		右照灯		1		255		
3		刮水器		1		88		
4		副散热器		1		35		
5		前保险杠		1		230		
6		空调散热板		1		260		
7		刮水器杠		2		45		
8		前风窗玻璃		1		350		
9		前照灯（左右）		2		150		
10		制动油壶		1		45		
11		前杠骨架		1		200		
12		发动机装饰盖		1		95		
13		气门室盖		1		275		
14		蓄电池		1		240		
15		空调电子扇		1		176		
16		散热器电子扇		1		176		
17		导水板		1		50		
18		刮水器连杆		1		55		
19		左遮阳板（带镜）		1		78		
20		右遮阳板（带镜）		1		78		
21		发动机盖		1		380		
22		雪种		4		60		
23		环保泵油		1		20		
24		制动油		1		20		
小计						￥3616.00		

表 4-35 机动车辆保险车辆损失情况确认书零部件维修项目清单 2（代询价单）

保险单号：PDAA2007362523000×××××			厂牌型号：	雪佛兰牌 SGM7140SE			本栏为保险人员内部询报价使用	
车牌号码：赣 B×××××			保险金额：					
序号	零部件		配件编号	数量/件	工时费/元	估计价格/元	报价/元	备注
	部 位	名 称						
1		防冻液		1		50		
2		刮水片		1 副		40		
3	钣金	左前翼子板			20		合计¥270.00	
4		右前翼子板			50			
5		龙门架			80			
6		刮水器连杆固定架			40			
7		纵梁			40			
8		左前立柱			40			
9	油漆	翼子板			140		合计¥450.00	
10		龙门架刮水器连杆固定架纵梁			100			
11								
12		发动机盖			140			
13		保险杠			70			
14	其他	仪表台拆装			60		合计¥250.00	
15		安装前风窗玻璃			40			
16		发动机			20			
17		电工			40			
18		其他安装费			60			
19		空调			30			
小计					¥970.00	¥3706.00	合计：¥4676.00	

4. 案情分析

由于本案例中的事故车辆损坏情况比较严重，并且涉及人员伤亡，所以所要花费的时间都会很长，并且会涉及保险公司的多个部门一同处理，因此从报险至拿到赔偿金的周期最长可到数月之久。另一方面需要核实的零部件相应比较多，在确定损坏程度时需要比较仔细而且需要维修厂工作人员的帮助进行确定。也正因为如此，事故车辆驾驶员将车辆委托维修厂处理是比较明智的选择，对于损坏零件的鉴定作为维修厂是比较在行的，可以帮助定损人员一同进行。

而作为车主在此时也需要及时向维修厂或保险公司了解车辆的损坏情况确定，以便对车辆的维修、事后领取赔偿金等问题有一个了解，方便之后一系列问题的处理。

三、技能训练任务七——材料费的核定

1. 技能训练任务设计

材料费的核定主要从外购配件、自制配件及辅助材料三个方面进行核定。

2. 技能训练学生分工

以 4～7 人为一组进行训练，一人作为当事人报险，1～2 人作为接险员接险、调度员实施调度，1～2 人作为保险公司查勘定损人员进行定损，1～2 人分析、记录、评估。

3. 技能训练方式

各小组循环进行定损软件、自制配件及辅助材料费用核定训练。

4. 技能训练准备材料

定损笔记本计算机、自制配件、汽车辅助材料、笔、记录本、事故车辆损失价格咨询认证明细表等。

5. 技能训练时间

4 学时。

6. 技能训练任务要领

（1）外购配件费用核定

1）车物定损管理软件的使用（图 4-49）。

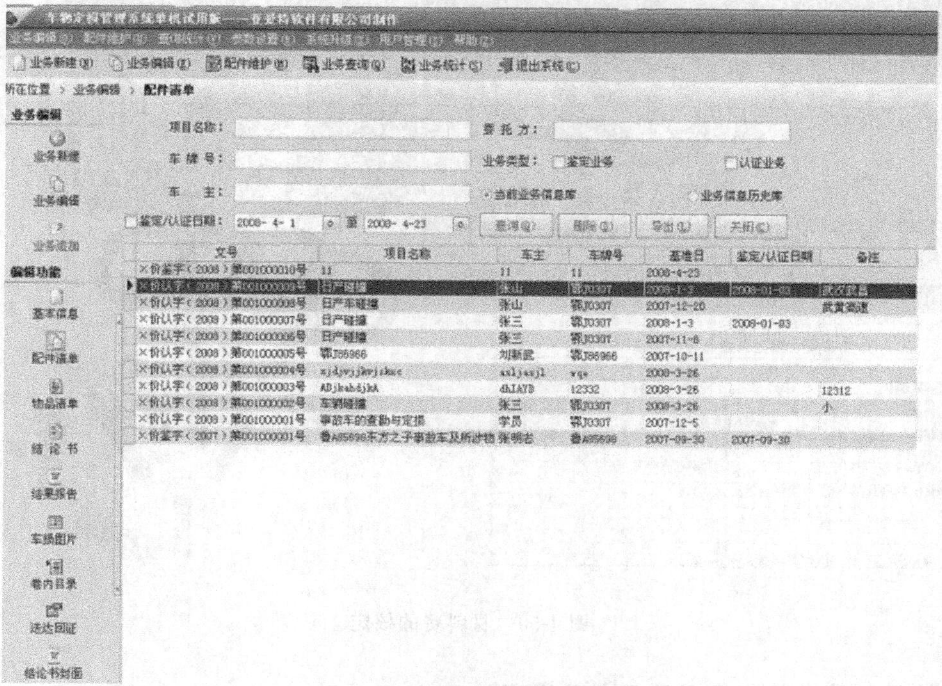

图 4-49　车物定损管理软件

2）定损配件的价格咨询。

3）配件管理费的核定。维修企业因维修需更换的配件在采购过程中发生的采购、装卸、运输、保管、损耗等费用以及维修企业应得的利润和出具发票应缴的税金而给出的综合性补偿费用。

（2）自制配件费用的核定

以协商和咨询为主，确定是否需要采用自制配件。

注意：汽车维修企业在保证质量的前提下自制配件。使用自制配件，事先应征得托修方同意，自制配件收费也应与托修方协商，可按市场价格或实际制造成本计算。另外，结算时承修方必须在材料清单中注明。

（3）辅助材料费的核定

1）确定修换过程中需要用到的辅助材料。

2）列出清单。

3）核定辅助材料的费用，确定辅助材料费用没有重复计算。

如图 4-50 所示，油封、螺栓、润滑脂等一些材料属于辅助材料。

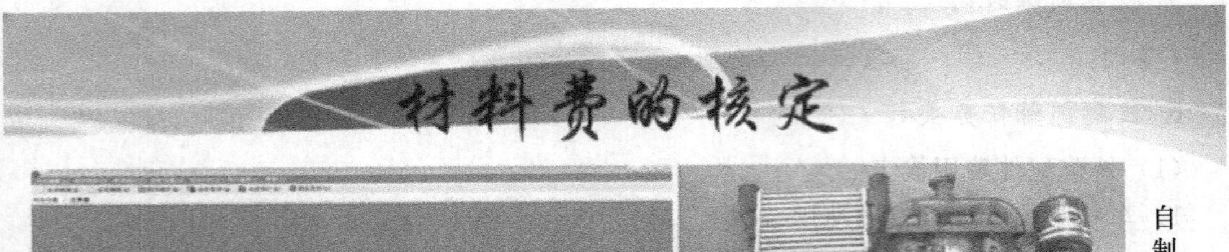

图 4-50 材料费的核定

7. 技能训练考核（见附录 B 学生手册）

8. 任务工单（见附录 B 学生手册）

四、技能训练任务八——工时费的核定

1. 技能训练任务设计

根据钣金类、漆工类、机电类、拆装类以及水浸车清洗、烘干工时费定损原则，对事故车的维修工时费用进行核定，如图 4-51 所示。

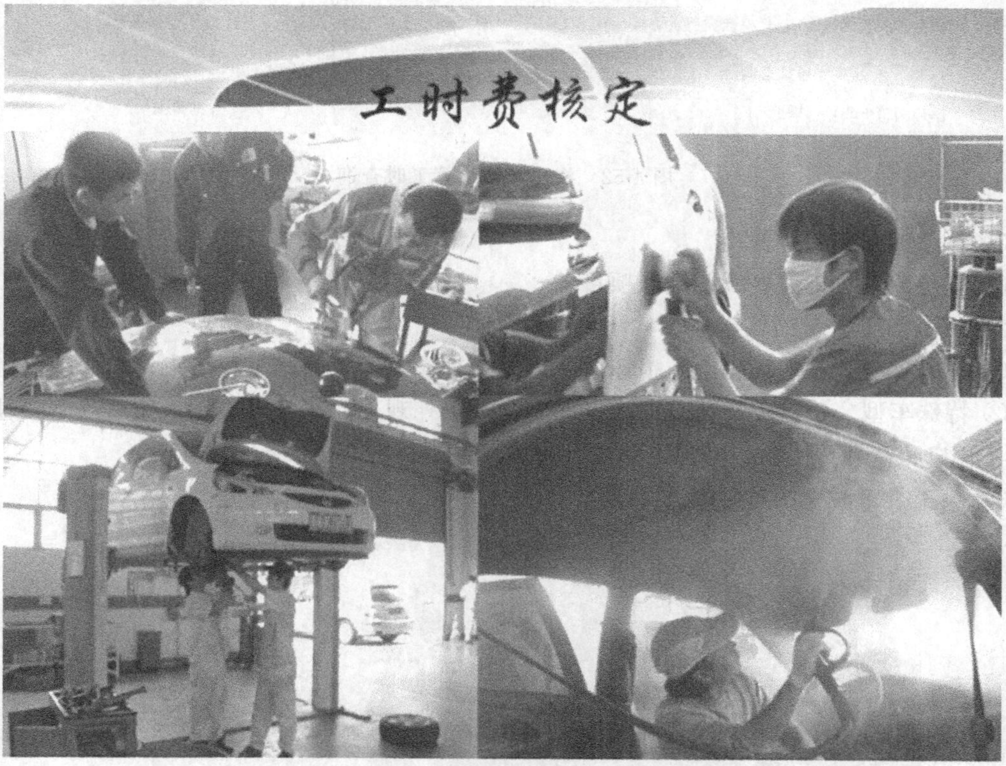

图 4-51　工时费核定

2. 技能训练学生分工

以 3 人为一组进行训练，1 人做好各项目工时的统计，1 人做好各项目单个工时的工时费的统计，1 人分析、记录、评估。

3. 技能训练方式

各小组循环进行各维修项目的工时费的核定训练。

4. 技能训练准备材料

数码照相机、定损笔记本计算机、笔、记录本、索赔申请书、事故车辆损失确认书等。

5. 技能训练时间

2 学时。

6. 技能训练任务要领

1）工时费查询软件的使用，如图 4-52 所示。

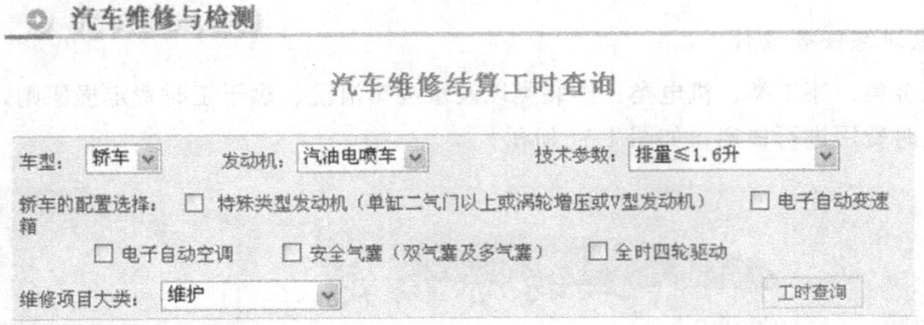

图 4-52　汽车维修结算工时查询

① 熟悉事故车的配置。

② 清楚该事故车需要哪些维修项目。

2）钣金类工时费的核定

① 一般车型。按损坏程度及损坏面积，并结合修复部位的难易程度来核定修理工时费。

② 特殊车型。价值较高的车型或老旧车型，当外观件、车身骨架及大梁等变形严重时，可以与客户和修理厂协商，修理工时费可按该配件价格的 20%～50%核定。

3）漆工类工时费的核定（图 4-53）。

图 4-53　漆工类工时费的核定

① 油漆工时费是指油漆材料费、油漆辅料费及油漆人工费之总和。

② 塑料件、亚光饰件、金属漆及变色漆在工时费核定时可按 10%～20%比例上浮。

③ 大型客车按单位面积核定工时费。

④ 轿车及小型客车按幅（每车 13 幅）核定工时费（图 4-54）。

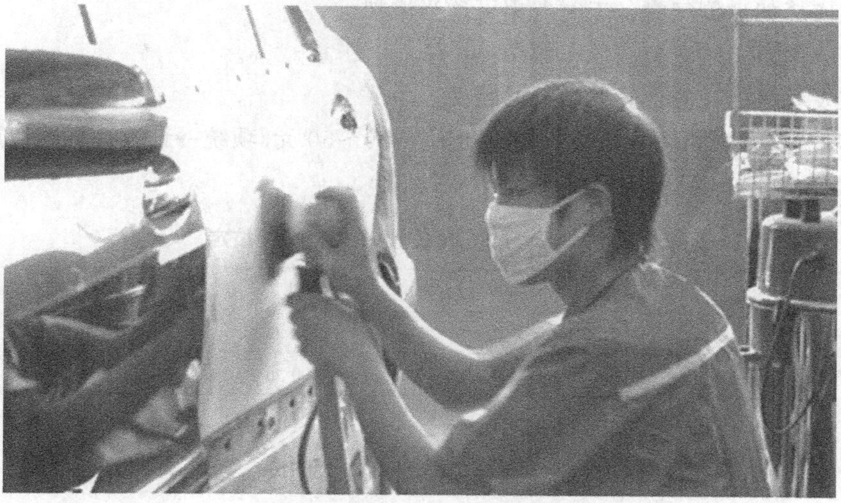

图 4-54 轿车工时费的核定

4）机电类工时费的核定（见表 4-36）。

表 **4-36** 机电类工时费的核定

项目 \ 档次		15 万元以下	15～40 万元	40～70 万元	70 万元以上
发动机（换中缸）	4 缸	700 元	900 元	1000 元	—
	6 缸	—	1000 元	1500 元	2500 元
	8 缸	—	—	2500 元	3000 元
	12 缸	—	—	—	4500 元
检修冷气加制冷剂	普通	120 元			
	环保	150 元			
电脑解码		150 元			500 元
仪表台拆装		≤200 元	300～400 元		450～550 元
检修安全气囊 SRS（含写码）		200 元			
检修 ABS		200 元			300 元

5）拆装类工时费的核定。

① 一般原则：按照拆装的难易程度及工艺的复杂程度核定工时费。

② 单独拆装单个零件按单件计算工时费。

③ 拆装某一零件必须先拆掉其他零件，则需要考虑辅助拆装的工时费。

④ 拆装机械零件和电器零件，需要适当考虑拆装后的调试或测试工时费。

⑤ 拆装覆盖件及装饰件，一般不考虑其他工时费。

⑥ 检修 ABS，需确认维修方法，一般拆车轮 30 元/轮。

⑦ 检修线路或电器元件另外计算拆装费。

⑧ 拆装座椅如含侧气囊，工时费用可适当增加。

⑨ 拆装方向机工时费应按照车型调整。

⑩ 吊装发动机的，应计算发动机吊装费。

当更换项目较多时（不少于 10 项），可以按 30～50 元/项统一计算总拆装费用。

6）水浸车清洗、烘干工时费的核定（表 4-37）。

表 4-37 水浸车清洗、烘干工时费的核定

	Ⅰ	Ⅱ	Ⅲ
机械座椅	80 元	100 元	150 元
电动座椅	200 元	400 元	500 元

7. 技能训练考核（见附录 B 学生手册）

8. 任务工单（见附录 B 学生手册）

五、职业养成

1. 宣言——没有完美的个人，只有完美的团队

“一滴水怎样才能不干涸，那就是把它放入大海”。个人再完美，也就是一滴水；一个团队、一个优秀的团队就是大海。没有完美的个人，只有完美的团队。

只有融入到团队中，个人才有活力，个人才能取得成功。舍小家顾大家，自己始终还是得到实惠。

2. 细读宣言

1）若要想将事情变得更好，首先自己要变得更好。转变自己的思想观念，改变事情的结果之前必须先改变自己。

2）每个人都有自己的缺点和优点，但是某些人可以弥补自身的缺点，发现自身的优点，那样就趋向于完美。

3）个人再完美，也就是一滴水；一个团队、一个优秀的团队更重要。

4）团队成员不外有下列八种类型：实干者、信息者、推进者、创新者、协调者、监督者、凝聚者、完美者。

5）恰当的比例形成的混凝土可以坚固无比，但无论其中哪一种成分多了造成比例失调，其质量就大打折扣。物质相同，比例不同，结果会大不相同。

3. 职业养成

1）在确定材料费和工时费的时候要充分征求维修人员的意见。

2）充分利用现场拍摄照片和现场拆检情况来确定相关费用。

3）费率标准的核定要结合当地零配件情况合理定位，参考各方面情况来核定。

4）工时费要遵从维修企业的工作强度和维修人员情况确定。

5）学会发挥定损、维修、客户团队的力量协作完成工作任务。

4. 阅读材料

如果只强调个人的力量，个人表现得再完美，也很难创造很高的价值，所以说“没有完美的个人，只有完美的团队”。这一观点被越来越多的人所认可。

一个有高度竞争力的组织，包括企业，不但要有完美的个人，更要有完美的团队。

六、学习工作页

见附录B学生手册。

项目训练三　重大事故车的查勘与定损

1. 项目训练任务设计

通过模拟一起机动车重大交通事故，坚持贴近学生专业实际、贴近职业活动实际的基本原则，采用“贯穿项目训练综合能力”的培训课程模式，使学生掌握事故车维修方案的制订、工时费的核定、材料费的核定等技能，并训练学生与人合作的核心能力。

2. 项目训练学生分工

本项目训练每组共需6人，2人负责事故车维修方案的制订，2人负责工时费的核定，2人负责材料费的核定。

3. 项目训练方式

各小组成员轮换岗位进行锻炼，能胜任本项目各岗位的工作。

4. 项目训练准备材料

数码照相机、定损笔记本计算机、卷尺、手电筒、笔、记录本、出险报案表、报单抄件、索赔申请书、报案记录、现场查勘记录、索赔须知、询问笔录、事故车辆损失确认书等。

5. 项目训练时间

6学时。

6. 项目训练任务要领

（1）事故车维修方案的确定

1）定损修换总原则

① 既不影响使用性能又不影响外观质量，且利用简单工艺即可恢复的，应以修复为主。

② 二类以上维修企业技术水平无法修复或在工艺上无法保证修后质量的应更换。

③ 当配件修复费用超过或等于该配件更换费用时应更换。

④ 所有更换件定损规格不得高于原车事故前装配的品牌、规格。

2）车身件损伤修换原则

① 钣金件修换原则

基本原则：损坏以弯曲变形（弹性变形）为主就进行修复；损坏以折曲变形（塑性变形）为主就进行更换。

弯曲变形（弹性变形）特点：

a. 损伤部位与非损伤部位的过渡平滑、连续。

b. 通过拉拔校正可使它恢复到事故前的形状，而不会留下永久性的变形。

折曲变形（塑性变形）特点：

a. 弯曲变形剧烈，曲率半径很小，通常在很短的长度上弯曲 90°以上。

b. 校正后，零件上仍有明显的裂纹和开裂，或者出现永久变形带，不经高温加热处理不能恢复到事故前的形状。

折曲变形（塑性变形）更换原则：

a. 如果损伤发生在平面内，则校正工作比棱角处的严重起皱和折曲可能容易得多，几乎可以肯定，在轮廓分明的棱角处发生了折曲变形，则只能采取更换的方法；如车门玻璃框折曲，前者可以修复，但后者需要更换。

b. 如果损伤部位处于纵梁的端部附近，且压偏区未受到影响或变形的范围影响不大，通过拉拔可校正的，则必须修复；如果压偏区已出现折曲，并将碰撞力传递到后部，造成后部也变形，则必须予以更换。

c. 如果损伤位置在发动机或转向器安装位置附近，重复性载荷会造成疲劳破坏（重复振动力或应力会加重并产生二次变形），这些安装位置发生折曲变形后，则必须更换。

d. 由于严重冷作硬化而造成的严重折叠起皱变形，则必须更换。

e. 如果只有一个未曾完全修复的轻微折曲变形，应采取挖补法修复。

f. 如果已经更换某个配件的一部分，且决定将其连接的相邻部分也更换掉，而且比较容易、费用也不大情况下，允许予以更换。

g. 在将变形周围部分均校正到适当尺寸，剩下折曲变形部分确实无法校正好，且这部分形状复杂，无法采用挖补法修复的，则该部件应予以更换。

② 塑料件修换原则

a. 基本原则：热塑性塑料件损伤以修复为主，热固性塑料件损伤须更换。

b. 车身塑料件鉴别方法：

查看 ISO 识别码：此码常在注塑时模压在塑料件上，通常需要拆下该零件，常标在注模号或零件码前面。

热塑性常用汽车塑料件名称：AAS、ABS、ABS/PVC、PC、PE、PP、PS、TPUP、PVC 等，以上配件在不影响外观的情况下可以修复。

热固性常用汽车塑料件名称：ABS/MAT、PA、PPO、PUR、SAN。

玻璃钢件在变形破损不严重的情况下可以修复。

③ 机械配件的修换原则

基本原则：超过配合尺寸，通过加工也无法达到装配技术要求，或变形通过校正无法保证使用性能和安全技术要求，或断裂无法焊接或焊接后无法保证使用性能和安全技术要求，原则上必须更换。

3）确定维修方案

① 登记损坏零件。

登记顺序：由前至后，由左至右，由外至内，内按总成分，适当灵活。

② 修复与更换分类。

（2）材料费用核定

1）外购配件费用核定

① 车物定损管理软件的使用。

② 定损配件的价格咨询。

配件费＝配件进货价×（1＋管理费比例）－残值

③ 配件管理费的核定。维修企业因维修需更换的配件在采购过程中发生的采购、装卸、运输、保管、损耗等费用以及维修企业应得的利润和出具发票应缴的税金而给出的综合性补偿费用。

2）自制配件费用核定。

3）辅助材料费的核定

① 确定修换过程中需要用到的辅助材料。

② 列出清单。

③ 核定辅助材料的费用，确定辅助材料费用没有重复计算。

（3）工时费的核定

1）工时费查询软件的使用（图 4-55）。

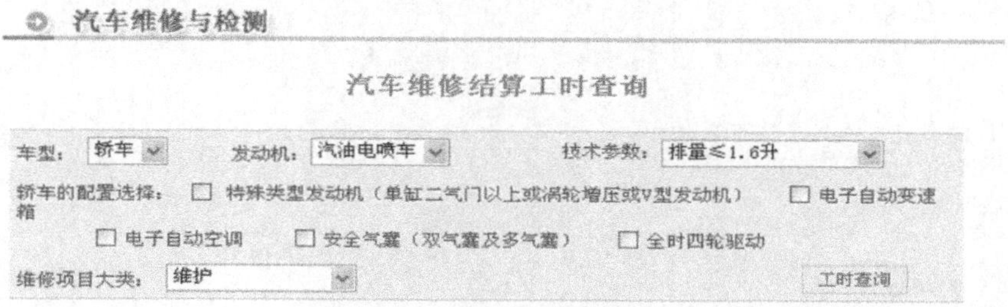

图 4-55　工时费查询软件

① 熟悉事故车的配置。

② 清楚该事故车需要哪些维修项目。

2）钣金类工时费的核定。

① 一般车型：按损坏程度及损坏面积，并结合修复部位的难易程度来核定修理工时费。

② 特殊车型：价值较高的车型或老旧车型，当外观件、车身骨架及大梁等变形严重时，可以与客户和修理厂协商，修理工时费可按该配件价格的 20%～50%核定。

3）漆工类工时费的核定

① 油漆工时费是指油漆材料费、油漆辅料费及油漆工时费的总和。

② 塑料件、亚光饰件、金属漆及变色漆在工时费核定时可按 10%～20%比例上浮。

③ 大型客车按单位面积核定工时费。

④ 轿车及小型客车按幅（每车 13 幅）核定工时费。

4）机电类工时费的核定。

5）拆装类工时费的核定

① 一般原则：按照拆装的难易程度及工艺的复杂程度核定工时费。

② 单独拆装单个零件按单件计算工时费。

③ 拆装某一零件必须先拆掉其他零件，则需要考虑辅助拆装的工时费。

④ 拆装机械零件和电器零件，需要适当考虑拆装后的调试或测试费用。

⑤ 拆装覆盖件及装饰件，一般不考虑其他工时费。

⑥ 检修 ABS，需确认维修方法，一般拆车轮 30 元/轮。

⑦ 检修线路或电器元件另外计算拆装费。

当更换项目较多时（不少于 10 项），可以按 30～50 元/项统一计算总拆装费用。

6）水浸车清洗、烘干工时费的核定。

备注：

① 此费用只用于抢救水浸车的清洗、烘干，以避免未及时处理而引起的扩大损失。

② 因水浸高度不同而引起的各档次涉及拆装范围不同，根据示意图确定各档次所需拆装的项目。

情境五　特大事故车的查勘与定损

任务9　现场施救和人员伤亡处理

★ 学习目标

知识目标		能力目标	
1	熟悉现场施救时的方法	1	能够掌握现场施救的技巧
2	掌握现场施救的工具	2	能够确定人员伤亡费用的处理方法
3	掌握人员伤亡处理费用的解决方法	3	

★ 任务导入

特大交通事故往往造成大量的人员伤亡和财产损失，所以在保险公司接到报案后，要及时有效地组织应急小组赶赴现场处理。处理的过程中要及时地采取措施进行施救，防止损失进一步扩大，对于人员伤亡和救治情况，要准确记载，处理善后事宜。

一、知识准备

（一）现场施救

《中华人民共和国道路交通安全法》第七十条第一款规定，造成人身伤亡的，车辆驾驶人应当立即抢救受伤人员，并迅速报告执勤的交通警察或者公安机关交通管理部门。因抢救受伤人员变动现场的，应当标明位置。乘车人、过往车辆驾驶人、过往行人应当予以协助。

驾驶员发生交通事故造成人员受伤或者死亡的，必须报警（拨打交通事故报警电话122，急救电话120、999），保护现场。如果事故发生地确属偏远或者找不到电话报警，受伤人员必须立即治疗，同时又找不到其他车辆协助运送的情况，当事人可以利用发生事故的车辆送伤者到医院救治，但在移动现场前，必须将因移动现场后无法确定的车辆、人员倒地位置等进行标划。当事人可以利用石块、砖头、白灰等物品在地面进行明显标注。

1. 救援程序及措施

1）接到发生重特大道路交通事故报警后，迅速将指令传达到现场查勘组及现场施救组，并通过交通事故报警服务台与交通事故急救中心之间的交通事故信息相互通信和反馈制度，通知医疗救护组，使现场查勘组、警戒保卫组、现场施救组、防火防爆组、新闻报道组与医疗救护组同时接警、同步出动，建立起快速反应的交通事故紧急抢救联动机制。

2）民警到达现场后，要特别注意在保护好自身安全的前提下查勘现场。先期到达的民警要迅速用警戒带、反（发）光锥筒等设置警戒线，表明警戒区域，防止无关人员进入。在夜间或雨、雾、雪、沙尘等能见度较低的气象条件下查勘现场时，查勘车辆、施救清障车辆须设明显的警示标志，现场查勘人员必须穿着有反光或发光标志的制式服装。普通道路须在距离现场 50m、国道 100m 外设置明显反（发）光警示标志，确保现场和查勘人员的安全。

2. 事故现场处置

1）发生重特大道路交通事故后，接报警后，在向上级主管机关报告的同时，要立即组织力量，尽快赶赴现场，先行对存留在现场的重要痕迹、物证，特别是易受到破坏的痕迹、物证，用适当的遮盖物覆盖起来，以免受到破坏，并及时照相或摄像加以固定。同时进行必要的前期查勘和调查取证工作，协助医疗救护部门抢救伤员、抢险救灾，疏导交通、疏散无关人员、堵截、追缉逃逸肇事车辆，必要时实施临时交通管制，努力把事故伤亡和财产损失降到最低限度。同时将事故的情况迅速上报市局重特大交通事故现场处置领导小组。

2）现场处置领导小组接到辖区内重特大道路交通事故的情况报告后，在向上级有关部门进行报告的同时，要立即组织现场查勘、医疗救护、警戒保卫、现场施救、防火防爆、新闻报道、后勤保障等相关人员立即赶赴事发现场，抢救伤者，查勘事故现场，安排部署查缉堵截肇事逃逸车辆，疏导交通。

3）事故处理人员到达现场后，确认已经死亡三人或三人以上的特大道路事故，在报告市局现场处置领导小组的同时，及时向县政府报告。

4）在查勘现场的同时，辖区公路巡警中队民警协助警戒保卫组维护好现场交通秩序。为保证交通畅通，一般情况下不采取双向封闭现场道路的措施；须双向封闭现场的，必须开辟另外的车辆通道，指挥车辆、人员绕行；单向封闭时也要有专人疏导交通。

5）对于载有危险物品的车辆发生事故后，须立即封闭道路、疏散群众、严格控制现场及周围用电用火，及时报告当地政府，并通知有关部门，严禁无关人员进入现场，待危险消除后再查勘现场。对哄抢财物、聚众闹事、阻挠现场查勘等不听劝阻、妨碍执行公务或有其他违法犯罪行为的人员，必须及时采取强制措施带离现场。

6）现场查勘人员要及时对肇事嫌疑人进行有效监管，以防其逃逸、伪造隐匿证据、与他人串供或发生意外事件。对当事人或目击证人指证肇事嫌疑人酒后驾驶机动车的，要尽快抽取血样化验。同时积极寻找事故目击证人，及时询问并制作笔录。

7）发生重特大道路交通事故肇事逃逸案件，在向市局现场处置领导小组报告的同时，应根据初步掌握的情况，迅速做出追逃部署，采取设卡拦截、追堵查缉等必要的措施，以快制快，果断处置。

8）现场查勘工作结束后，要及时地配合交通、公路和当地政府有关部门做好事故现场、车辆的清障施救工作及其他善后工作，尽快恢复正常的交通秩序。撤除现场时，应保证道路上无妨碍交通的物品及车辆。

3. 重特大道路交通事故的应急救援（图 5-1）

发生重特大道路交通事故，在做好现场保护、查勘、警戒、疏导交通的同时，要重点做好事故现场的应急救援工作，特别是要做好对伤亡人员的现场救护工作。特别要注意协调好医疗、救护、消防、交通事故救援等部门的工作，维护好救援现场的秩序。交通、公路、医疗、消防等部门要按照县政府的统一要求，结合各自所担负的工作实际，拟制出各自的应急预案，准备好必要的应急人员、车辆、装备和器材，自觉地接受公安交通管理部门的指导和监督，服从事故现场的统一指挥和高度。现场查勘完毕后，尽快地清理、打扫事故现场，撤收人员，恢复交通。

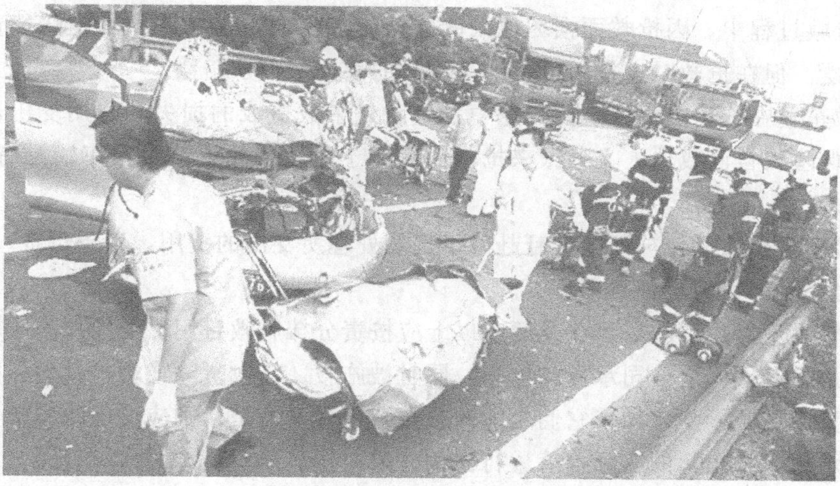

图 5-1　交通事故应急救援

4. 损失范围确认

1）应注意区分本次事故和非本次事故造成的损失、事故损失和自然磨损的界限。

2）注意对保险车辆标准配置以外的新增设备进行区分，并分别确定损失项目和金额。

3）确认车物损失范围、项目，注意区分三者车外物损、三者车上物损，收集现场的相关证据资料。

4）了解并记录事故各方的人身伤亡情况，登记伤员的姓名、性别、年龄、救治医院和科室、伤情、抢救或垫付情况，并核实人伤类型：本车上人员、三者车上人员或三者车外人员，及时转告医疗核损人员进行跟进处理。

5）查勘定损人员应对事故涉及的各类财产损失进行完整确认，即不论财产损失是否超过交强险的责任限额，都应分类确认全部的事故损失金额。

6）事故损失金额指事故造成的直接损失金额，即不考虑事故责任比例、免赔率、免赔额、赔偿比例等因素。

5. 施救费用的界定

1）施救费用是指当保险标的遭遇保险责任范围内的灾害事故时，被保险人或其代理人、雇佣人员等为防止损失的扩大，采取措施抢救保险标的而支出的必要、合理的费用。

2）必要、合理的费用是指施救行为支出的费用是直接的、必要的，并是国家有关政策规定的。

6. 施救费用的确定原则

施救费用的确定要严格依照条款有关规定，并按照以下原则处理：

1）被保险人使用他人（非专业消防单位）的消防设备，施救保险车辆所消耗的费用及设备损失可以赔偿。

2）保险车辆出险后，雇用吊车和其他车辆进行抢救的费用，以及将出险车辆拖运到修理厂的运输费用，在当地物价部门颁布的收费标准内负责赔偿。

3）在抢救过程中，因抢救而损坏他人的财产，如果应由被保险人承担赔偿责任的，可酌情予以赔偿。但在抢救时，抢救人员个人物品的丢失，不予赔偿。

4）抢救车辆在拖运受损保险车辆途中发生意外事故造成的损失和费用支出，如果该抢救车辆是被保险人自己或他人义务派来抢救的，应予赔偿；如果该抢救车辆是有偿服务的，则不予赔偿。

5）保险车辆出险后，被保险人赶赴肇事现场处理所支出的费用，不予负责。

6）只对保险车辆的救护费用负责。

保险车辆发生保险事故后，涉及两车以上应按责分摊施救费用。受损保险车辆与其所装货物（或其拖带其他保险公司承保的挂车）同时被施救，其救货（或救护其他保险公司承保的挂车）的费用应予剔除。如果它们之间的施救费用分不清楚，则应按保险车辆与货物（其他保险公司承保的挂车）的实际价值进行比例分摊赔偿。

7）保险车辆为进口车或特种车，发生保险责任范围的事故后，当地确实不能修理，经保险公司同意去外地修理的移送费，可予负责，并在定损单上注明送修地点和金额。但护送车辆者的工资和差旅费，不予负责。

8）施救、保护费用与修理费用应分别理算。当施救、保护费用与修理费用相加，估计已达到或超过保险车辆的实际价值时，可按推定全损予以赔偿。

9）车辆损失险的施救费是一个单独的保险金额，但第三者责任险的施救费用不是一个单独的责任限额。第三者责任险的施救费用与第三者损失金额相加不得超过第三者责任险的责任限额。

10）施救费应根据事故责任、相对应险种的有关规定扣减相应的免赔率。

11）重大或特殊案件的施救费用应委托专业施救单位出具相关施救方案及费用计算清单。

7. 记录施救情况

1）事故车辆及其他财产需要施救的，应记录被施救财产的名称、数量、重量、价值、施救方式、施救路程。

2）被施救财产已经施救的，应在查勘记录中记录已发生的施救费用。

3）保险标的与其他财产一同施救的，应与被保险人说明施救费的分摊原则并在查勘记录中注明。

(二) 人员伤亡事故处理

在机动车辆保险理赔案中，除机动车辆损失及其他财产损失赔偿以外，大部分是人员伤亡赔偿。据不完全统计，人员伤亡赔款支出约占机动车辆保险总赔款支出的（含各附加险种）50%～60%。保险公司理赔人员在处理理赔案件中对人员伤亡部分的损失核定最为复杂且难度也最大，往往在人员伤亡费用核定方面与被保险人产生很多矛盾和纠纷，随着卫生部组织制定的《道路交通事故受伤人临床诊疗指南》出台，将大大缓解此类纠纷的发生。

《道路交通事故受伤人员临床诊疗指南》明确道路交通事故中受伤人员的诊疗原则、方法和内容；规范医疗机构对道路交通事故受伤人员进行诊疗的行为；用于评价对道路交通事故受伤人员以及其他原因造成的受伤人员实施诊疗的必要性和合理性。

《道路交通事故受伤人员临床诊疗指南》明确在对道路交通事故受伤人员进行临床诊疗的过程中，各项临床检查、治疗包括用药和使用医用材料，以及病房病床等标准在1%的基本医疗保险规定的范围内选择。

《道路交通事故受伤人员临床诊疗指南》明确处置原则和认定只限于对道路交通事故人员创伤及其并发症、合并症的医疗处置，不包括伤者自身的既往伤病伴发病等的处置。后二者须考虑伤病的参与度，划分为完全、主要、同等、次轻微及无因果关系等六个等级。

要有效地做好这方面的工作，保险人员就必须了解和掌握有关交通事故人员伤亡医疗方面的基本知识。

1. 医疗费

《最高人民法院关于审理人身损害赔偿案件适用法律若干问题的解释》（以下简称“人身损伤赔偿司法解释”）第十九条规定：医疗费根据医疗机构出具的医药费、住院费等收款凭证，结合病历和诊断证明等相关证据确定。赔偿义务人对治疗的必要性和合理性有异议的，应当承担相应的举证责任。

医疗费的赔偿数额，按照一审法庭辩论终结时实际发生的数额确定。赔偿权利人的器官能恢复训练所必要的康复费、适当的整容费以及其他后续治疗费，可在待实际发生之后另行起诉。但根据医疗证明或者鉴定结论确定必然发生的费用，可以与已经发生的医疗费一并予以赔偿。

核定要点：

1）要求受害人提供其受伤治疗相应的治疗清单（住院病人）或是处方（门诊病人）、病历、诊断证明和医药费用发票原件、发票时间与病历证明记载时间相符，发票上的姓名应为受害人本人。

2）相关治疗和用药应与交通事故之间有因果关系，与交通事故没有因果关系，针对既往病的治疗和用药的，保险公司不承担赔偿责任。

3）医疗费的赔偿标准根据国务院卫生主管部门组织制定的《道路交通事故受伤人员临床诊疗指南》和《国家基本医疗保险标准》确定，按上述标准仍不能确定的，可申请司法鉴定。

4）无医院证明的自购药品、医疗用具的费用不予赔偿。

5）转院应经原医疗机构同意（需要原医疗机构的转院证明）且存在正当理由。否则，由此增加的费用不予赔偿。

6）对于后期治疗方案及治疗费用，如果受害人只能提供医生估算的证明，则不予认可。因为该估算并非必然发生的准确数额，医疗手术存在一定风险，如加以认定，客观上使原、被告都面临不确定的风险，赔偿权利人应待实际费用发生之后另行起诉。

7）后续治疗费不包括心理治疗费、美容费用。

8）对过高的治疗费、后续治疗费、康复费等费用的必要性和合理性有异议的，可申请司法鉴定。

9）已发生的医疗费用及后续治疗费用均不包括任何美容场所消费的费用。

2. 误工费

人身损伤赔偿司法解释第二十条规定：误工费根据受害人的误工时间和收入状况确定。

误工时间根据受害人接受治疗的医疗机构出具的证明确定。受害人因伤致残持续误工的，误工时间可以从定残日前一天开始计算。

受害人有固定收入的，误工费按照实际减少的收入计算。受害人无固定收入的，按照其最近3年的平均收入计算；受害人不能举证证明其最近3年的平均收入状况的，可以参照受诉法院所在地相同或者相近行业上一年度职工的平均工资计算。

核定要点：

1）定残后无需再支付误工费，只需支付残疾赔偿金。

2）受害人无劳动能力且无劳动收入的，不予赔偿误工费。

3）只赔偿受害人本人的误工费，对护理人员的误工费不予赔偿，对护理人员只赔偿护理费。

4）只承担受害人实际减少的收入，而不是受害人的固定收入。有些受害者受伤后，单位并不扣发或者只是部分扣发收入，特别是受害人发生交通事故属于工伤的情况下，应到受害人单位调查取证。在受害人属于工伤，受害人是军人、公务员及教师的情况之下，大多数受害人的工资不会因交通事故而全部扣减。如保险车辆驾驶员因操作不慎将在路中指挥交通的交通警察撞伤，造成交通警察骨折需休息数月，事故调解时赔付误工费用近1万元，但分析伤者为执行公务时受的伤，所以工资收入不应扣减，后经调查核实未要求赔付误工费。

5）受害人申报实际减少固定收入的，不仅要求受害人提供劳动合同及工资领取证明（超过个人所得税始征起点的，还应提供完税证明），或合法经营的簿记文件及纳税证明，而且要求受害人提供收入减少的相关证明。

6）医疗机构出具的休假时间明显不合理的，参照公安部发布的《人身损害受伤人员误工损失日评定准则》确定误工时间。

7）受害人所在单位出具的收入证明与实际收入相差较大，可向税务机关或者社保局调查取证。

8）受害人未满16周岁的不予赔付误工费，满16周岁不到18周岁，如果凭自己的劳动养活自己的，可以赔付误工费。

9）受害人为退休人员的，如果不能提供收入减少证明，不予赔付误工费。

3. 护理费

人身损伤赔偿司法解释第二十一条规定：护理费根据护理人员的收入状况和护理人数、护理期限确定。

护理人员有收入的，参照误工费的规定计算；护理人员没有收入或者雇佣护工的，参照当地护工从事同等级别护理的劳务报酬标准计算。护理人员原则上为一人，但医疗机构或者鉴定机构有明确意见的，可以参照确定护理人员人数。

护理期限应计算至受害人恢复生活自理能力时为止。受害人因残疾不能恢复生活自理能力的，可以根据其年龄、健康状况等因素确定合理的护理期限，但最长不超过20年。

受害人定残后的护理，应当根据其护理依赖程度并结合配制残疾辅助器具的情况确定护理级别。

核定要点：

1）护理的必要性、护理期限、护理人数都应有医疗机构或鉴定机构的明确意见，住院期间不能认定为当然的护理期限。医院出具的证明明显与事实、病例不符的，申请鉴定机构鉴定。对于事实上的护理人员，需作前期的了解与取证收集。

2）护理人员有收入但收入没减少的，不赔；护理人员没有收入的，按规定赔。

3）护理人员申报收入减少的，应出具相关劳动收入减少的证明（证明材料参见误工费核定要点5的规定）。

4）伤残评定前的护理，根据实际护理时间按标准的100%计算护理费。伤残评定后，按护理级别赔偿护理费，一级护理的护理费按100%计算，二级护理的护理费按90%计算，其他的依此类推。

5）确定护理级别的“护理依赖程度”和“配制残疾辅助器具情况”一般按照以下标准确定：

① 司法部、最高人民法院、最高人民检察院、公安部联合制定的《人体重伤鉴定标准》和《人体轻伤鉴定标准（试行）》。

② 1996年10月1日国家技术监督局颁布的《职工工伤与职业病致残程度鉴定标准》第314条规定：护理依赖者是指伤、病致残者因生活不能自理需要依赖他人护理者。生活自理范围主要包括下列五项：进食，翻身，大、小便，穿衣、洗脸及自我移动。护理依赖程度分三级：完全护理依赖是指生活不能自理，上述五项均需护理者；大部分护理依赖是指生活大部分不能自理，上述五项中有三项需要护理者；部分护理依赖是指生活部分不能自理，上述五项中有一项需要护理者。

③ 原劳动和社会保障部于2002年4月5日颁布的《职工非因工伤或因病丧失劳动能力程度鉴定标准（试行）》。

4. 交通费

人身损伤赔偿司法解释第二十二条规定：交通费根据受害人及其必要的陪护人员因就医或者转院治疗实际发生的费用计算。交通费应当以正式票据为凭，有关凭据应当与就医地点、时间、人数、次数相符合。

核定要点：

1）参照出险地国家机关一般工作人员出差的差旅费标准。

2）乘坐的交通工具以普通公共汽车、普通硬座火车、轮船三等以下舱位为主，伤情危急，交通不便等特殊情况可乘坐救护车、出租车、软座及卧铺火车。应要求受害人说明其合理性。

3）车票时间应与就医地点、时间、人数、次数相符。

4）包车费用超过正常金额的部分不予认可。

5）连号交通费发票不合理的部分不予认可。

6）对陪护人员交通费的计算以必要和合理为前提。

5. 住院伙食补助费

人身损伤赔偿司法解释第二十三条规定：住院伙食补助费可以参照当地国家机关一般工作人员的出差伙食补助标准予以确定。

受害人确有必要到外地治疗，因客观原因不能住院，受害人本人及其陪护人员实际发生的住宿费和伙食费，其合理部分应予赔偿。

核定要点：

1）此项目赔偿的对象应是受害人本人，且仅限于住院期间。陪护人员不属此项目的赔偿对象，但受害人到外地治疗而又不能住院的情况除外。

2）“因客观原因不能住院”一般是指医院无床位，或确需候诊且伤情不允许往返医院与住处等情况。

3）住宿费和伙食费的赔偿均参照当地国家机关一般工作人员出差的住宿费和伙食补助标准计算，住宿费的赔偿以有正式发票为前提。

4）1996 年 2 月 1 日，财政部制定的《关于中央国家机关、事业单位工作人员差旅费开支的规定》第八条第（一）项规定：工作人员的出差伙食补助费，不分途中和住勤，每人每天补助标准为，一般地区 15 元，特殊地区 20 元（按在特殊区的实际住宿天数计发伙食补助费，在途期间按一般地区标准计发伙食补助。这里规定的特殊地区，是指深圳、珠海、厦门、汕头和海南省。中央国家机关的一般工作人员，是指处级及以下级别工作人员。当地国家机关一般规定人员的出差伙食补助标准，都不会差别太大，所以对裁判几乎没有影响。

6. 营养费

人身损伤赔偿司法解释第二十四条规定：营养费根据受害人伤残情况参照医疗机构的意见确定。

核定要点：

1）医疗机构没有出具意见的，营养费不予认可。

2）医疗机构出具意见的，应明确需要增加营养的必要性及期限，营养费的赔偿标准，由法院酌情裁判，可参照当地国家机关一般工作人员的出差伙食补助计算。

7. 残疾赔偿金

人身损伤赔偿司法解释第二十五条规定：残疾赔偿金根据受害人丧失劳动能力程度或者伤残等级，按照受诉法院所在地上一年度城镇居民人均可支配收入或者农村居民人均纯收入标准，自定残之日起按第二年计算。但六十周岁以上的，年龄每增加一岁减少一年；七十五周岁以上的，按五年计算。

受害人因伤致残但实际收入没有减少，或者伤残等级较轻但造成职业妨害严重影响其劳动就业的，可以对残疾赔偿金做相应调整。

核定要点：

1）此项目赔偿的不是受害人收入的减少，而是劳动能力的丧失，伤残等级是衡量劳动能力丧失程度的一个标准。

2）如果没有做丧失劳动能力程度鉴定的，可选择伤残等级作为计算标准，计算残疾赔偿金时，需乘以伤残等级比例，一级乘100%，二级乘90%，其他的依此类推。

3）对于受害人因伤致残，但实际收入没有减少（包括本来就没有劳动收入的，残疾赔偿金应适当调低）。

4）伤残评定明显不合理的，可向法院申请重新评定。申请前可详细寻找受害人伤残评定时机、程序、评定依据的事实、评定依据的标准等方面的问题，并争取法庭的支持。

5）多处伤残者以最重的等级作为赔偿的主要依据，每增加一处伤残，则增加一定的赔偿比例，增加赔偿的比例之和不超过10%，伤残赔偿指数总和不大于100%。

8. 残疾辅助器具费

人身损伤赔偿司法解释第二十六条规定：残疾辅助器具费按照普通适用器具的护理费用标准计算。伤情有特殊需要的，可以参照辅助器具配制机构的意见确定相应的合理费用标准。辅助器具的更换周期和赔偿期限参照配制机构的意见确定。

核定要点：

1）民政部门的假肢与矫形康复机构，是从事辅助器具研究和生产的专业机构，可从事残疾辅助器具的鉴定和配制工作。

2）如辅助器具配制机构出具的意见不合理，可申请另外的假肢配制机构出具配制意见书，以此作为反证向法院抗辩。

3）开庭前应调查取证交通事故受害人实际安装有残疾辅助器具型号、价格、产地、更换周期等，以调查结果为据向法院抗辩。

9. 丧葬费

人身损伤赔偿司法解释第二十七条规定：丧葬费按照受诉法院所在地上一年度职工月平均工资标准，以六个月总额计算。

10. 被抚养人生活费

人身损伤赔偿司法解释第二十八条规定：被抚养人生活费根据抚养人丧失劳动能力程度，按照受诉法院所在地上一年度城镇居民人均消费性支出和农村居民人均年生活消费支出标准计算。被抚养人为未成年人的，计算至十八周岁；被抚养人无劳动能力又无其他生活来源的，计算二十年。但六十周岁以上的，年龄每增加一岁减少一年；七十五周岁以上的，按五年计算。

被抚养人是指受害人依法应当承担抚养义务的未成年人或者丧失劳动能力又无其他生活来源的成年近亲属。被抚养人还有其他抚养人的，赔偿义务人只赔偿受害人依法应当负担的部分。被抚养人有数人的，年赔偿总额累计不超过上一年度城镇居民人均消费性支出额或者农村居民人均年生活消费支出额。

核定要点：

1）未成年人是指未满十八周岁的自然人。

2）被抚养人为成年人的，“丧失劳动能力”与“无其他生活来源”两个条件必须同时具备。

3）男性六十周岁以上、女性五十五周岁以上，可视为无劳动能力。男性六十周岁以下、女性五十五周岁以下的成年人，如主张丧失劳动能力且无其他生活来源应有充分的证据。

4）近亲属包括配偶、父母、子女、兄弟姐妹、祖父母、外祖父母、孙子、外孙子。子女包括非婚生子女、养子女、有抚养关系的继子女，对于受到损伤时尚未出生的胎儿，如果出生后死亡的，不予认可。凡请求养子女及养父母是被养人，并需生活费的，均需提供县级以上民政部门出具的登记证书。

5）此项赔偿费用仅限于受害人依法应当承担抚养义务的被抚养人和份额。

① 夫妻有互相抚养的义务。

② 受害人作为父母，对未成年的不能独立生活的子女承担抚养义务，受害人作为子女，对无劳动能力的或生活困难的父母承担赡养义务。

③ 受害人作为有负担能力的祖父母、外祖父母对未成年的孙子女、外孙子女承担抚养义务，必须以未成年的孙子女、外孙子女的父母已经死亡或父母无力抚养作为条件；受害人作为有负担能力的孙子女、外孙子女对祖父母、外祖父母承担赡养义务，必须以祖父母、外祖父母的子女已经死亡或子女无力赡养作为条件。

④ 受害人作为有负担能力的兄、姐对未成年的弟、妹承担抚养义务，必须以父母已经死亡或父母无力抚养作为条件；受害人作为有负担能力的弟、妹对缺乏劳动能力又缺乏生活来源的兄、姐承担赡养义务，必须以受害人由兄、姐抚养长大作为条件。

6）以受害人遭受人身伤害的时间作为判断受害人依法是否应承担抚养义务的起点。

7）以受害人定残之日（或死亡之日）作为被抚养人年龄的计算起点。

8）受害人无劳动能力且无劳动收入的，被抚养人的生活费不予赔偿。

9）仅应在受害人死亡的情况下，赔偿被抚养人的生活费，在受害人伤残的情况下，不予赔偿被抚养人的生活费。因为人身损伤赔偿司法解释已经规定，对死亡受害人赔偿的是余命的赔偿，对伤残受害人赔偿的是劳动能力丧失的赔偿，那么赔偿了残疾赔偿金，就已经包含了受害人伤残前所承担的抚养费，在受害人伤残的情况下，再予以赔偿被抚养人的生活费，就是重复赔偿。

10）对于在受害人伤残的情况下，法院认为必须赔偿被抚养人生活费的地区，如果受害人没有做丧失劳动能力程度的鉴定，可选择用伤残等级作为计算标准。计算被抚养人生活费时，需乘以伤残等级比例，一级伤残乘100%，二级乘90%，其他的依此类推。伤残不等于劳动能力丧失，如面部疤痕可致残，但一般不影响劳动能力。如果受害人请求提供被抚养人的生活费，可先对受害人劳动力进行评估，必要时可申请劳动能力鉴定，再根据鉴定结果确定是否赔付及赔付的比例。

11）被抚养人有数人且既有城镇居民也有农村居民的，按各自的身份状况分别适用城镇和农村的标准。

12）受害人定残后，在诉讼过程中死亡的，如果受害人的死亡与伤害行为具有因果关系，应当赔偿死亡赔偿金，不再赔偿残疾赔偿金，如果没有因果关系，就应当赔偿残疾赔偿金。

13）原则上不赔付配偶父母的生活费。如果受害人生前或定残前承担了其配偶父母的主要赡养义务，在提供相应的能证明其尽到主要赡养义务的证据后，应赔付其配偶父母的生活费。

14）涉及被抚养人生活费的分摊，特别是成年被抚养人生活费分摊时，虚假证明较多（现在的派出所证明多数情况下也仅仅是证明目前的家庭情况，不能证明家庭分立的情况），建议提前调查取证。

15）被抚养人有数人的，全年赔偿总额累计不超过上一年度城镇居民人均消费性支出额或者农村居民人均年生活消费支出额。

11. 死亡赔偿金

人身损伤赔偿司法解释第二十九条规定：死亡赔偿金按照受诉法院所在地上一年度城镇居民人均可支配收入或者农村居民人均纯收入标准，按二十年计算。但六十周岁以上的，年龄每增加一岁减少一年；七十五周岁以上的，按五年计算。

核定要点：

赔偿权利人需提供法医的尸检证明（未尸检者除外）、死亡证明（公安机关出或是医院出）、死者户口证明（确定死者属于城镇居民或者农村居民，确定死者的真实年龄，特别是60岁以上的人员）。如死因不明，需向司法鉴定中心申请死因鉴定。

12. 精神损害抚慰金

人身损伤赔偿司法解释第十八条规定：受害人或者死者近亲属遭受精神损害，赔偿权利人向人民法院请求赔偿精神损害抚慰金的，适用《最高人民法院关于确定民事侵权精神损害赔偿责任若干问题的解释》予以确定。

精神损害抚慰金的请求权，不得让与或者继承。但赔偿义务人已经以书面方式承诺给予金钱赔偿，或者赔偿权利人已经向人民法院起诉的除外。

核定要点：

1）精神损害赔偿为保险条款的免责内容，同时，精神损害赔偿的目的之一是对加害人进行制裁，因此，应首先向法院主张保险人不应承担精神损害赔偿的责任。

2）精神损害，只有在造成严重后果的情况下，才需承担赔偿责任，未造成严重后果，受害人或者死者近亲属请求赔偿精神损害的，法院一般不予支持。

3）一般从以下几个方面把握是否属于“造成严重后果”的情形：

① 造成受害人死亡的，属于“造成严重后果”。

② 造成受害人残疾的，属于“造成严重后果”，伤残等级越高，精神损害越重。

③ 对于受害人既没有死亡，也没有残疾的，一般不予赔偿。

4）精神损害的赔偿数额主要根据以下因素确定：

① 侵权人的过错程度。

② 侵权行为所造成的后果。

③ 侵权人承担责任的经济能力。

④ 受诉法院所在地平均生活水平。

5）精神损害赔偿数额一般不超过本地高院规定。

6）受害人对损害事实和损害后果的发生有过错的，可以根据其过错程度减轻或者免除侵权人的精神损害赔偿责任。同等责任的情况下，一般不予承担精神损害赔偿责任。

7）诉讼案件代理人应结合上述各点，对精神损害赔偿的必要性及赔偿数额作最大程度维护公司利益的抗辩。

13. 事故处理人员的相关费用

人身损伤赔偿司法解释第十七条第三款规定：受害人死亡的，赔偿义务人除应当根据抢救治疗情况赔偿本条第一款规定的相关费用外，还应当赔偿丧葬费、被抚养人生活费、死亡补偿费以及受害人亲属办理丧葬事宜支出的交通费、住宿费和误工损失等其他合理费用。

核定要点：

除了受害人亲属办理丧葬事宜支出的交通费、住宿费和误工损失等费用外，对于受害人亲属在非死亡案件中支出的住宿费和误工损失等费用不予赔偿。

（三）其他损失处理

保险事故导致的财产损失，除了车辆本身的损失和第三者人员伤害外，还可能会造成第三者的财产损失和车上承运货物的损失，从而构成第三者责任险、车上责任险赔偿对象。

1. 第三者财产损失确定

第三者财产损失包括：第三者车辆所载货物、道路、道路安全设施、房屋建筑、电力和水利设施、道旁树木花卉、道旁农田庄稼等。

第三者财产损失的定损因其涉及范围较大，定损标准、技术以及掌握的尺度相对机动车辆来讲要难得多。根据机动车辆第三者责任险保险条款规定，保险车辆发生意外事故，直接造成事故现场他人现有财产的实际损毁，保险人员依据保险合同的规定予以赔偿。而对于第三者（受害者）在对财产损毁的赔偿方面往往提出远高于实际价值的要求，有些甚至还包括间接损失以及处罚性质的赔偿。由此，给保险公司定损人员在定损过程中带来很多困难。

第三者财产损失赔偿责任是基于被保险人的侵权行为产生的，应根据民法的有关规定按被损害财产的实际损失予以赔偿。交通事故造成财产直接损失的，按照《民法通则》第一百一十七条的规定，应当恢复原状或者折价赔偿。确定方式可以与被害人协商，协商不成可以采用仲裁或者诉讼的方式。

按照《交通事故处理程序规定》的规定，对于交通事故造成财、物损失的应赔偿直接损失，其赔偿办法是修复或者折价赔偿。修复费用、折价赔偿费用按照实际价值或者评估机构的评估结论计算。常见第三者财产损失的定损处理方法如下：

1）市政设施。对于市政设施的损坏，市政部门对肇事者所索要的损失赔偿往往有一部分属处罚性质以及间接损失方面的赔偿。但保险公司依据条款规定只能承担因事故造成的直接损失。因此定损人员在定损过程中应该掌握和区分在第三者索要赔偿部分时，哪些属于间接费付款性质。同时，为使定损合理，定损人员要准确掌握和收集当地的损坏物体的制造成本、安装及赔偿标准。一般情况，各地市内绿化树木及草坪都有规定的赔偿标准及处罚标准。在定损过程中，只能按损坏物体的制造成本、安装费用及赔偿标准进行定损。

2）道路及道路设施。车辆倾覆后很容易造成对道路路面的擦痕以及燃油对道路的污染。这种情况下路政管理部门都要求对路面进行赔偿，尤其是高速公路路段。道路两旁的设施（护栏）也可能因车辆碰撞造成损坏，如图 5-2 所示。对于以上两方面所造成的损失，保险公司有责任与被保险人一起在市政管理部门商定损失。因道路及设施的修复施工一般都由路政管理部门组织，很难以招标的形式进行定损。大部分损失核定都以路政管理部门为主，但在核损时定损人员必须掌握道路维修及一些修复费用标准，定损范围只限于直接造成损坏的部分。如四川路政管理部门对于撞坏护栏的收费标准是每撞坏 1m 中心隔离护栏，一共要赔偿 700 元，主要包括复合钢管材质栏杆，更换护栏的运费、安装费等，同时，如果撞坏立柱，每个还要赔偿350元。对于路基路面蹋陷应视情况确定是否属于保险责任。若在允许的载重吨位下，车辆通过所造成的路基路面塌陷，不在赔偿范围之内；若严重超载，在超过允许的吨位下通过所造成的路基路面损失，应由被保险人自行赔偿，不在保险赔偿范围之内。

图 5-2　被撞坏的护栏

3）房屋建筑物。碰撞事故可能造成路旁房屋建筑物的损坏。在对房屋建筑物的损失核定时，除要求定损人员掌握有关建筑方面的知识之外（建筑材料费用、人工费用），在定损方面最好采用招标的形式。请当地建筑施工单位进行修复费用预算招标，这样一方面便于准确定损，另一方面也比较容易说服第三者（受害者）接受维修方案。

4）道旁农田庄稼。车辆倾覆可能造成道旁农田庄稼（青苗）的损坏，此部分损失核定可参照当地同类农作物亩产量进行测算定损。

5）第三者车上货物的损坏。在对第三者损失定损的过程中，实际确定的损失费用往往与第三者向被保险人所索要的赔偿费用有一定的差距。保险公司定损人员应当向被保险人解释清楚保险公司只能对造成第三者的实际损坏部分的直接损失费用进行赔偿，超出部分（如间接损失费用、处罚性质费用以及第三者无理索要的部分费用）应由被保险人与第三者进行协商处理。

2. 车上货物损失确定

凡发生保险责任内的车上货物损失，原则上保险公司必须立即派员前往出事现场，对车上货物损失进行查勘处理，然后会同被保险人和有关人员对受损的货物进行逐项清理，以确定损失程度和损失金额。在损失金额的确定方面应坚持从保险利益原则出发，注意掌握出险标的应具有或者已经实现的价值，确保体现补偿原则。

在对车上货物损失进行查勘定损时，应注意掌握以下几个原则：

1）机动车辆保险附加车上责任保险条款规定，在车辆发生保险责任事故，如碰撞、盗窃造成车上货物损失，查勘定损人员在对车上货物进行查勘定损时，只需对损坏的货物进行数清点，并分类确定其受损程度。

2）对于易变质、易腐烂的（如食品、水果类等）物品在征得保险公司有关领导同意后，应做市场变价处理。

3）对机电设备损坏程度的确定，应联系有关部门进行严格的技术鉴定。当地有条件的可在当地进行，当地无条件的可将设备运回进行技术鉴定（或送往设备制造单位）。在对机电类设备进行维修时仍坚持以修复为主的定损原则。坚持可更换局部零件的，不更换总成件；一般不轻易作报废处理决定，对确实已达到报废程度，无修理恢复使用价值可能性的，可作报废处理，但必须将残值折归给被保险人。

（四）知识点

1	救援程序及措施	8	残疾辅助器具费
2	事故现场处置	9	丧葬费、被抚养人生活费
3	现场损伤范围	10	死亡赔偿金
4	施救费用确定	11	精神损害抚慰金
5	医疗费、误工费、护理费	12	事故处理人员的相关费用
6	交通费、住院伙食补助费	13	第三者财产损失
7	营养费、残疾赔偿金	14	车上货物损失

二、典型案例

2006 年 10 月 1 日中午，吕某驾驶某出租汽车有限公司的客车从江北区驶向沙坪坝区，行至沙坪坝区石门大桥南桥头时，客车冲上 0.37m 高的桥梁路沿，撞坏大桥护栏后，坠落 30 多米高的桥下（图 5-3），车辆实载 50 人，造成 30 人死亡，20 人受伤，直接经济损失达 730 多万元。

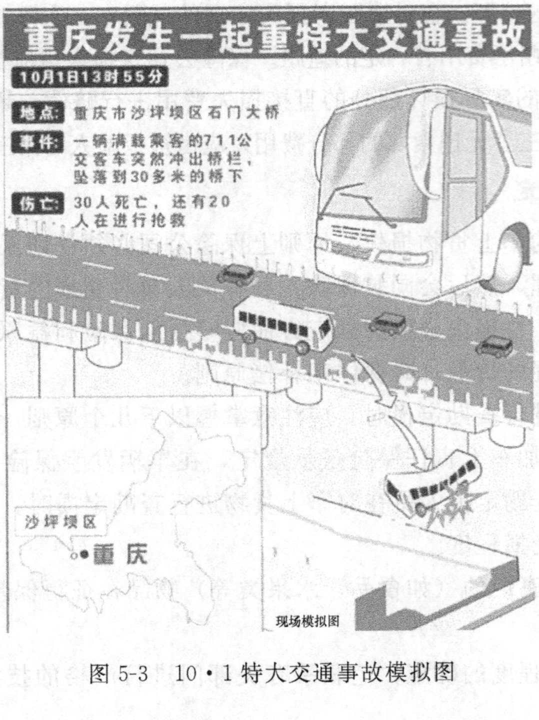

图 5-3　10·1 特大交通事故模拟图

1. 人员施救

（1）政府部门

重庆公安交通管理部门在6min内到达现场进行处置，市区有关部门在第一时间迅速组织施救，市卫生部门调集专家及医护人员全力救治伤员。重庆市政府已成立“10·1”特大交通事故调查组，重庆市公安局刑警总队对此次特大交通事故已立案调查。

1）组织抢救和搜寻伤员、联系医疗救助，如图5-4所示。

图5-4　现场组织施救

2）保护突发事件现场，减少或避免现场痕迹、证据和物品的破坏或灭失，如图5-5所示。

图5-5　保护现场

3）维护现场秩序，对受害人及家属进行疏导，隔离无关人员，如图5-6所示。

图5-6　维护现场秩序

4）对肇事当事人实施隔离，防止其自杀、逃离或遭受围攻、殴打。

5）确认现场主要目击证人的身份及联络方式。

6）对整个突发事件进行综合评估和确认，并迅速向上级报告确认情况，提出应急处置措施。

（2）保险公司

组织特大事故应急小组，指派专门人员前往出事地点进行定损理赔任务。事故发生后，天安保险重庆分公司人员及时奔赴现场查勘，如图 5-7、图 5-8 所示现场查勘。

图 5-7 现场查勘（一）

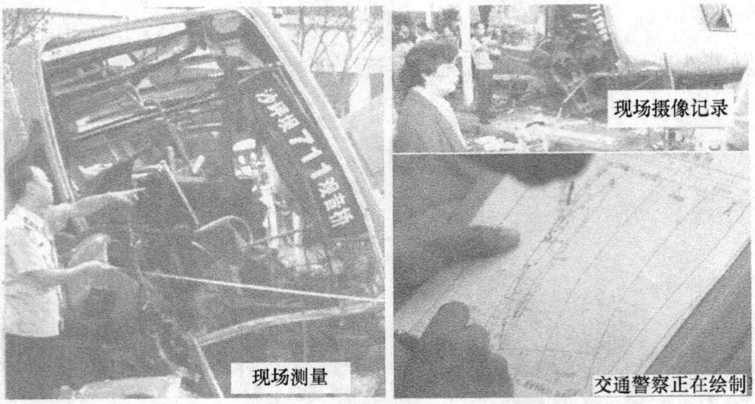

图 5-8 现场查勘（二）

2. 事故车施救（图 5-9）

图 5-9 事故车现场施救

3. 人员伤亡处理

人员伤亡处理流程如图 5-10 所示。

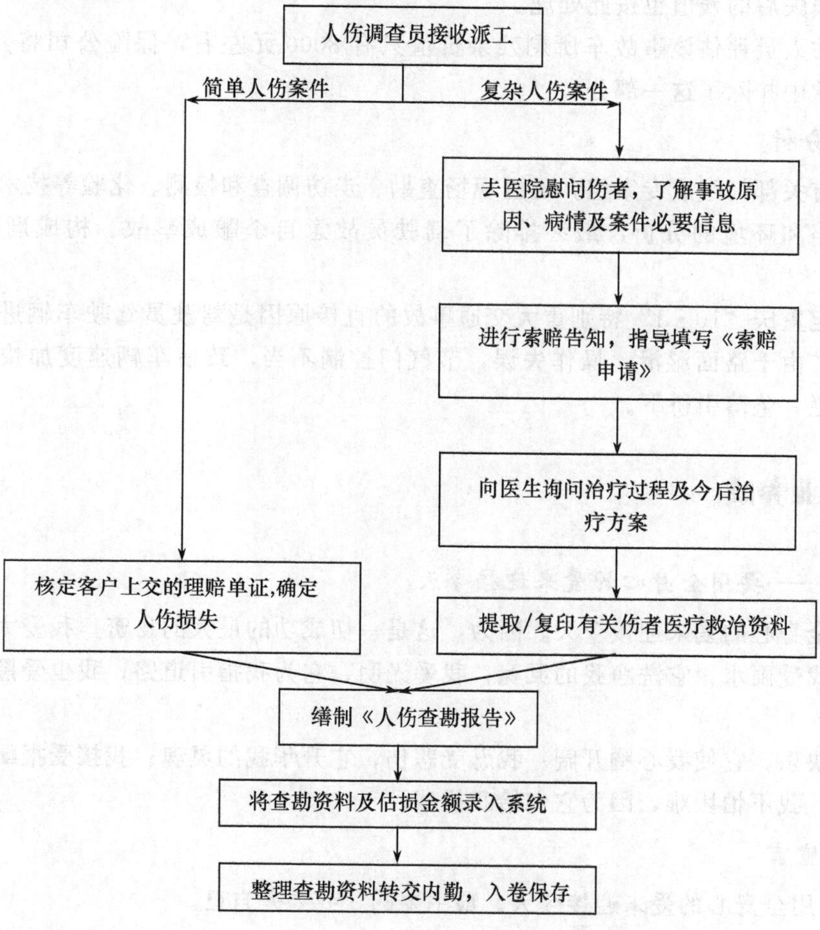

图 5-10　人员伤亡处理流程

事故发生后，该出租汽车有限公司用先期筹集的 39 万元以及将公司变卖后所得资金，赔付了被害人及亲属经济损失。

10 月 8 日下午，天安保险重庆分公司向重庆“10·1”特大交通事故肇事车辆所属单位重庆公路运输（集团）利民出租汽车有限公司（简称利民公司）赔付 135 万元的保险金，标志着此次事故的保险理赔工作全面展开。

平安人寿重庆分公司等保险公司在陆续确认事故遇难人员身份后，也及时根据投保情况进行理赔。

4. 定损处理

重庆市公安局专案组、有关技术机构及专家通过现场查勘、走访调查以及对人、车、路和周围环境的分析，初步排除了驾驶员自杀酿“10·1”特大事故的可能。另外因为此事故车被鉴定已经报废，事故后第三天保险公司对该报废的事故车进行了残值评估处理。

对于保险公司来说，保险事故车辆残值的处理办法是，保险车辆遭受损失后尚有价值的剩余部分，应由保险人同被保险人协商作价折归被保险人，并在计算赔款时直接扣除。第三者财产遭受损失后的残值也按此处理。

经过公估人员评估该事故车所剩残余价值只有8000元左右，保险公司将其作价处理，在最后的赔款中扣除了这一部分。

5. 案情分析

重庆市有关部门组成专案组，通过现场查勘、走访调查和检测、化验等技术手段，以及对人、车、路和环境的分析，最终排除了驾驶员故意自杀酿成事故、构成刑事案件的可能性。

最终认定重庆“10·1”特别重大交通事故的直接原因是驾驶员驾驶车辆进入大桥引桥向右转弯时，由于路面湿滑，操作失误，节气门控制不当，致使车辆速度加快，冲上人行道，撞垮护栏，坠落引桥下。

三、职业养成

1. 宣言——要用全身心的爱来迎接今天

我要用全身心的爱来迎接今天。因为，这是一切成功的最大的秘密。我爱太阳，它温暖我的身体；我爱雨水，它洗净我的灵魂；我爱光明，它为我指引道路；我也爱黑夜，它让我看到星辰。

我迎接快乐，它使我心胸开阔；我忍受悲伤，它升华我的灵魂；我接受报酬，因为我为此付出汗水；我不怕困难，因为它们给我挑战。

2. 细读宣言

1）我要用全身心的爱来迎接今天。最主要的，我要爱自己。

2）爱是我打开人们心扉的钥匙，也是我抵挡仇恨之箭与愤怒之矛的盾牌。爱使挫折变得如春雨般温和，爱是我商场上的护身符：孤独时，给我支持；绝望时，使我振作；狂喜时，让我平静。

3）我要爱每个人的言谈举止，因为人人都有值得钦佩的性格，虽然有时不易察觉。

4）我绝不让头脑受到邪恶与绝望的引诱，我要用智慧和知识使之升华。

5）我该怎样面对遇到的每一个人呢？只有一种办法，我要在心里默默地为他祝福。

6）设身处地为别人着想，始终能寻找到别人的闪光点，只有心中装有别人才能在别人心中拥有一席之地。

7）有了爱，我将成为伟大的人，即使才疏智短，也能以爱心获得成功；相反地，如果没有爱，即使博学多识，也终将失败。

3. 职业养成

1）到达事故现场后要立即了解现场情况，保护好现场。

2）现场救援人员要严格按照现场救援的步骤进行，确保安全的情况再进行救援。注意一定要尊重和照顾别人的情绪。

3）养成良好的与人配合和现场调节能力，用爱心来处理现场。

4）遵守现场施救的原则：先抢救人员，再抢救财产；先抢救重伤人员，再抢救轻伤人员；先救容易解救人员，再救难抢救人员。

5）以人为本，和谐为主，同时注意收集物证、人证和相关信息的习惯。

4. 阅读材料

我要用全身心的爱来迎接今天。最主要的，我要爱自己。只有这样，我才会认真检查我的身体、思想、精神、头脑、灵魂、心怀的一切东西。我绝不让头脑受到邪恶与绝望的引诱，我要用智慧和知识使之升华。我绝不让灵魂陷入自满的状态，我要用沉思和祈祷来滋润它。

四、学习工作页

见附录B学生手册。

任务10 残值处理

★ 学习目标

知识目标		能力目标	
1	熟悉事故车鉴定原则	1	能够掌握事故车的基本鉴定过程
2	掌握事故车鉴定步骤	2	能熟练进行事故车的残值鉴定

★ 任务描述

在通常情况下，对残值的处理均采用协商作价折归被保险人并在保险赔款中予以扣除的做法。但在协商不成的情况下，保险公司应将已经赔偿的受损物资收回。这些受损物资可以委托有关部门进行拍卖处理，处理所得款项应当冲减赔款。一时无法处理的，则应交保险公司的损余物管理部门收回。

一、知识准备

（一）车物定损原则

车物定损应遵循的基本原则有：客观公正原则、合法合理原则、相关性原则、保证安全原则、修复为主更换为辅原则、质量对等原则、事故车发生地修复原则。

1）客观公正原则。客观公正原则指价格鉴定必须站在公正的立场上，以事实为依据，实事求是地反映鉴定标的的客观情况，排除人为因素的干扰，并不得将主观推测情况及价格强加于鉴定标的之上，尽可能求得一个客观、公正的价格。

2）合法合理原则。合法合理原则指价格鉴定行为必须符合国家法律、法规及政策要求，以有关法律、法规及政策规定为行为依据，运用科学的方法、程序、技术标准和工作方案开展鉴定活动，使价格鉴定结论合法、合理。

3）相关性原则。相关性原则指当车辆发生道路交通事故时，由于零部件之间的相关性，会对与之相关的零部件造成不同程度损坏的影响。

4）保证安全原则。保证安全原则指修复后的车物能保证安全使用。

5）修复为主更换为辅原则。修复为主更换为辅原则指以不影响修复车辆安全使用以及修复经济合理为前提，一般情况下，受损车物应以修复为首选。

6）质量对等原则。质量对等原则指受损车辆更换配件应与原配件质量对等，即应选用原厂配件。在没有原厂配件的情况下可选用质量相当的其他配件代替。

7）事故发生地修复原则。事故发生地修复原则指事故车应以事故发生地的中准修复费用为鉴定价格。

（二）车物定损程序

1）委托。

① 当发生道路交通事故后，需要对受损车物进行价格鉴定时，应由委托人填写《XX省道路交通事故车物损失价格鉴定委托书》（以下简称《委托书》），并由委托人签名。委托人应提供事故车辆的相关证明资料。

如需对物品损失进行价格鉴定，应附上物品损失清单（货运清单、托运合同、发票等）；对建筑物等损失进行价格鉴定应附上建筑物等损坏鉴定技术报告书。

②《委托书》（图5-11）应包括以下内容：事故车辆的车主、车牌号码、车辆类型、厂牌型号、发动机号、识别码/车架号；发生事故的时间、地点；委托价格鉴定的其他相关物品（建筑物/设施/车载物）名称、规格、型号、数量；委托人签名或盖章、联系电话。

××省道路交通事故车物损失价格鉴定

委　托　书

［200　］　号

______：

______（单位/车主）的车辆，车牌号：______，车辆类型：______，发动机号______，厂牌型号______，识别码/车架号：______，该车于______年______月______日在______地段发生交通事故，停放在______。现委托你机构对该车及受损物品的损失价值予以价格鉴定。

需鉴定的物品（建筑物/设施/车载物）是：

附：1.《机动车行驶证》复印件

2. 其他需要提供的材料：

委　托　人：（签名或盖章）______

联系电话：______

委托日期：　年　月　日

编号：

受理回执

______：

我单位现已正式接受你方委托______的车物损失价格鉴定，拟定______年______月______日______时______分到现场查勘检验，请依时参加。

受　托　方：（盖章）

联　系　人：______

联　系　电　话：______

年　月　日

图5-11　交通事故车辆委托书

2）受理。

① 价格鉴定（评估）机构接到《委托书》时，对于符合受理条件的，应予以受理。如对《委托书》有不明确事项时，应立即与委托人协商确定。

② 委托鉴定的事故车物不符合国家规定的，或有下列情形之一的，应当不予受理：已修复或无法确定损失项目的；法院已经结案的；依法应不受理的其他情形。

3）勘验是指对委托鉴定的事故车物进行实物查勘检验，确定损失项目。

① 通知：事故车物现场查勘检验时，应由价格鉴定（评估）机构通知当事人（或代理人）到场。如事故车辆、车载物品已投保，投保人应通知保险公司人员到场。

② 作业：必须由两名以上车物定损人员现场勘验。

③ 询问：了解车辆发生事故过程、车物自然状况及其他情况。

④ 拍照：将车物受损状况（隐损拆检）进行拍照存档。

⑤ 检查：按顺序逐项检查车物受损部位和程度。

⑥ 拆检：现场勘验原则上不设待查项目。凡因车辆隐损部位损坏或损坏程度无法确定的，应征求委托人同意之后进行拆检。

⑦ 登记：对事故车辆应逐项登记损失项目、损失程度、修理方式和换件项目，出具《××省道路交通事故车辆损失价格鉴定现场勘验记录表》；对损失物品应逐项登记物品规格型号、数量、损坏程度，出具《××省道路交通事故物品/设施损失价格鉴定现场勘验记录表》。鉴定人及双方委托人须在记录表上签名确认。

4）定损价格鉴定（评估）机构应在接到委托书后五个工作日内完成事故车物损失价格鉴定，特殊情况最长不超过10个工作日（另有约定的除外），向委托人出具《××省道路交通事故车物损失价格鉴定结论书》。

5）异议处理委托人对车物定损结论有异议的，可在收到鉴定结论书七个工作日内通过处理该起交通事故的公安交通管理部门或双方当事人向原价格鉴定（评估）机构提出补充鉴定的书面申请，也可以通过上述公安交通管理部门或双方当事人直接向具备复核裁定资格的上级政府价格主管部门设立的价格鉴定机构提出复核或重新鉴定的书面申请，符合受理条件的，由该机构在接受委托后15个工作日内做出补充鉴定、重新鉴定或复核裁定结论。

6）档案管理车物定损工作结束后，定损人员应及时将鉴定文书（包括相关资料和图片）整理归档。

（三）事故车辆损失价格鉴定

确定事故车辆损失价格鉴定方法时，可根据车辆损坏程度的实际情况，选用修复费用加和法、成本法、市场法等方法。修复费用加和法是车物定损的常用方法。

1. 修复费用加和法

1）适用范围。修复费用加和法适用于道路交通事故车辆发生部分损失的价格鉴定。

2）损失项目确定。损失项目是指为了把本次事故造成损坏的车辆恢复至事故前原有的功能所需要修复的项目。

① 对能直接观察到与本次事故有因果关系的损坏总成和零配件，应作为本次修复项目，对非本次事故引起的损坏总成和零配件不应作为本次修复项目。

② 对不能直接观察到其损坏部位和损坏程度的，与本次事故有因果关系的隐损项目，应在具有相应拆检资格的机构进行拆解检验加以确定。

委托人不同意拆检的，不作拆检，但鉴定人员应将可能出现的后果向委托人作必要提醒，并要求委托人签名确认。

③ 定损方式选择。定损方式选择是指在遵循车物定损原则下，对事故车辆的损失项目选用修理还是更换方式进行定损。

④ 修理方式定损在不影响修复后车辆行驶安全的情况下，应遵循修理为主更换为辅原则，损坏的零配件或总成应选取修理方式定损。

⑤ 更换方式定损损坏的零配件或总成选取更换方式定损应遵循质量对等原则和保证安全原则。损坏的零配件或总成有下列情形之一的应予更换：直接影响车辆行驶安全的；技术上不能修复的；技术上可修复，但一次性修复费用高于事故前原单项零配件或总成实际价值50%以上的；易损、一次性使用的；生产厂家明文规定不允许分解的零配件或总成的；对于未售出的全新车辆，应予更换（特别轻微的除外）原厂全新零配件或总成。

⑥ 事故车辆从“初始登记日”到鉴定基准日三个月内，损坏的零配件或总成应优先考虑采用更换方式定损。

事故车辆从“初始登记日”到鉴定基准日未满国家规定机动车报废标准使用期限的2/3，应按更换原厂新零配件或总成定损，没有原厂新零配件或总成的，可以遵循质量对等原则按更换同类型全新零配件或总成定损。

事故车辆从“初始登记日”到鉴定基准日超过国家规定机动车报废标准使用期限的2/3，除了保证车辆安全行驶的关键零配件或总成按更换新零配件定损外，其他损坏件可遵循质量对等原则进行折旧定损，计算公式如下：更换零配件（总成）鉴定价格＝全新零配件（总成）价格×（1－折旧率），折旧率＝［（已使用年数－国家规定机动车报废标准使用期限$\times\frac{2}{3}$）÷国家规定机动车报废标准使用期限］×100%或＝［（已行驶里程－国家规定可行驶总里程$\times\frac{2}{3}$）÷国家规定可行驶总里程］×100%。

基本公式以修复费用加和法鉴定车辆损失价格按以下公式：车辆损失鉴定价格＝Σ（材料价格＋工时费用＋期间费用＋利润）－残值。

确定材料价格时，应遵守国家法律、法规和政策，依据行业或政府价格主管部门认定的报价机构公布的汽车零配件价格，结合当地实际价格水平综合确定。

⑦ 确定工时费用。工时费用是修理工人修复损坏车辆应得的劳动报酬。计算公式如下：工时费用＝工时单价×工时数。

⑧ 确定期间费用。期间费用包括管理费用、财务费用和税费等，按材料价格和工时费用之和的适当比例估算。计算公式如下：期间费用＝（材料价格＋工时费用）×期间费用率，期间费用率取值由鉴定人员根据当地车辆修理企业的管理水平、技术水平、服务质量等因素估算确定，一般不超过30%。

⑨ 利润。利润是车辆修理企业投资方的投资回报。计算公式如下：利润＝（材料价格＋工时费用＋期间费用）×利润率，利润率取值由鉴定人员根据当地车辆修理行业平均利润水平确定。

⑩ 残值。残值是指更换下来的零配件或总成的剩余价值。如果定损车辆未从更换下来的零配件或总成中受益，应认定残值为零。

2. 成本法

1）适用范围。成本法适用于道路交通事故车辆发生整体损失或推定整体损失的价格鉴定。

2）事故车辆整体损失的条件：事故车辆整体损坏，其损失价值按事故发生前整车的实际市场价格减去残值计算；达到国家有关车辆报废规定标准的事故车辆，不计算损失价格，按照国家有关规定确定。

3）基本公式。整车损失鉴定价格＝重置成本×成新率－残值成新率＝（1－折旧率）×综合调整系数折旧率＝（已使用年数÷国家规定的使用期限）×100％或＝（已行驶里程÷国家规定的可行驶总里程）×100％。

综合调整系数是综合车辆行驶里程、实际车况、市场状况等因素对年限折旧造成车辆价格与实际市场价格偏离进行调整修正。综合调整系数的取值范围为－1～1。

4）确定重置成本。重置成本是指在现行市场上重新购置全新状态下的车辆成本，车辆成本应包括购车时国家规定的一次性交纳的税费（不包括按年度应缴税费）。

有下列情形之一的车辆按其特殊性确定重置成本：①淘汰车型，可遵循质量对等原则参考配置相同的同类型车辆确定重置成本；②走私、拼（组）装、右转向盘改左转向盘或套用国产车目录，但已领取车牌号、《机动车行驶证》和《机动车登记证书》的车辆，可根据同类车型现行市场购置价格，扣减因其安全性能低、维修成本高、质量无保证等因素造成的贬值后确定重置成本。计算公式如下：重置成本＝同类车型购置价格－贬值。式中，贬值＝同类车型购置价格×贬值率，贬值率可由鉴定人员根据车辆实际情况估算确定。

5）确定已使用年数已使用年数应从事故车辆“初始登记日”起至价格鉴定基准日止计算。

6）国家规定的使用期限。国家规定的使用期限应按照国家规定机动车报废标准的使用期限确定。

7）经过公安交通管理机关批准允许延缓报废的，视批准延缓报废年限为尚可使用年限，年限折旧率计算公式如下：

年限折旧率＝［已使用年数÷（已使用年数＋尚可使用年数）］×100％

3. 市场法

1）适用范围。市场法适用于道路交通事故车辆发生整体损失或者推定整体损失的价格鉴定。

2）计算公式。整车损失鉴定价格＝参照车辆价格×（1±调整系数）

3）参照车辆。选取的参照车辆应与鉴定车辆具有可比性。参照车辆和鉴定车辆相比，具有成交日期与鉴定基准日相近、车类和车型相同、排气量相同、生产日期相近、配置相近、档次相同、车况相近。参照车辆价格是二手车市场正常成交价。

4）调整系数。调整系数是将参照车辆目前状况下的价格调整为鉴定车辆状况下的价格，它由鉴定人员根据参照车辆的交易情况差异、交易时间差异、市场差异、配置差异和车况差异等因素进行修正确定。计算公式：调整系数＝交易情况差异修正率＋交易时间差异修正率＋市场差异修正率＋配置差异修正率＋车况差异修正率。

① 交易情况差异是指参照车辆因非正常市场交易行为引起参照车辆交易价格的差异。

② 交易时间差异是指参照车辆交易时间与价格鉴定基准日不同所影响的鉴定车辆的价格差异。

③ 市场差异是指鉴定车辆与参照车辆因处于不同二手车市场而引致的价格差异。

④ 配置差异是指鉴定车辆与参照车辆因配置不同而引致的价格差异。

⑤ 车况差异是指鉴定车辆与参照车辆因车况不同而引致的价格差异。

（四）残值处理

保险事故发生后，造成保险标的全部损失的情况较少，大多数受损的保险标的还会留有残值。

残值处理是指保险公司根据保险合同履行了赔偿并取得受损标的所有权后，对这些受损标的处理。残值是指报废整车的剩余价值。如果定损车辆未从报废整车残值中受益，应认定残值为零。在通常情况下，残值是指更换下来的损坏配件仍有价值，应归保险公司所有。定损时定损员与客户协商，损坏配件归被保险人所有，按实际价值从赔款中扣除。但在协商不成的情况下，保险公司应将已经赔偿的受损物资收回。这些受损物资可以委托有关部门进行拍卖处理，处理所得款项应当冲减赔款。一时无法处理的，则应交保险公司的损余物管理部门收回。

保险标的残值的权利归属于谁，应根据保险人履行保险赔偿责任的情况确定。保险人按照保险合同约定支付保险赔偿金后，可以相应取得受损保险标的残值的所有权。这是因为财产保险以赔偿实际损失为原则，保险财产遭受损失时，被保险人最多只能获得相当于保险标的实际价值的保险赔偿金，不能因参加财产保险而取得额外利益。当保险人按照合同约定支付全部保险赔偿金后，理应取得受损保险标的残值的所有权，否则被保险人就会获得这部分财产的双重利益。《保险法》五十九条规定：保险事故发生后，保险人已支付了全部保险金额，并且保险金额相等于保险价值的，受损保险标的的全部权利归于保险人；保险金额低于保险价值的，保险人按照保险金额与保险价值的比例取得受损保险标的的部分权利。

保险人取得保险标的残值所有权的情况有两种：其一，在足额保险情况下，保险事故发生后，保险人支付了全部保险金额的，受损保险标的的全部残值归属于保险人；其二，在不足额保险的情况下，也就是保险金额低于保险价值的情况下，保险人按照保险金额与保险价值的比例取得受损保险标的的部分权利。

残值的数额可依照更换件的剩余价值（废品回收或可继续使用）来折算。一般标准如下：车价在30万元以上（含30万元）的按更换配件材料费的2%计提；车价在30万元以下的，按更换配件材料费的3%计提；单件价格超过200元以上的高价电子元器件，一旦确定更换，因其残值很低，但道德风险较大，必须回收残件。

1）根据配件的材质不同，残值可按如下原则确定。

① 玻璃制品不扣残值。

② 灯具和铁的覆盖件，原则上不扣残值，如损坏配件可能修复，配件收回。

③ 前后杠按每条10元收取残值，其他外观塑料件不收残值。

④ 铝合金钢圈按新件购置价的10%扣残值。

⑤ 大梁按600～1000元扣除残值。

⑥ 散热器、冷凝器、发电机、空调泵等发动机辅件，按购置价的3%扣除残值。

2）以上情况适用于更换配件较少的赔案，如果更换配件较多，可按更换配件总价值的1%～2%扣除残值。

3）如遇被保险人、修理厂不愿扣除残值，可要求将配件交回，并粘贴损余回收标识，相关内容详见《关于损余物资回收粘贴标识的规定》。

在保险标的残值权益处理过程中，应当注意以下几方面的问题。

1）保险标的残值权益的转移属于依法自动转移。在保险人依照合同向被保险人支付了保险金后，即依法取得了保险标的残值的相应权益，不需要保险人声明对标的残值的权利主张，只要没有明确表示放弃，就依法取得了标的残值的相应权益。非经保险人同意，被保险人或其他人不得对该标的残值进行处置。

2）在不足额投保的情况下，保险人只能按照保险金额与保险价值的比例取得受损保险标的的部分权利。即使是足额投保，当保险标的发生失窃等情形时，如果保险人在赔偿时扣除了"免赔额"或要求被保险人承担了一定的自负比例，则免赔部分或被保险人自负责任的部分，被保险人仍按比例享有对标的残值的部分权益。

3）在标的残值处理过程中，应注意保护被保险人合法的索赔权。如机动车辆盗抢险中，标的经过三个月查无下落，在保险人支付保险金之前被盗车辆被追回，被保险人是否有权要求领取保险金？如果保险条款并未明确规定被保险人应当领取被盗机动车（或保险人只承担被盗机动车辆遭受损失的部分），则被保险人有权要求领取保险金。保险人在支付保险金后，取得对追回被盗车辆的权益。

（五）知识点

1	车物定损的基本原则	7	事故车辆整体损失的条件
2	车物定损程序	8	重置成本
3	异议处理办法	9	市场法适用范围
4	修复费用加和法	10	残值处理
5	折旧定损	11	残值折算标准
6	折旧率	12	残值折算原则

二、典型案例

1. 事故介绍

张某是某设备厂司机，2007年1月13日上午9时，驾驶一辆解放牌大载货车行驶至武黄高速路鄂州段时，由于时速过快，且发生爆胎，车辆撞上护栏后发生侧翻，造成张某当场死亡的恶性交通事故。交警部门和医务人员首先到达了出事现场，进行善后处理。保险公司接到报案，立即组成紧急小组赶赴现场处理。

2. 现场查勘

接险后，定损人员到达事故现场，此时离发生事故的时间过去了近30min。现场惨不忍睹，整个大解放几乎报废，如图5-12所示。定损人员向交管部门了解了此次事故的具体原因，原来是由于该载货车时速过快，且爆胎引起的侧翻。如果是酒后驾车或者是人为因素引起的事故，保险公司肯定不会考虑是否索赔。事后，张某生前所属公司向保险公司提供交通事故证明、死亡证明、户口注销证明、受益人身份证明等，材料提供齐全后，公司迅速给予赔付 10 万元。

图 5-12　受损车辆

3. 事故车鉴定程序

（1）委托

当发生道路交通事故后，需要对事故车进行价格鉴定时，应由委托人填写《××省道路交通事故车物损失价格鉴定委托书》。

（2）受理

价格鉴定（评估）机构接到《委托书》时，对于符合受理条件的，应予以受理。如对《委托书》有不明确事项时，应立即与委托人协商确定。

委托鉴定的事故车物不符合国家规定的，或有下列情形之一的，应当不予受理：

1）已修复或无法确定损失项目的。

2）法院已经结案的。

3）依法应不受理的其他情形。

（3）勘验

勘验以确定损失项目（图 5-13）。

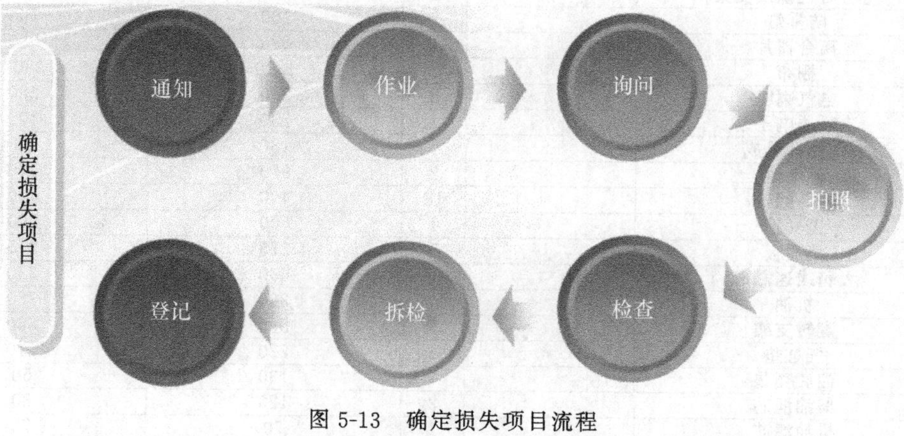

图 5-13　确定损失项目流程

定损人员对事故车辆进行了细致的检查，如图 5-14 所示，详细列出了因受损需要更换或修复的零部件总成，见表 5-1。

表 5-1 汽车零部件更换项目清单（代询价单）

中国人民财产保险股份有限公司
PICC Property and Casualty Company Limited

机动车辆保险车辆损失情况确认书

零部件更换项目清单（代询价单）

报案号：

定损单位名称：	湖北武穴市×××	车辆型号：	解放 CA5173XXYP11K2L111	燃料：	汽油
承保公司名称：	江西高安财保公司	车辆牌照号	赣 CEXXXX	档位：	自动档
被保险人名称：	江西××××	VIN 号码：	50482596	内饰颜色：	银
××××公司		发动机型号	3AB14890	车身颜色：	黄
承修厂名称：	东风特约	制造年份：	200404	排气量：	
		定损员：	张××	出险日期：	20070113

注：1. 请准确填写询价单中各项内容。
2. 请注意询价时间及询价权限。
3. 请注明需更换的玻璃类型。
4. 请剔除辅料及待查配件项目。　　分公司盖章

核准：0.00

序号	零件名称	零件编号	数量	询价金额	报价金额
1	驾驶室总成（高顶）		1	46800	38000
2	车厢总成		1	18000	18000
3	大梁		1	28000	17000
4	变速器壳		1	1600	1200
5	轮胎		5	10800	8000
6	钢川		4	2080	1920
7	空气滤芯器总成		1	380	380
8	方向机总成		1	1850	1850
9	右前第二轴钢板总成		1	1200	850
10	VCD 总成		1	1700	850
11	驾驶室后液压顶		1	240	240
12	空调散热器		1	680	320
13	散热器		1	980	980
14	增压器		1	2800	2350
15	前保险杠		1	1600	1200
16	尾灯总成		2	240	240
17	后桥扭力杆胶套		4	60	60
18	钢川护罩		4	240	240
19	制动散热器		2	1000	1000
20	后桥平衡轴		1	720	720
21	左右后视镜及支架		2	140	140
22	防雾灯		2	100	100
23	离合器片		1	680	680
24	棚布		2	1300	1300
25	电气喇叭		2	280	280
26	冷凝器电子扇		1	230	105
27	排档杆总成		1	180	90
28	蓄电池		2	900	900
29	骑马螺钉		18	400	400
30	工具箱		1	600	300
31	挡泥板		5	275	275
32	大箱线速总成		1	600	370
33	机油		1	360	360
34	翻转支架		2	560	560
35	气缸垫		1	220	110
36	油底壳垫		1	130	50
37	柴油滤芯		2	120	80
38	机油滤芯		1	70	70
39	助力泵油		1	80	80
40	后钢板托架		1	80	80
	合计			128275	101730

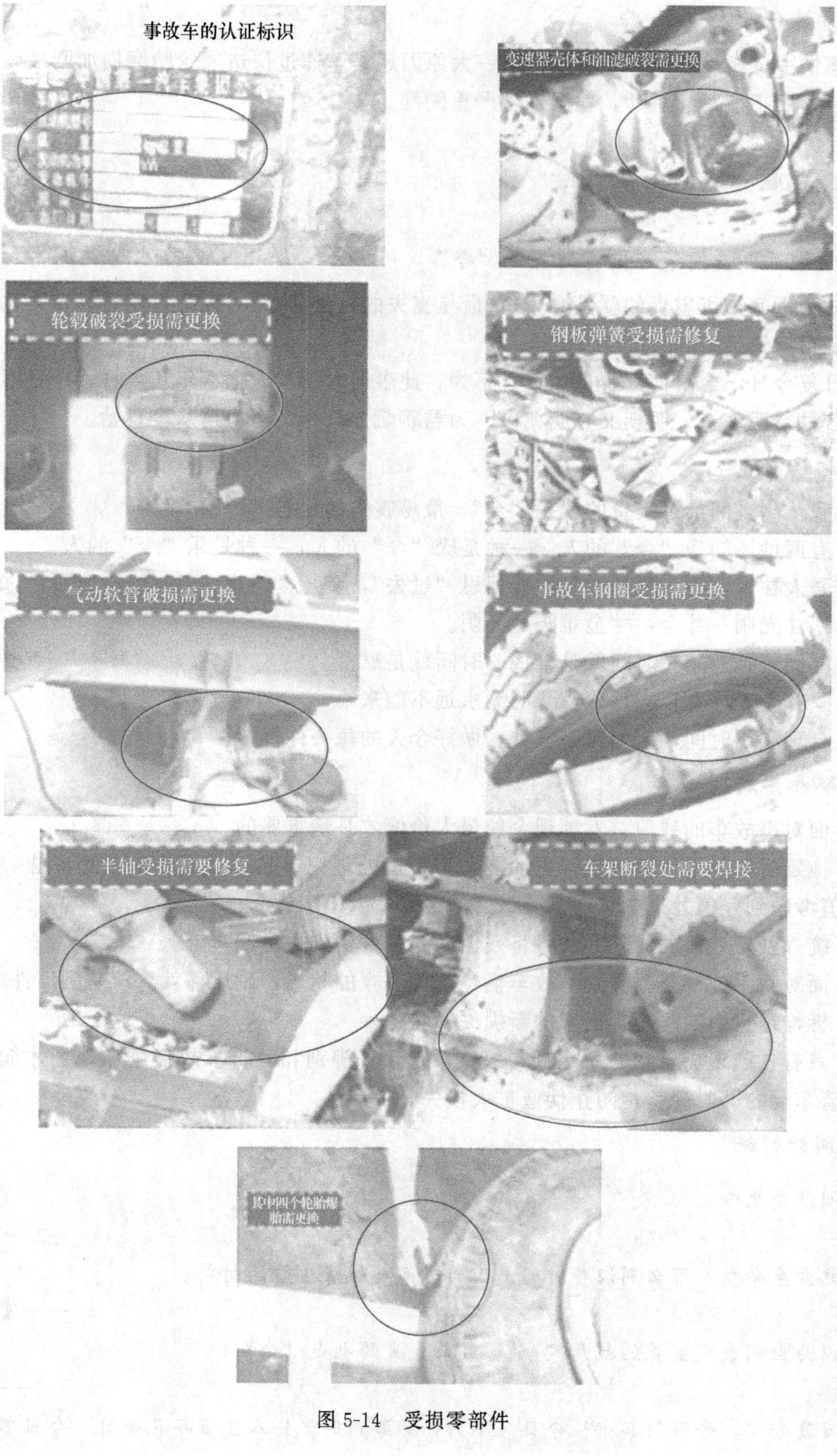
事故车的认证标识
变速器壳体和油滤破裂需更换
轮毂破裂受损需更换
钢板弹簧受损需修复
气动软管破损需更换
事故车钢圈受损需更换
半轴受损需要修复
车架断裂处需要焊接
其中四个轮胎爆胎需更换

图 5-14　受损零部件

4. 案情分析

从案情中分析发现该车发生车祸的一大原因还是车速过快造成轮胎磨损加剧最终导致爆胎。一旦爆胎不能紧急制动，就会发生严重侧翻。

三、职业养成

1. 宣言——世间最可宝贵的就是“今”

我认为世间最可宝贵的就是“今”，最易丧失的也是“今”。因为它最容易丧失，所以更觉得它最可宝贵。

今日复今日，今日何其少！今日又不为，此事何时了？人生百年几今日，今日不为真可惜！若言姑待明朝至，明朝又有明朝事。为君聊赋今日诗，努力请从今日始。

2. 细读宣言

1）我认为世间最可宝贵的就是“今”，最易丧失的也是“今”。

2）有两种不知爱“今”的人：一种是厌“今”的人，一种是乐“今”的人。

3）吾人在世，不可厌“今”而徒回思“过去”，梦想“将来”，以耗误“现在”的努力。

4）一寸光阴一寸金，寸金难买寸光阴。

5）时间就是效率，时间就是金钱，时间就是财富。

6）只有今天才真正应该珍惜，明天永远不能来临。

7）合理利用时间，努力每一分钟，做好今天的每一件事情。

3. 职业养成

1）面对事故车的残值，发挥现今的最大价值才是最重要的。

2）拖延时间只会使事情变得更加复杂，快速处理完事故才是最好的处理办法，要将时间的价值考虑到残值处理中。

3）统筹处理残值的最佳办法是将残值的零部件用到另一辆车上。

4）面对棘手的事态要看到事故车辆零部件现今的状况，副厂件就应该是副厂件的价格。

5）拆检过程中要防止拆出来的新损失。

6）只有自己现场看到的才是真实的，只有认真辨别和分析事故痕迹和现场才能明辨真伪，查清车辆的即时现状，防止伪造扩大损失。

4. 阅读材料

时间就是生命。

——鲁迅

你热爱生命吗？那么别浪费时间，因为时间是组成生命的材料。

——富兰克林

我以为世间最可宝贵的就是“今”，最易丧失的也是“今”。

——李大钊

今日复今日，今日何其少！今日又不为，此事何时了！人生百年几今日，今日不为真可惜！若言姑待明朝至，明朝又有明朝事。为君聊赋今日诗，努力请从今日始。

——文嘉《今日诗》

老冉冉其将至兮，恐修名之不立。

——战国楚·屈原

四、学习工作页

见附录B学生手册。

项目训练四　特大事故车的查勘与定损

1. 项目训练任务设计

通过模拟一起机动车特大交通事故，坚持贴近学生专业实际、贴近职业活动实际的基本原则，采用“贯穿项目训练综合能力”的培训课程模式，使学生掌握事故现场施救的方式、人员伤亡处理、定损技巧（残值处理）等技能，并训练学生的与人合作能力。

2. 项目训练学生分工

本项目训练每组共需6人，2人负责事故现场施救，2人负责人员伤亡处理，2人负责残值处理。

3. 项目训练方式

各小组成员轮换岗位进行锻炼，要求能胜任本项目各岗位的工作。

4. 项目训练准备材料

数码照相机、定损笔记本计算机、卷尺、手电筒、笔、记录本、出险报案表、报单抄件、索赔申请书、报案记录、现场查勘记录、索赔须知、询问笔录、事故车辆损失确认书等。

5. 项目训练时间

6学时。

6. 项目训练任务要领

（1）现场施救

1）人员施救

① 施救及时性的把握。

② 施救地点的确定。

③ 施救对象的确定。

④ 施救方式的确定。

2）事故车施救

① 施救方式的确定。

② 施救费用的确定。

施救费用包括：

车辆发生火灾，应当赔偿被保险人使用他人非专业消防单位的消防设备的合理费用及设备损失。

车辆出险后，失去行驶能力，雇用吊车及其他车辆进行抢救的费用，以及将出险车辆拖运到修理厂的运输费用。

抢救过程中，因抢救而损坏他人的财产，应由被保险人赔偿。但抢救人员个人物品的丢失，不予赔偿。

抢救过程或拖运途中，发生意外事故造成损失扩大部分和费用支出增加部分，如果该抢救车辆是被保险人自己或他人义务派来抢救的，应予赔偿；如果该抢救车辆是受雇的，则不予赔偿。

出险时，被保险人奔赴肇事现场处理所支出的费用，不予负责。

保险人只对保险车辆的施救保护费用负责。例如，保险车辆发生保险事故后，受损保险车辆与其所装货物同时被施救，应按保险车辆与货物的实际价值进行比例分摊赔偿。

保险车辆为进口车或特种车，发生保险事故后，当地确实不能修理，经保险人同意后去外地修理的移送费，可予适当负责。但护送保险车辆者的工资和差旅费，不予负责。

施救、保护费用与修理费用应分别理算。但施救前，如果施救、保护费用与修理费用相加，估计已达到或超过保险金额时，则可推定全损予以赔偿。

保险车辆发生保险事故后，对其停车费、保管费、扣车费及各种罚款，保险人不予负责。

3）施救费用赔款计算。

① 保险金额等于投保时新车购置价。

施救费＝实际施救费用×事故责任比例×（保险车辆实际价值/实际施救财产价值）×（1－免赔率）

② 保险金额低于投保时的新车购置价。

施救费＝实际施救费用×事故责任比例×（保险金额/新车购置价）×（保险车辆实际价值/实际施救财产价值）×（1－免赔率）

③ 当计算的施救费用超过保险金额时，按保险金额确定最高施救费用。

（2）伤亡处理

人员伤亡费用确定。确定伤亡费用时，应根据道路交通事故处理的有关规定，向被保险人说明费用承担的标准。

一般可负责的合理费用包括：医疗费（限公费医疗的药品范畴）、误工费、护理费（住院护理人员不超过两人）、就医交通费、住院伙食补助费、残疾生活补助费、残疾器具费、丧葬费、死亡补偿费、被抚养人生活费、伤亡者直系亲属或合法代理人参加事故调解处理的误工费、交通费、住宿费。对于伤者需要转院赴外地治疗的，须由所在医院出具证明并经事故处理部门同意，保险人方可负责；伤残鉴定费需要经保险人同意方可负责赔付。

不符合保险赔偿范围的费用包括：

① 受害人的精神损失补偿费、困难补助费、被保险人处理事故时的生活补助费和招待

费、事故处理部门扣车后的看护费、各种罚款、其他超过规定的费用等。

② 伤亡费用确定重点调查被抚养人的情况及生活费、医疗费、伤残鉴定证明等的真实性、合法性和合理性。

(3) 残值的处理

1) 事故车鉴定原则。

车物定损应遵循的基本原则有：客观公正原则、合法合理原则、相关性原则、保证安全原则、修复为主更换为辅原则、质量对等原则、事故车发生地修复原则。

2) 事故车鉴定程序。

① 委托。当发生道路交通事故后，需要对事故车进行价格鉴定时，应由委托人填写《××省道路交通事故车物损失价格鉴定委托书》。

② 受理。价格鉴证（评估）机构接到《委托书》时，对于符合受理条件的，应予以受理。如对《委托书》有不明确事项时，应立即与委托人协商确定。

③ 定损。价格鉴证（评估）机构应在接到委托书后五个工作日内完成事故车物定损价格鉴定，特殊情况最长不超过10个工作日（另有约定的除外），向委托人出具《××省道路交通事故车物损失价格鉴定结论书》。

④ 异议处理。

⑤ 档案管理。

3) 事故车辆损失价格鉴定。

确定事故车辆损失价格鉴定方法时，可根据车辆损坏程度的实际情况，选用修复费用加和法、成本法、市场法等。修复费用加和法是车物定损的常用方法。

① 修复费用加和法。适用于道路交通事故车辆发生部分损失的价格鉴定。以修复费用加和法鉴定车辆损失价格按以下公式：

车辆损失鉴定价格＝Σ（材料价格＋工时费用＋期间费用＋利润）－残值

② 成本法。成本法适用于道路交通事故车辆发生整体损失或推定整体损失的价格鉴定。

整车损失鉴定价格＝重置成本×成新率－残值

成新率＝（1－折旧率）×综合调整系数

折旧率＝（已使用年数÷国家规定的使用期限）×100％或＝（已行驶里程÷国家规定的可行驶总里程）×100％

③ 市场法。市场法适用于道路交通事故车辆发生整体损失或者推定整体损失的价格鉴定。

整车损失鉴定价格＝参照车辆价格×（1±调整系数）

调整系数＝交易情况差异修正率＋交易时间差异修正率＋市场差异修正率＋配置差异修正率＋车况差异修正率

情境六　特殊事故车的查勘与定损

任务11　水灾事故车的查勘与定损

★ 学习目标

知识目标		能力目标	
1	熟悉水灾事故车查勘重点	1	能够掌握水灾事故车的查勘技巧
2	掌握水灾事故车的受损特点	2	能区别水灾事故的性质

★ 任务导入

某日，李先生开着自己的桑塔纳轿车外出突遇暴雨，路面积水，因不熟悉路况，将车开进了低洼地带而熄火。李先生着急连续几次尝试起动发动机，均未果，最后听得一声闷响，发动机干脆没有任何声响了。报案、施救、定损之后，定损人员告诉他：对于因进水造成的数千元的电器、内饰、生锈等损失属于水淹损失，保险公司予以赔付，但对于所造成的数万元的发动机捣缸损失属于人为扩大损失，保险公司不予以赔付。李先生不能理解，为什么同样是因水造成的损失，有的项目可以赔付，而有的项目却不能赔付呢？怎样界定水淹损失与人为扩大损失呢？

一、知识准备

（一）水灾事故现场查勘要点

汽车因水灾而受到损失时，是处于行驶状态还是停置状态，这是区别是否是保险责任的重要前提。

如果汽车是处于停置状态受损，此时发动机不运转，不会导致发动机内部的损伤。如果拆解后发现发动机内部的机件产生了机械性损伤，如连杆弯曲、活塞破碎、缸壁捣坏，可以界定为操作措施不当所造成的损失扩大。

如果汽车是处于行驶状态，当水位低于发动机进气口时，通常不会造成发动机损伤。但是，这一原则也并非是一成不变的。由于水是液体，在其受到一定的搅动时，必然会产生波浪。另外，其他车辆的行驶也会造成水面高低的变化，甚至会造成水花的飞溅，飞溅的水花也有可能被正在路上行驶的车辆吸入气缸，造成发动机的严重受损。

1. 水灾事故现场拍照

1）拍照事故现场位置及地形、灾害现场、水位情况、车型及所处位置等。

2）拍照受损车辆牌号、车辆标牌，确认保险标的受损情况，对于多方事故必须做到逐个拍照、逐个定损。

3）拍照车辆维修清理前的外观及内部装置，反映车辆受损程度及水浸痕迹、殃及部位。

4）拍照车辆救援过程、记录救援类型，确认是否存在不合理施救导致损失扩大情况。

5）对于因特殊情况查勘人员无法到达第一现场的情况，必须通过各种渠道得到现场资料和依据。

2. 确认事故地点及事故经过

通过现场查勘和对报案人、驾驶员的询问调查进行核实，具体要求如下：

1）确定事故地点是否存在发生灾害的事实。

2）确定受损车辆的水淹痕迹与现场状况是否吻合。

3）确定报案事故经过与实际现场情况是否吻合。

4）记录查勘报告、现场笔录，完成记录、审核相关证件。

3. 查勘重点内容

1）确定事故地点的灾害经过。例如，确定发生灾害时间、水位上升阶段时间、到达灾害水位时间、灾害水位持续时间、灾害水位下降时间、受灾车辆在灾害水位持续时间等。

2）确定事故现场水位置高度、事故车辆涉水高度和涉水部位、人员伤害情况、车载人员以及伤害情况等。

3）根据受灾害程度判断车辆主要机件的可能进水情况。区分进水受灾配件可能损坏的程度。例如，仪表、音响、操作面板、各电器控制和执行单元、发电机、起动机、发动机、变速器、驱动桥等。

4）确定灾害水质情况。准确区分海水、淡水、泥水、工业水等，不能确定水质情况时必须采取水质采样、进行测定和鉴定。

（二）水淹汽车的施救与保养

如果汽车不幸被水淹没甚至落入水中，要及时、快速地予以施救，避免损失的进一步扩大。

如果查勘人员到达汽车的出险现场时，汽车仍处于水淹的状态，则必须对其进行施救。在对进水汽车进行施救时，一定要遵循及时、科学的原则，既要保证进水汽车能够得到及时的救援，又要避免汽车损失的进一步扩大。

施救进水汽车时，应该注意如下事项：

1. 严禁水中起动汽车

汽车因进水熄火以后，驾驶员绝对不能抱着侥幸心理贸然起动汽车，否则会造成发动机进水，导致损坏。在汽车被水淹没的情况下，驾驶员最好马上熄火，及时拨打保险公司的报案电话，或者同时拨打救援组织的电话，等待拖车救援。

实践证明，暴雨中受损的汽车，大多数是因为汽车在水中熄火后，驾驶员再次起动发动机，从而造成发动机损坏。据统计，大约有90%的驾驶员发现自己的汽车在水中熄火后，会再次起动汽车，这是导致发动机损失扩大的主要原因。

2. 科学拖车

在对水淹汽车进行施救时，一般应采用硬牵引方式拖车，或将汽车前轮托起后进行牵引，一般不要采用软牵引的方式。如果采用软牵引方式拖车，一旦前车减速，被拖汽车往往只有选择挂档、利用发动机制动力的方式进行减速。这样一来，就导致被拖汽车发动机的转动，最终导致发动机的损坏。如果能将汽车前轮托起后牵引，可以避免因误挂档而引起发动机损坏。另外，拖车时一定要将变速器置于空档，以免车轮转动时反拖发动机运转，导致活塞、连杆、气缸等部件的损坏。对于自动变速器的汽车，注意不能长距离的被拖曳（通常不超过 20～30km），以免损伤变速器。

在将整车拖出水域后，应尽快把蓄电池的负极线拆下，以免车上的各种电器因进水而发生短路。

3. 应采取的检修措施

在将受淹汽车拖出水域后，应及时告知驾驶员和维修厂商下列措施是被保险人应尽的施救义务（最好印成统一的格式化的告知书），交被保险人或当事人签收，以最大限度防止损失进一步加大。

（1）及时检修电气元器件

容易受损的电器（如各类计算机模块、音响、仪表、继电器、电机、开关、电气设备等）应尽快从车上卸下，进行排水清洁，电子元件用无水酒精清洗（不宜长时间用水清洗以免腐蚀电子元件）并晾干，避免因进水引起电器短路。某些价值昂贵的电气设备，如果清洗晾干及时，完全可以避免损失；如果清洗晾干不及时，就有可能导致报废。

汽车电脑最严重的损坏形式就是芯片损坏。汽车的前风窗处通常设有流水槽及排水孔，可以及时排掉积水，当汽车被水泡过以后，流水槽下往往沉积了许多泥土及树叶，这时极易堵住排水孔，应及时疏通排水孔，以免排水不畅造成积水。当积水过多时，水会进入车内，还可能危及汽车电脑，导致电控系统发生故障，甚至损坏。一些线路因为沾水，其表皮会过早老化，出现裂纹，引起金属外露，最终导致电路产生故障。尤其是装有电喷发动机的汽车，其控制电脑更是害怕受潮。驾驶员应随时注意电脑的密封情况，避免因电脑进水，使控制紊乱而导致全车瘫痪。

安全气囊的保护传感器有时与电脑做成一体，如果电脑装于车的中间，一般为此结构，维修时只要更换安全气囊，就无需再额外更换保护传感器。部分高档车（3.0L 以上）的安全气囊传感器一般用硅胶密封，其插头为镀银，水淹后一般无需更换，低档车插头为镀铜，水淹后发绿，可用无水酒精擦洗，并用刷子刷，再用高压空气吹干。

一般而言，如果电脑仅仅是不导电，还可进行修理；如果是芯片损坏，就需要更换新的电脑。

（2）及时处理进水电机

汽车上的各类电机进水以后，对于可以拆解的电机，可以采用“拆解—清洗—烘干—润滑—装配”的流程进行处理，如起动机、发电机、天线电动机、步进电动机、风扇电动机、座位调节电动机、门锁电动机、ABS 电动机、油泵电动机等。对于无法拆卸的电机，如刮水器电动机、喷水电动机、玻璃升降电动机、后视镜电动机、鼓风机电动机、隐藏式前照灯电动机等，则无法按上述办法进行，进水后即使当时检查是好的，使用一段时间后也可能会发生故障，一般说来应该考虑一定的损失率，损失率通常在20%～40%。

(3) 及时检查相关机械零部件

1) 检查发动机。汽车从水中施救出来以后，要对发动机进行检查。先检查发动机气缸有没有进水，气缸的进水会导致连杆被顶弯，损坏发动机。

检查机油里是否进水，机油进水会导致其变质，失去润滑作用，使发动机过度磨损。

将发动机机油尺抽出，查看机油尺上润滑油的颜色。如果机油尺上的油呈乳白色或有水珠，就要将润滑油全部放掉，在清洗发动机后，更换新的润滑油。

将发动机上的火花塞全部拆下，用手转动曲轴，如果气缸内进了水，则从火花塞螺孔处会有水流出来。如果用手转动曲轴时感到有阻力，说明发动机内部可能存在某种程度的损坏，不要借助其他工具强行转动，要查明原因，排除故障，以免引起损坏的进一步扩大。

如果通过检查未发现发动机机油异常，可从火花塞螺孔处加入约10～15毫克的机油，用手转动曲轴数次，使整个气缸壁都涂上一层油膜，以起到防锈、密封的作用，同时也有利于发动机的起动。

2) 检查变速器、主减速器及差速器。检查变速器、主减速器及差速器是否进水，如果上述部件进了水，会使其内的齿轮油变质，造成齿轮磨损加剧。对于采用自动变速器的汽车，还要检查控制电脑是否进水。

3) 检查制动系统。对于水位超过制动油泵的被淹汽车，应更换全车制动液。因为当制动油里混入水时，会使制动油变质，致使制动效能下降，甚至失灵。

4) 检查排气管。如果排气管进了水，要尽快把积水排除，以免水中的杂质堵塞三元催化器和损坏氧传感器。

(4) 清洗、脱水、晾晒、消毒及美容内饰

如果车内因潮湿而出现霉味，除了在阴凉处打开车门，让车内水汽充分散发，消除车内的潮气和异味外，还需对汽车内部进行大扫除，要注意更换新的或晾晒后的地毯及座套。还要注意车内生锈的痕迹。查看一下车门的铰链部分、行李箱地毯之下、座位下的钢铁部分以及备用轮胎的固定锁部位有没有生锈的痕迹。

车内清洁不能只使用一种清洁剂和保护品。由于各部位材质不同，应注意选择不同的清洁剂。多数做车内美容的装饰店会选用碱性较大的清洁剂，这种清洁剂虽然有增白、去污的功效，但会有一定的后患，碱性过强的清洁剂会浸透绒布、皮椅、顶棚，最终出现板结、龟裂。专业的做法应该是选择pH值不超过10的清洗液，配合车内美容专用的抽洗机，在清洗的同时有大量的循环清水将脏东西和清洗剂带出来，并将此部位的水汽抽出，还有一种方法是采用高温蒸汽对汽车内的真皮座椅、车门内饰、仪表盘、空调风口、地毯等进行消毒，同时清除车内的烟味、油味、霉味等各种异味。

4. 保养汽车

如果汽车整体被水浸泡，除按以上方法排水外，还要及时擦洗外表，防止酸性雨水腐蚀车体。最好对全车进行一次二级维护。全面检查、清理进水部位，通过清洁、除水、除锈、润滑等方式，恢复汽车的性能。

5. 谨慎起动

在未对汽车进行排水处理前，严禁采用起动机、人工推车或拖车方式起动被淹汽车的发动机。只有在对被淹的汽车发动机进行了彻底的排水处理，及相应的润滑处理以后，才能进行起动尝试。

（三）水淹情况查勘

1. 水质

在对水淹汽车的损失评估中，应该对淡水的浑浊情况进行认真了解。多数水淹损失中的水为雨水和山洪形成的泥水，但也有由于下水倒灌而形成的浊水，这种城市下水道溢出的浊水中含有油、酸性物质和各种异物。油、酸性物质和其他异物对汽车的损伤各不相同，必须在现场查勘时仔细检查，并作明确记录。

2. 水淹高度

水淹高度是确定水损程度一个非常重要的参数。水淹高度通常不是以高度的计量单位（米或厘米）为单位，而是以汽车上重要的具体位置作为参数。以轿车为例，如图 6-1 所示，水淹高度通常为：

图 6-1　轿车水淹高度示意图

一级：制动盘和制动毂下沿以上，车身地板以下，乘员舱未进水。

二级：车身地板以上，乘员舱进水，而水面在驾驶员座椅座垫以下。

三级：乘员舱进水，水面在驾驶员座椅座垫面以上，仪表工作台以下。

四级：乘员舱进水，水面在仪表工作台中部。

五级：乘员舱进水，水面在仪表工作台面以上，顶篷以下。

六级：水面超过车顶，汽车被淹没顶部。

因此，汽车水淹共分六级，每一级的损失程度各不相同，相互之间差异较大。具体内容将在后面的损失评估时再进行定性和定量分析。

3. 水淹时间

汽车被水淹的时间长短，也是水淹损失程度的一个重要参数。水淹时间的长短对汽车所造成的损伤差异很大。在现场查勘时，确定水淹时间是一项重要工作。水淹时间的计量单位通常以小时为单位，分为六级：

一级：H≤1h

二级：1＜H≤4h

三级：4＜H≤12h

四级：12＜H≤24h

五级：24＜H≤48h

六级：H＞48h

每一级所对应的损失程度差异较大，在后面的损失评估时将进行定性和定量分析。

4. 汽车的配置

定损水淹的汽车时，要对被淹汽车的配置情况进行认真记录，特别注意电子器件的配置情况，如ABS、ASR、SRS、PTS、AT、CVT、CCS、CD、GPS、TEMS等。对水灾可能造成的受损部件，一定要做到心中有数。另外，要对真皮座椅、高档音响、车载DVD及影视设备等配置是否为原车配置进行确认，如果不是原车配置，车主是否投保“新增设备险”，受损配置是否不属于保险标的，对于理赔结果差别悬殊。

（四）水灾事故车损失核定

1. 水淹汽车的损坏形式

（1）静态进水损坏

汽车在停放过程中被暴雨或洪水侵入甚至淹没属于静态进水。汽车在静态条件下，如果车内进水，会造成内饰、线路、空滤器、排气管等部位的受损，有时发动机气缸内也会进水。

在这种情况下，即使发动机不起动，也可能会造成内饰浸水、线路短路、电脑芯片损坏、空滤器、排气管和发动机泡水生锈等损失；对于采用电喷发动机的汽车来说，一旦线路遇水，极有可能导致线路短路，造成整车无法着火；如果发动机被强行起动，极有可能导致严重损坏。就机械部分而言，汽车被水泡过之后，进入发动机的水分在高温作用下，会使内部的运动机件锈蚀加剧，当进气吸水过多时，容易变形，严重时导致发动机报废。

另外，汽车进水后，车的内饰容易发霉、变质。若不及时清理，天气炎热时，会出现各种异味。

（2）动态进水损坏

汽车在行驶过程中，发动机气缸因吸入水而使汽车熄火，或在强行涉水未果、发动机熄火后被水淹没，则属于动态进水。汽车在动态条件下，由于发动机仍在运转，气缸因吸入了水会迫使发动机熄火。在这种情况下，除了静态条件下可能造成的全部损失外，还有可能导致发动机的直接损坏。

2. 水淹后的损失评估

（1）水淹高度为一级时的损失评估

水淹高度在汽车的制动盘和制动毂下沿以上，车身地板以下，乘员舱未进水，水淹高度定义为一级。

当汽车的水淹高度为一级时，有可能造成的受损零部件主要是制动盘和制动毂。损坏形式主要是生锈，生锈的程度主要取决于水淹时间的长短以及水质。通常情况下，无论制动盘和制动毂的生锈程度如何，所采取的补救措施主要是四轮的保养，造成的损失主要就是四轮的保养费用。

因此，当汽车的被淹高度为一级，被淹时间也为一级时，通常不计损失；被淹时间为二级或二级以上时，水淹时间对损失金额的影响也不大，损失率通常为0.1%左右。

(2) 水淹高度为二级时的损失评估

水淹高度在车身地板以上，乘员舱进水，而水面在驾驶员座椅座垫以下，水淹高度定义为二级。当汽车的水淹高度为二级时，除造成一级水淹高度时所造成的损失以外，还会造成以下损失：四轮轴承进水；全车悬架下部连接处因进水而生锈；配有ABS的汽车的轮速传感器的磁通量传感失准；地板进水后车身地板如果防腐层和油漆层本身有损伤就会造成锈蚀。少数汽车将一些控制模块置于地板上的凹槽内（如上海大众帕萨特B5），会造成一些控制模块损毁（如果水淹时间过长，被淹的控制模块有可能彻底失效）。损失率通常为0.5%～2.5%。

(3) 水淹高度为三级时的损失评估

水淹高度在驾驶员座椅垫面以上，仪表工作台以下，水淹高度定义为三级。

当汽车的水淹高度为三级时，除造成二级水淹高度所造成的损失以外，还会造成以下损失：座椅潮湿和污染；部分内饰潮湿和污染；真皮座椅和真皮内饰损伤严重。一般来说，水淹时间超过24小时以后，还会造成：桃木内饰板分层开裂；车门电机进水；变速器、主减速器及差速器可能进水；部分控制模块被水淹；起动机被水淹；中高档车行李箱中CD换片机、音响功放被水淹。损失率通常为1.0%～5.0%。

(4) 水淹高度为四级时的损失评估

水淹高度在仪表工作台中部时被定义为四级。当汽车的水淹高度为四级时，除造成三级水淹高度所造成的损失以外，还可能造成以下损失：发动机进水；仪表台中部音响控制设备，CD机、空调控制面板受损；蓄电池放电、进水；大部分门座椅及内饰被水淹；音响全损；各种继电器、熔丝盒可能进水；所有控制模块被水淹。损失率通常为3.0%～15.0%。

(5) 水淹高度五级时损失评估

乘员舱进水，水淹高度在仪表工作台面以上，顶篷以下，水淹高度定义为五级。当汽车的水淹高度为五级时，除造成四级水淹高度所造成的损失以外，还可能造成以下损失：全部电器装置被水泡；发动机严重进水；离合器、变速器、后桥可能进水；绝大部分内饰被泡；车架大部分被泡。损失率通常为10.0%～30.0%。

(6) 水淹高度六级时损失评估

水淹高度超过车顶，汽车被淹没顶部，水淹高度定义为六级。当汽车的水淹高度为六级时，汽车所有零部件都受到损失。损失率通常为25.0%～60.0%。

3. 分类估损

在对受灾车辆开展准确定损工作的前期，必须对损失配件进行合理的区分。要按照类别区别出机械配件、电器配件、装饰性配件、舒适性配件；要区别出更换配件、可修复配件、待确定配件范围项目；要分类区别出交通事故损失配件项目、水淹损失配件项目；要区别出正常损失配件项目和灾后扩大损失配件项目；要区别出属于保险责任和不属于保险责任项目。对损失项目进行分类以便定损工作的顺利进行。

水淹车辆的控制损失项目重点工作为对可修复配件和待确定配件范围项目的恢复和确认。

4. 受损配件处理

控制受灾车辆损失的重点是正确开展除水、除锈、防锈工作，关注项目是水淹后的电器项目以及可修复配件、待确定配件范围。要求如下：

1）此项工作必须在具有除水、除锈、防锈工作能力的汽车维修企业进行，此能力包括工艺能力、设备能力、技术能力以及与保险公司的配合沟通能力等。

2）开展此项工作前，必须与此维修企业确认上述修复工艺、确认损坏项目的鉴定工艺，并以文字文件的形式确认。

3）除水、除锈、防锈工作必须在事故发生的当天进行，其中的除水工作必须在当天完成，绝对不允许拖延。

4）对修复后的功能性恢复配件，在投入使用或确认不能再使用的配件，必须得到准确鉴定或测试。

5）对配件进行修复的过程中，必须全程掌握和控制，如遇到专业技术问题，要征求有关技术人员和公司专业人员的支持。

5. 事故定损原则

对水灾车辆的定损工作，重点突出“快速”，即定损、定责必须迅速完成。定损受损车辆的原则包括：先高档车后普通车；先轿车后载货车；先严重泡损后轻微受损；先电脑控制模块、线路、电器后其他部位；先清洗烘干后检测维修。

6. 对事故车辆进行维修、清理的顺序

通常对水损较严重的车辆进行维修、清理的顺序为：

1）先断开蓄电池电源（对于高级轿车还必须切断记忆电源即小蓄电池）。

2）用清水进行严格、仔细冲洗去污并排去积水，特别注意对仪表及液晶影像音响、导航系统的保护。

3）一般拆卸顺序：先电器控制系统、电气设备，后其他部分；先内饰、座椅部分，后外观部分；先泡损时间久的部分，后其他部分。

4）将拆卸下的电子控制装置、电子传感器等电子器件，清洁去水后浸于酒精（分析纯或含量99%的工业用酒精）容器中进一步溶去水分。

5）将拆卸下的电气设备（电机）清洁去水后放置于酒精（分析纯或含量99%的工业用酒精）容器中漂洗去水分（时间不宜过长），再用干燥的压缩空气从电器的冷却通风孔中将其风干［可用低温（40℃）烘干处理］，然后补充润滑脂（油）。

6）拆卸下座椅、内饰件先进行漂洗、去水，在进行低温（50℃）烘干处理（烘干时应按原样摆放，必要时应以支撑，不可叠放，注意整洁）。

7）特别注意：不可拆卸开制动（刹车）系统管路（包括ABS泵的机械部分），将总泵油壶卸下倒尽剩油，用新油清洗后换上原装新油，总泵适当排放空气即可。

8）线束处理：将拆卸完其他设备及内饰的车身及线束，用清水冲洗并排干积水，将线束接插件（插头）用酒精（分析纯或含量99%的工业用酒精）浸洗，然后用干燥的压缩空气将线束及线束接插件风干（接插件还应喷上防腐除锈剂），而后再把车身（附线束）置于烤房中，先以60℃烘烤30min以上，然后烤房边加温边通风，温度为比常温高5～10℃，运作至车身温度接近常温即可，再将车身置于干燥的通风处晾干结束。

9）续上述第4条，将电子元器件在酒精中进一步漂洗取出后用干燥的压缩空气将其风干，小心打开电子器件外壳进行线路板风干，然后喷涂透明三防漆（亚克力线路板三防喷漆或DCA三防喷漆）。

说明：上述项目必须由专业人员或经验丰富的汽车电工进行处理。

7. 定损具体要求

1）对机械部件应进行清洗、除锈、分解、润滑处理。

2）对电器、仪表部分按上述方法进行合理的清洗、干燥处理后，通过仪器检测对确因水灾损坏的予以更换。

3）对车体内装饰件按上述方法进行清洁整理，对于无法修复部分可以更换。

4）对车体表面漆有损伤可考虑喷漆处理。

5）对灾害造成的车辆被冲走或滚翻，定损时还应对车体变形部位给予相应的整形处理。

6）对于部分电气设备，如音响、车载电话、发电机、起动机等配件，借助外界专业的维修企业进行维修处理。

7）对于价值较高的电器元件，应聘请专业人员共同鉴定，提供维修意见，尤其是对重大损失及高档车辆的电气设备进行鉴定。

8）区别正常机械损坏与事故损坏，须区分是否属于承保范围，剔除不属于保险责任范围的损失。

9）建立跟踪和回勘制度。在损失配件上粘贴一次性标签（注明编号、车牌号及查勘人员签章）对更换或待查配件进行标注。

10）对于水灾更换的所有零配件，均应全部回收，并登记入库。

8. 录入系统资料要求

首先必须录入常规性定损信息，另外应该提供下列信息：

1）提供出险时间的气象证明资料。

2）提供出险现场环境的资料。

3）对重要的电器配件必须以文字材料说明并待检处理。

4）用文件形式说明对配件进行除水、除锈的方法及过程。

5）对录入更换配件必须张贴“零件标签”，并编号排列。

（五）水灾事故处理及保险索赔程序

1. 事故报案

水淹事故发生后，将车辆停在原地，保留好事故现场，并立即向保险公司报案。

常见引起索赔争议的原因：车辆被水淹后，未经清洗便发动车辆，不论是有意还是无意；或已知前方积水，但抱侥幸心理强行涉水行驶，致使发动机在进水的情况下强行压缩做功，造成机件损坏。如连杆弯曲，活塞拉伤，缸体爆裂等。这两种情况均不属于保险责任。保险公司只赔偿清洗费用，发动机部分的损失则由被保险人承担。

2. 车辆驾驶员现场处理

（1）水淹高度到轮胎 1/4 时（图 6-2）

当水淹高度到轮胎 1/4 时，待水退起动发动机关闭冷气等电气设备、打入低速档、慢慢驶离淹水地区，并立即轻踩制动踏板数次将水分蒸发排除，使制动系统恢复正常运作，此种情形应无需特别维修。

（2）水淹高度到轮胎 1/2 时（图 6-3）

图 6-2　水淹高度到轮胎 1/4

图 6-3　水淹高度到轮胎 1/2

当水淹高度到轮胎 1/2 超过车身底板时，待水退不要起动发动机，因部分车辆的发动机电脑可能已泡水（一般发动机电脑放置于车身底板附近），为避免损害扩大则应尽可能以推或拖吊方式离开积水区域，联络服务厂拖回检修。

（3）水淹高度至整个轮胎与仪表盘之间（中度损害，如图 6-4 所示）

待水退后千万不要起动发动机，以避免发动机进水受损。拔掉蓄电池正、负极桩头线，以防止车辆电器线路引起短路，联络服务厂拖回检查维修。此时发动机、变速器、制动油等各类油品及滤清器需全部换新，并尽快检查各项电器及线路系统，加以清洁防锈，以降低损失。

（4）水淹高度超过发动机盖以上时（严重损害，如图 6-5 所示）

图 6-4　水淹高度至整个轮胎与仪表盘之间

图 6-5　水淹高度超过发动机盖以上

待水退拔掉蓄电池正、负极桩头线，绝对不要起动发动机，联络服务厂拖回维修。

3. 查勘人员现场处理

1）保险公司派查勘人员到现场查勘，并出具《查勘报告》。

2）请拖车将车辆拖至修理厂检查清洗，切勿发动车辆。

4. 定损修理

1）车主携带事故单证（查勘报告、当事驾驶员驾驶证、车辆行驶证、被保险人身份证、保单正本）将车辆送到修理厂维修，修理厂对车辆损失进行估价并制作《估价单》，然后通知保险公司派人到修理厂定损。

如查勘人员现场已出具《定损报告》，修理厂对车辆损失进行复核，如无异议，在《定损报告》中盖章确认即可，无需再次定损；如有异议，则需制作《估价单》，并通知保险公司派人到修理厂再次定损。

2）保险公司定损人员到达修理厂之后，根据《查勘报告》、《估价单》对损失项目进行核定。

3）残件回收。为了保证维修质量，维护客户利益，保险公司对某些更换的配件要求回收，一般定损人员到修理厂之后会确定回收配件。修理厂将需回收的部件更换之后可通知保险公司的残件回收人员到修理厂进行回收。

4）损失复勘。为了保证维修质量，维护客户利益，对损失较大的事故（超过 3 万元），保险公司一般会在车辆修理完毕之后对车辆进行复勘，检查维修项目是否与事故损失一致。

5. 提交单证

1）被保险人将收集齐全的事故相关单证交保险公司办理索赔手续。

2）委托索赔。如果修理厂愿意代办索赔手续，被保险人可以填写《委托书》、《索赔通知书》并将相关单证交修理厂，由修理厂办理索赔手续，保险公司将赔款直接赔付给修理厂，被保险人无需支付修理费。

6. 损失理算

保险公司收到被保险人提交的索赔单证进行损失计算，并制作《赔款计算书》交保险公司核赔人员。

7. 核损赔付

保险公司核赔人员核定损失无误后，转财务人员划款赔付。

（六）争议处理及时效管理

1. 争议处理

在定损过程中与客户产生纠纷无法达成一致时，可以采取以下措施：

1）对事故经过和保险责任有异议，应先定损再定责。

2）对于维修方案和车损金额无法协商的，必须先到指定的定损中心进行损失确定。

3）在非定损中心进行损失确定的，必须安排专职定损人员并全程现场处理跟踪。

4）对于疑难案件和需要聘请公估公司以及技术资质的鉴定部门的情况，必须事前上报总公司审批（特殊情况的可以电话请示后补充书面资料）。

2. 时效管理

事故后的拆解工作必须在当天进行，除水工作必须当天完成，除锈、防锈工作必须在两天内完成。否则造成的损害扩大，保险公司是不予理赔的。

当汽车被水淹时，进水的可能不只是发动机，其他部件也可能因进水而损坏。其他的损失都是包含在机动车辆损失险内的，只要不是人为造成的损失都可以赔付。例如，如果因车内进水造成音响损坏也可要求赔偿，前提是原厂产品，而不是自己加装的产品。

（七）知识点

1	水灾事故现场查勘的要点	6	受损配件处理
2	水淹汽车的施救与保养	7	水灾事故的定损原则
3	水淹汽车的损坏形式	8	水灾事故的定损具体要求
4	水淹情况查勘	9	水灾事故处理及保险索赔程序
5	水淹汽车的损失评估	10	争议处理及时效管理

二、典型案例

桑塔纳2000轿车涉水行驶损坏

2006年11月，孙某驾驶一辆桑塔纳2000轿车回老家，途中经过一条河流，河上只有一座只能走人的石板桥，无奈之下孙某并没有折回，在不知水深的情况下，贸然起动车子以低档大油门行驶，结果没有走出多远，就感觉撞到什么东西，但是河水已经没过了孙某的汽车底盘，也已经漫过汽车排气管，导致发动机熄火。

情急之下孙某准备倒车上岸，发动机起动后，没有一会孙某就闻到一股烧焦的气味，车子有着火迹象，赶紧下车将火熄灭，但是车子再也无法起动（图6-6）。由于该车已投保了车辆损失险，于是被保险人向保险公司报了案。

图6-6　案件现场图

1. 现场查勘

查勘人员到达事故现场，查验相关证件信息，拍照查勘（图6-7、图6-8、图6-9）。

图 6-7　底盘下有大量的水草

图 6-8　底盘下的管路有损坏

图 6-9　孙某扑救时留下的水迹

2. 现场定损

1）由于车辆在涉水的时候，发生碰撞，致使底盘部分零部件损坏，孙某说角灯也是在此次事故中损坏的，但是他又拿不出损坏了的角灯，并且这次只是底盘撞到了石头，不可能造成上述部件损坏。角灯和格栅支撑明显不是本次事故所造成的（图 6-10），所以不会给予赔付。

图 6-10　角灯和格栅损坏情况

2）确认受损件并拍照（见表 6-1）。

表 6-1　受损件一览表

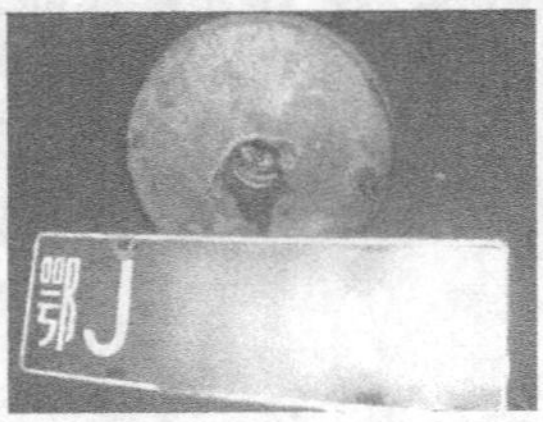	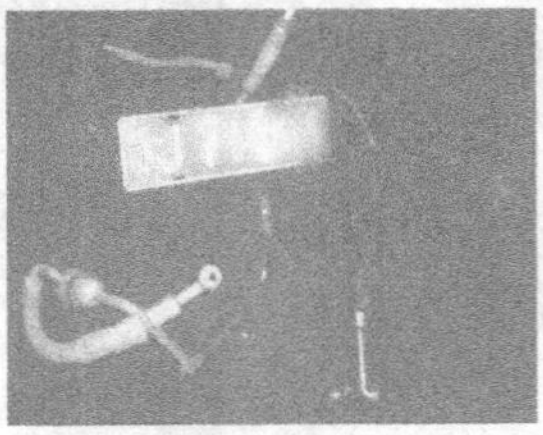	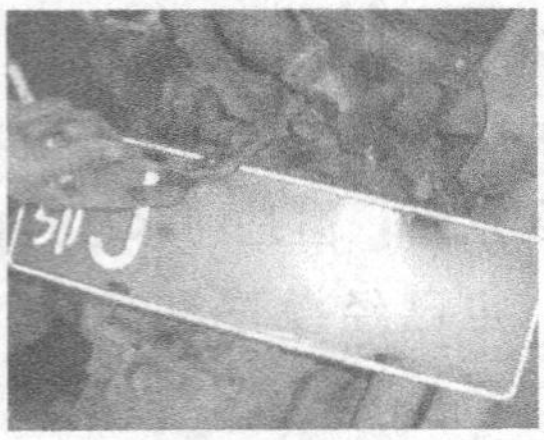
制动真空泵受损需更换	空调管路受损需更换	节气门拉索受损需更换
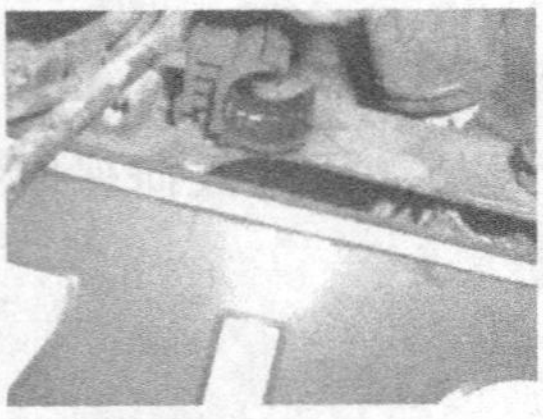	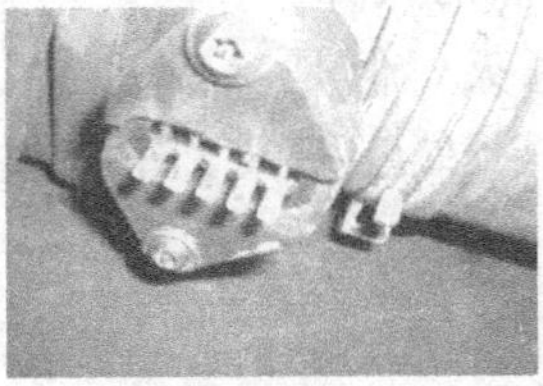	
线束固定外壳受损需更换	节气门体受损需更换	空滤器总成受损需更换

（续）

		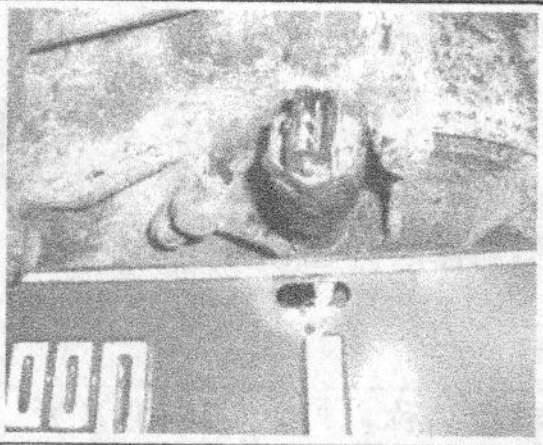
节气门体受损需更换	活性炭罐受损需更换	曲轴位置传感器受损需更换
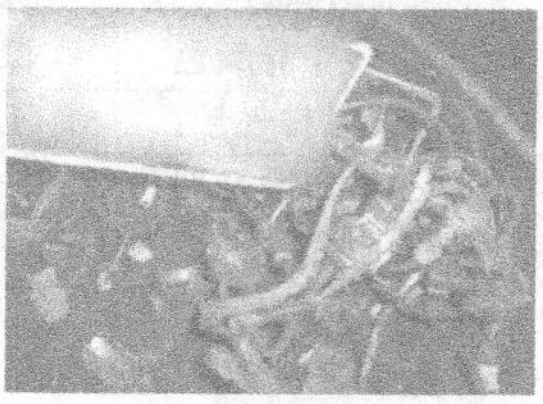		
汽车的整个线束受损需更换	电脑受损需更换	离合器分泵软管受损需更换
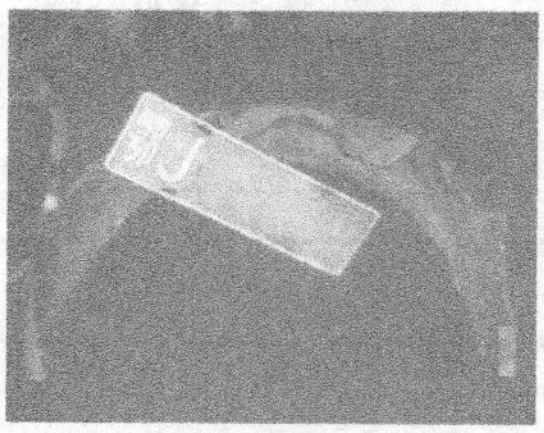		
飞轮外罩受损需更换	前制动软管受损需更换	前悬架受损需修理
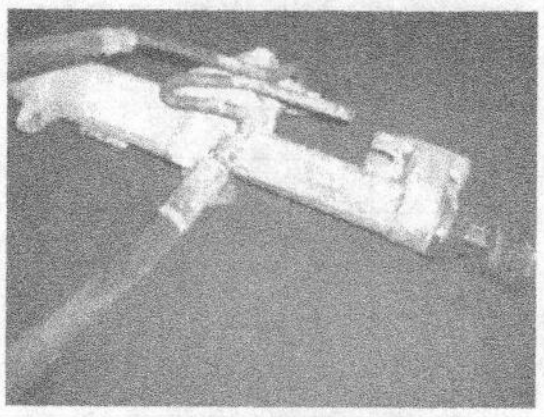	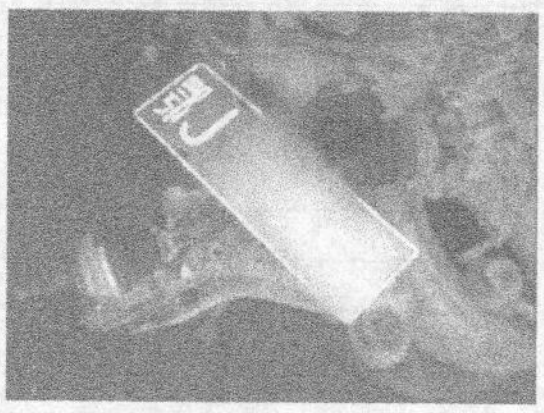	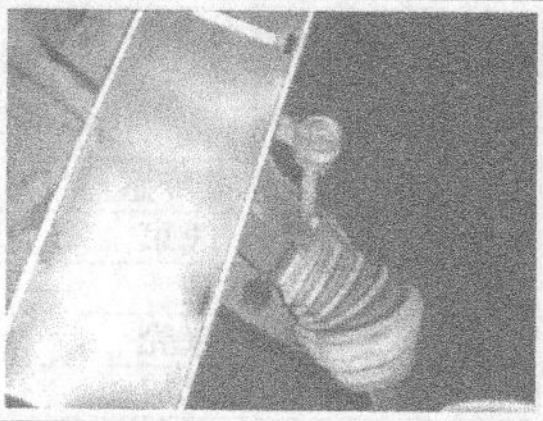
方向机受损需更换	前轮半轴受损需更换	转向横拉杆总成受损需更换

3）登记受损部件（图 6-11）。

图 6-11　登记受损件

4）填写机动车辆保险车辆损失情况确认书零部件更换项目清单（代询价单）（见表 6-2）。

表 6-2 损失情况确认书

中国人民财产保险股份有限公司
PICC Property and Casualty Company Limited

机动车辆保险车辆损失情况确认书

零部件更换项目清单（代询价单）

报案号：

定损单位名称：	湖北××	车辆型号：	桑塔纳 2000－GSi	燃料：	汽油
承保公司名称：	XXXXXX	车辆牌照号：	鄂 JXXXXX	档位：	手动
被保险人名称：	孙 XX	VIN 号码：		内饰颜色：	灰
		发动机型号：	AJR	车身颜色：	深蓝
承修厂名称：		制造年份：		排气量：	1.8
		定损员：	李 XX	出险日期：	2006－11－1

注：1. 请准确填写询价单中各项内容。
2. 请注意询价时间及询价权限。
3. 请注明需更换的玻璃类型。
4. 请剔出辅料及待查配件项目。　　分公司盖章

核准：0.00

序号	零件名称	零件编号	数量	询价金额	报价金额
1	暖风开关拉索		1	60	
2	节气门拉索		1	80	
3	空调高压管		1	60	
4	空调低压管		1	60	
5	油管		1	100	
6	活性炭罐		2	120	
7	前制动软管		1	40	
8	制动真空管		1	60	
9	方向机		1	2000	
10	制动真空泵		1	400	
11	离合器分泵软管		1	40	
12	汽油格		1	90	
13	汽油格固定外壳		1	10	
14	曲轴位置传感器		1	40	
15	整车线束		1	6000	
16	电脑		1	5300	
17	飞轮罩壳		1	60	
18	空滤总成		1	170	
19	节气门体		1	208	
20	前避振		1	300	
21	转向横拉杆总成		1	300	
	合计		22	￥15498.00	

3. 案件处理

现场查勘的情况和孙某叙述的基本吻合，该车属于动态进水损坏，水淹高度为二级。从发动机室的情况可以看出是被水清洗过，这起事故是由人为造成的，所以责任应由车主负责，保险公司拒赔。但是车主表示有异议，于是定损人员在修理厂做进一步定损和解释。

经协商后，由于底盘撞到了石头造成方向机、油管、转向横拉杆、飞轮罩壳等损失，保险公司赔偿部分损失。

4. 案情分析

在《机动车保险条款》中规定，只有受自然灾害直接造成保险车辆的泡损、淹没、冲失等损失时，保险公司才会依照保险合同承担保险责任。凡是人为造成车辆损失的，保险公司一般都是拒赔的，所以本案例告诉驾驶员，如果开车遇到这种情况，首先确定水情，再做决

定。如果有大桥可以通过就尽量走大桥，一旦车子被水淹，尽量不要起动发动机，否则会导致内部机械件损坏。并且保险公司也不会赔偿。

三、职业养成

1. 宣言——生活要有意义

一个人不能没有生活，而生活的内容也不能没有意义。做一件事，说一句话，无论事情的大小，说话的多少，都得自己先有了计划，先问问自己做这件事、说这句话，有没有意义？能这样做，就是开始奠定奋斗基础。

生活要有意义！学会享受生活，学会享受工作，你的世界将变得丰富多彩，工作和生活都将更加精彩。

2. 细读宣言

1）所谓幸福的生活，必然是指安静的生活，原因是只有在安静的气氛中，才能够产生真正的人生乐趣。

2）生活得最有意义的人，并不就是年岁活得最大的人，而是对生活最有感受的人。

3）做自己喜欢做的事，并投入最多的经历，那么你就会成功。

4）其实“人生有无意义，关键在于自己”。

3. 职业养成

1）生活要有意义，事故既然发生了，就没有必要多责备谁，尽快将事故处理完，还有很多的事情可以去做。

2）充分利用事故的处理机会，向客户展示一个高效、敬业、有责任心的公司形象，能使工作变得更有意义。

3）在现象中寻找事故的真相，工作将更加有成就，也更加精彩。

4）在事故车中寻找有利用价值的残值，工作也会变成一种乐趣。

4. 阅读材料

想清楚自己到底要什么，然后去做。不犹豫、不后悔。

人生不可能用一句话来概括，但一个人只要积极，开朗，知道生活的乐趣，就够了。

人生没有永远的顺风车，困境只是通往幸福的加油站。

让我们的一生不是因为偶然而变得重要，不是因为环境而变得重要。而是我们自己的选择，选择让自己的生命有意义。

四、学习工作页

见附录B学生手册。

任务12 火灾事故车的查勘定损

★ 学习目标

知识目标		能力目标	
1	熟悉火灾事故车的查勘重点	1	能够掌握火灾事故车的查勘技巧
2	掌握火灾事故车的受损特点	2	能根据火灾损失的理赔原则对火灾事故进行合理的定损

★ 任务导入

汽车火灾损失令人触目惊心，无论是什么原因导致的起火燃烧，都会使车主及周边之人措手不及。即使扑救及时，汽车也会被烧得面目全非。如扑救不及时，整个汽车转眼之间就会化为灰烬。若在行驶中起火，还会给驾乘者造成严重的人身伤害。被烧汽车是否投保了自燃损失险对理赔过程和结果影响颇大。因此，准确分析起火原因，掌握避免火灾的方法及扑救措施，了解汽车火灾损失的理赔规则，无论对车主还是对保险公司的查勘定损人员，都具有十分积极的意义。

一、知识准备

（一）汽车起火原因分析

1. 汽车起火的分类

按照起火原因，汽车火灾大致可以分为五种类型。

1）自燃。自燃是指在没有外界火源的情况下，由于本车电器、线路、供油系统等车辆自身原因发生故障或所载货物自身原因起火燃烧。

2）引燃。引燃是指车辆被本身以外的火源引起的、在时间或空间上失去控制的燃烧（即有热、有光、有火焰的剧烈的氧化反应）。

3）碰撞起火。碰撞起火是指车辆与外界物体直接接触并发生意外撞击所引起的起火。

4）爆炸。爆炸是指由车内所载物品或车体上安装的爆炸物本身发生爆炸所引发的汽车爆炸。

5）雷击。雷击是指在雷雨天气，露天停放的汽车因遭遇雷击而引发的击穿或燃烧。

2. 汽车自燃的原因

尽管汽车起火原因可能极其复杂，但就其实质而言，始终离不开燃烧的三大基本要素，即：第一，火源，即起火点；第二，可燃物；第三，充足的氧气（或空气）。在汽车火灾损失的查勘过程中，查勘人员在分析、判断起火原因时，实际上就是围绕这三大基本要素展开的。

根据消防部门和车险理赔多家的统计分析，在汽车自燃事故中存在着“五多”现象：第一，小轿车多，在出现火险的汽车中，小轿车大约占50%，明显超过了所统计年份的全部轿车保有比率；第二，私家车多，大约占55%，同样超出了所统计年份的私家车保有比率；第三，汽车在行驶状态发生的火灾多，大约占70%；第四，汽车使用了5年（或行驶了10万km）以上者多，大约占70%；第五，火灾原因以漏油和导线短路者居多，占60%以上。总之，汽车自燃的原因涉及油路、电路、装载、停车以及违章作业等方方面面。

（1）漏油

严重的汽车自燃一般都是燃油系统出现了问题，燃油的泄漏可以说是引发严重汽车自燃的罪魁祸首。油箱中泄漏出来的汽油是汽车上最可怕的助燃物。漏油点大多集中在管件接头处、橡胶管接触体外易摩擦处、固定部位与非固定部位的结合处等薄弱地方。

无论是行进还是停驶，汽车上都可能存在火源，如点火系统产生的高压电火花、蓄电池外部短路时产生的高温电弧、排气管排出的高温废气或喷出的积炭火星等。当泄漏的燃油遇到电火花，就会造成起火。

在化油器式的汽车上，汽油滤清器一般安装于发动机室内，距缸体及分电器很近，一旦因燃油泄漏而使混合气达到一定的浓度，只要有明火出现，自燃事故将不可避免。

（2）漏电

汽车上的漏电分高压漏电和低压漏电两种类型。

1）高压漏电。发动机工作时点火线圈自身温度很高，有可能使高压线绝缘层软化、老化、龟裂，导致高压漏电。另外，高压线脱落引起跳火也是高压漏电的一种表现形式。由于高压漏电是对准某一特定部位持续进行的，必然引发漏电处的温度升高，引燃泄漏出来的汽油。

汽车在使用了5年或10万km以后，很容易出现高压线漏电现象，瞬间电压可以达到10000V以上，这足以引燃一定浓度的汽油蒸气。另外，如果点火系统存在着因漏电而使个别气缸断火的现象，还容易造成进气系统回火，引发火灾。

在目前发生的汽车自燃事故中，长途客车一直占据着较大比重，这是意料之中的事情。原因在于：长途大客车一直都在高速运转，检修时间很少甚至没有，运行10多万km后，事故率明显上升。

2）低压漏电。低压线路搭铁漏电是引发汽车自燃事故的另一主要原因。由于搭铁处会产生大量的热能，如果与易燃物接触，会导致起火。低压线路搭铁漏电的主要原因有：导线老化、过载或磨损；导线断路搭铁；触点式开关因触点烧结而发生熔焊，使导线长时间通电而过载；冬季天气干燥，橡胶件及塑料件因老化、硬化龟裂而造成短路；某些私家车用户对刚刚购置的汽车疼爱有加，添加防盗器、换装高档音响、增加通信设备、开设电动天窗、添加空调等，如果因为价格等原因未在专业的汽车维修店改装，未对整车线路布置进行分析及功率复核，难免导致个别线路用电负荷加大，长期工作后因热负荷过大着火；在对整车进行线路维修或加接控制元件时，如果在导线易松动处未进行有效固定，可能使导线绝缘层磨损，造成短路。

(3) 接触电阻过大

线路接点不牢或触点式开关接触电阻过大等，会使局部电阻加大，局部电阻过大会产生热能，使导线接点发热引起可燃材料起火。造成这种情况大多是车辆在行驶中由于长时间振动或冷热变化，使线路接点松动。特别是，当蓄电池表面或接线柱有杂质、油污时，它们的长时间腐蚀会造成连接点松动、发热、起火。车辆在装饰时，增加音响和通信设备、自动报警装置、空调等，由于乱接电源和增加负载或接点不实，都有可能引发火灾。

(4) 明火烘烤柴油油箱

采用柴油发动机的汽车，有时冬季会出现供油不畅的现象。为了解决问题，某些驾驶员会在油箱外用明火烘烤，极易引起火灾。

(5) 车载易燃物引发火灾

当车上装载的易燃物因泄漏、松动摩擦而起火时，导致汽车起火。

(6) 超载

汽车超载，从两个角度来说可能导致起火。一是汽车部件高温引起自燃，二是超载货物摩擦引起自燃。

1) 汽车部件高温自燃。汽车的相关部件因汽车超载而处于过度疲劳和过热状态，就有可能发生自燃。

① 制动器超负荷工作。制动系统是一种将动能转变为摩擦热能的机械系统，这种摩擦利于汽车减速。制动系统的热量是通过固定在制动蹄片上的摩擦片与制动鼓或制动盘之间的摩擦产生的。这种聚集的热量不因汽车的行驶而消失或制动鼓的适当通风而散发，如果汽车超载行驶，频繁的制动会使产生的热量增多。一旦液压油出现泄漏，聚集的热量就会将油液加热到燃点使其起火。

另外，长时间、高强度的制动，也会造成制动鼓过热，制动鼓随之又将热量传导到附近的可燃物（轮胎或制动液），增加了自燃的可能性。

② 轮胎摩擦过热。轮胎摩擦过热有三种情况：一是气压不足；二是超载；三是气压不足与超载的综合效应。这些情况都会造成轮胎的侧壁弯曲。轮胎弯曲所产生热量的速度要比机动车行驶中散发热量的速度快得多，其结果是侧壁的温度升高，将侧壁纤维与橡胶材料的粘接破坏，所形成的分离又加剧了松散线绳与橡胶间的摩擦，从而产生了更多的热量。如果机动车停驶，失去了风的冷却作用，聚积的热量会很快使侧壁的温度上升而造成自燃。

轮胎起火以在高速公路上行驶的车辆居多。理论上说，任何机动车的轮胎都可能发生这种现象，而对于载货车或拖挂车的双轮胎来说，则危险性更大。当两个轮胎中有一个气压不足时就会发生这种现象，原因是由于相邻的轮胎承受了双倍载荷而形成过载，因此导致了轮胎的摩擦过热。

2) 超载货物摩擦自燃。载货车严重超载在高速行驶时，车厢底部的货物会发生挤压、摩擦，从而产生局部高温，导致自燃起火。

(7) 停车位置不当

现代汽车一般都装有三元催化转化器。该装置因位于排气管上而温度很高，且在大多数轿车上位置较低。如果停车时碰巧停在麦秆等易燃物附近，则会引燃可燃物。

夏季，如果驾驶员将汽车长时间停放在太阳下曝晒，前风窗玻璃下的一次性打火机恰巧遇有火花（如吸烟、正在工作的电器设备产生的电火花等），就会引燃车内的饰品。

（8）维修保养不当

在汽车保养的过程中，部分用户只注意修理工是否将汽油滤清器更新，而根本没有在意他们是否对油管进行必要的检查。实际上，橡胶油管在经过长时期较高温度的烘烤之后，很容易老化而漏油。

另外，市场上假冒的汽油滤清器、劣质的汽油软管及修理工不符合安装标准的操作方法，往往会留下汽车自燃的严重后患。

（9）驾驶员的故意行为

个别驾驶员出于某种目的，故意创造条件，使汽车起火燃烧。

3. 其他起火燃烧的原因

在汽车的火灾类型中，除自燃外，还有引燃、碰撞起火、爆炸、雷击等，后几种类型的发生原因相对简单一些。

（1）引燃

引燃是指汽车被自身以外的火源引发的燃烧。建筑物起火引燃、周边可燃物起火引燃、其他车辆起火引燃、被人为纵火烧毁等，都属于汽车被引燃的范畴。

（2）碰撞起火

当汽车发生追尾或迎面撞击时，由于基本不具备起火的条件，一般情况下不会起火。只有当撞击后导致易燃物（如汽油）泄露且与火源接触时，才会导致起火。如果一辆发动机前置的汽车发生了较为严重的正面碰撞，散热器的后移有可能使油管破裂。由于此时发动机尚处于运转状态，一旦高压线因脱落而引起跳火，发生火灾的可能性就很大。

当汽车因碰撞或其他原因导致翻滚倾覆时，极易发生油箱泄露事件，一旦遇上电火花或摩擦产生的火花，就会起火。

（3）爆炸

如果车内装载、搭载有易爆物品，或者恐怖分子在车上安装了爆炸物品，爆炸物品自身的爆炸肯定会引起汽车的起火，甚至导致油箱爆炸，从而引发更为严重的燃烧。

（4）雷击

在雷雨天气里，露天停放的汽车有可能遭遇雷击，由于雷击的电压非常高，完全可以在车体与地面之间构成回路，从而将汽车内某些电气电子设备击穿（如车用计算机），严重者可以引起汽车起火。

（二）火灾现场查勘

1. 现场查勘及调查

（1）现场查勘，分析车辆起火原因

判断是碰撞事故引起燃烧还是车辆自燃引起燃烧；判断标的是动态下起火还是静态下起火；检查车辆燃烧痕迹，判断燃烧起火点及火源。

（2）现场查勘重点

现场查勘重点：①查勘路面痕迹；②查勘路面上散落物；③对“火迹”及“过火时间”

的查勘；④动态状态下着火燃烧的查勘；⑤静态状态下车辆着火。

（3）现场调查访问重点

1）车辆碰撞或翻车的具体情节及造成着火的原因。

2）车辆起火和燃烧的具体情节及后果。

3）车辆起火后驾驶员采取了哪些扑救的措施。

4）车辆着火时灭火及抢救的具体情况。

（4）走访、调查现场有关人员

走访、调查现场有关人员，就当时看到的情况做好询问笔录，并对笔录签名，留下联系电话。应特别注意了解驾驶员从着火车内出来时的言行举止。

（5）对当事人作现场笔录

在对当事人作现场笔录时应注意的问题：当事驾驶人与被保险人关系；车辆为什么由当事驾驶人使用；保险车辆着火的详细经过，发现着火时当事人做了些什么应急处理；近来该车技术状况和使用情况如何，是否进行过修理，最近一次在哪家修理厂维修的。

（6）现场查勘重点

重点查勘事故地周围有无异常物、车上配件、工具，调查起火前、起火中、起火后状况，特别注意通过认真比较有什么差异，发现下列问题应深入细致的重点调查。

1）有几个起火点。

2）起火部位在一个不寻常的地方。

3）火势突然而且过分猛烈。

4）似乎没有合理的起火原因。

5）与起保日期或保险终止日期相近。

6）车辆上应有物品已不在。

7）车上物品、配件被移下，有被搜寻或拆装的证据。

8）当事人反对某种调查。

9）当事人行动反常，表现特别冷淡。

10）当事人的叙述与已知的事实不相符，或与证词相互矛盾。

2. 对自燃汽车现场查勘的要求

汽车起火的类型分为自燃、引燃、碰撞起火、爆炸、雷击五种类型。目前在保险险种设计方面专门设有“自燃损失险”，而后四种类型的火灾比较容易鉴别，且在赔付方面大都包含在车辆损失险的理赔范畴之内。由于自燃的判别往往存在着一定的难度，所以在汽车火灾损失的查勘实践中，重要的是准确区分是否属于自燃。

根据保险条款，自燃是指因本车电器、线路、供油系统发生故障或所载货物自身原因起火燃烧。

（1）火灾损失查勘的基本要求

在查勘汽车火灾损失现场、分析起火原因时，需掌握构成燃烧的三大基本要素：第一，导致汽车起火的火源（火花或电火花）在哪？第二，周围是否存在易燃物品（如汽油、柴油、润滑油及其他易燃物等）？第三，火源与易燃物品的接触渠道中是否有足够的空气可供燃烧？

只要牢牢把握住以上三大基本要素，再通过查勘汽车车身不同位置的烧损程度，首先准确找出起火点的位置，进而分析出起火原因，判断出汽车起火的自燃、引燃属性，就可以为下一步的准确理赔奠定基础。

（2）与汽车自燃相关的几个问题

1）汽车上的主要易燃物。汽车上的主要易燃物品有：燃料、润滑油、导线、车身漆面、内饰、塑料制品、轮胎等，这些物品一旦遇火，就会燃烧。一旦火势不可控制，就有可能将全车烧毁。

2）发动机熄火后的自燃。汽车发动机熄火以后，有时汽车反而会自行起火燃烧，这种现象有些令人费解。其实，当发动机熄火以后，由于失去了风冷条件，车体温度反而会有所上升，有可能导致临近燃点的汽车上的某些物品起火燃烧。

3）车厢内部是否会自行起火。车厢内部会自行起火这种现象在理论上是存在的。但在实际当中，几乎不可能发生。原因是：车内没有明显的火源，再加之车的内饰品大多带有一定的阻燃功能，因此，一般车内不会自行起火燃烧。

4）晒爆的打火机与自燃。有的时候，驾驶员会将一次性的气体打火机放置在仪表盘处。如果汽车在烈日下曝晒，很有可能会晒爆气体打火机。爆炸的打火机完全有可能打坏仪表盘，如果恰巧将仪表盘上的火线打断，所产生的电火花就有可能将弥漫在驾驶室内的可燃气体引燃。

5）防盗报警器与自燃。对在汽车上擅自安装的防盗报警器来说，一方面可能会造成线路负荷过大，另一方面防盗报警器始终在通电，如果导线偶然断开或因电流过大而烧焦时，就容易成为汽车上一个自燃的火源点。

6）自燃后的轮胎。汽车起火以后，由于风向的缘故，车身两侧以及前后安装的轮胎燃烧程度并不一致，一般说来，顺风向的轮胎会烧得严重，逆风向的轮胎则一般不会燃烧。另外，由于地面的散热条件较好，而且地面与轮胎之间没有空气流通，所以，轮胎的接地点也不会燃烧。

7）拆卸油管可能引起自燃。对于装有电喷式发动机的汽车来说，当发动机熄火以后，油管中仍然会有一定的残余汽油压力。如果维修人员在此时马上动手拆卸相关油管，则会导致汽油喷射而出，引发火灾。

8）自燃与油箱爆炸。在影视作品中，汽车的燃烧往往会伴随着油箱的爆炸。应该说，这种场景主要是导演为了追求视觉冲击效果而故意设计出来的。在实际的汽车火灾现场，极少发生油箱爆炸事件。伴随着汽车的燃烧，油箱中的汽油往往只是会被烧光。这是因为，在汽车起火燃烧的过程中，油箱内并无空气，燃烧着的火焰无法被引入到油箱内部。但是，车体燃烧所产生的高温会对油箱及其内部的汽油产生强烈的烘烤，导致油箱中的汽油挥发，从而产生较高的气压，将油箱盖顶开，汽油挥发而出，快速燃烧，直至烧光。

（3）保险责任

在时间或空间上失去控制的燃烧所造成的灾害，主要是指外界火源以及其他保险事故造成的火灾导致保险车辆的损失，保险公司可以承担保险责任。

对于保险车辆因本车电器、线路、供油系统等发生问题产生自身起火，造成保险车辆损失以及违反车辆安全操作原则，如使用明火（如喷灯、火把烘烤车辆）造成保险车辆损失的均属除外责任。在对因火灾造成保险车辆损失的查勘定损处理中，应严格掌握保险责任与除外责任的区分，研究分析着火原因。

3. 对涉嫌焚车赔案现场查勘

（1）对焚车赔案现场调查的要求

1）对调查时限的要求。现场查勘通常有两个主要的获取鉴定线索证据的来源和途径：现场勘验和现场调查。前者是以焚车现场为对象的调查，后者是以与出险事故有关的人为对象的调查。无论哪种现场调查，关键要把握住一个“快”字，现场调查的突出特点是时间性强。抓住案件发生不久，周围群众记忆犹新，现场信息情报相对比较集中的有利时机，争分夺秒，及时开展现场调查，理清焚车案件的脉络，掌握案情，为下步理赔工作争取主动权。

2）对调查人员的素质要求。焚车事故现场调查以其不确定因素多、随机性强而增加了调查取证的难度。调查伊始，有些人的真实身份并不是单纯以公开的面目或表面的现象可观察清楚的。在被调查人员中，有的报案人就是作案人，有的发现人就是与作案分子有利害关系的亲朋好友，有的在场人就是作案分子的同伙，有的当事人与保险公司内部有着某些微妙关系或各种纠葛，有的知情人就是参与预谋、协助焚车者。由于事先对调查对象的心理素质、社会交往、个性特征、与案件的关系以及对待调查的态度等情况缺乏了解，均需要在短暂的调查过程中通过观察和交谈来了解对方，并及时根据每个调查对象的不同情况，采取相应的调查策略和方法拨开迷雾，理顺案情。这就要求保险理赔人员除了政治立场坚定、通晓保险法规、精通保险业务、具有渊博的知识和丰富的生活经验之外，还要熟练地掌握各种不同的调查策略和方法，善于观察研究分析调查对象的个性、心理特征，积极做好思想疏导转化工作，化消极对抗因素为积极因素，要有敏捷的分析、判断、反应能力。

（2）焚车赔案现场调查的对象和内容

1）现场调查的对象。按知情范围和深度，应侧重对下列人员进行现场调查访问。

① 发现人和报案人：发现人，通常是指最早发现出险事件的人；报案人，通常是指向保险公司报告出险情况的人。一般情况下，焚车出险事故的发现人、报案人多为同一人。

② 出险事故发生时在现场周围，耳闻目睹焚车经过和作案者情况的人。

③ 出险时虽未在场，但了解内幕或发现过某些可疑人、可疑物、可疑事的人。

④ 知道被焚车辆来龙去脉，了解被焚车辆购置、存放、运营、保养、审验、维修情况的人。

⑤ 其他知晓有关涉案情况的人。

2）焚车事故现场调查的内容。

① 出险登记调查。接受报案时，应对出险事故进行初步登记。其要点是：报案人的姓名、年龄、职业、住址、联系电话，与被保险人是何关系；什么时间、什么地点发生或者发现的焚车事故；发生或者发现焚车事故的简要经过和现场梗概情况；被焚车辆的品牌、车号、投保日期、投保金额；车主、驾驶员各自的姓名、性别、年龄、职业、住址、联系电话。

② 对焚车情况的正式调查。现场调查访问工作的调查内容如下：确定焚车事故发生的时间、地点和详细经过，并核实是否与报案时的陈述一致；问明案发时在场的人及每个人的自然情况，他们的相互位置，在案发时各自所起的作用及分工情况，还有谁到过现场；查询

装载的货物、乘员，载物的长宽高、质量、重心偏离程度及货物捆绑固定情况，车辆焚烧的详细经过。包括发现故障的时间、地段、发现人，故障表现，停车原因，停车位置，停车次数，故障检查人，故障检查方法，检查部位，检修工具及检修结果，车辆起火部位与方式，燃烧时的气味、形态，火势大小及蔓延方向，燃烧持续时间等。

③ 采取了哪些扑救措施，扑救人是谁，有无外援人员及车辆，所使用的工具、器械、物品及来源，扑救的方法及效果。车辆焚烧后的情况及损失程度。

④ 查勘人员到达之前，现场环境是否发生变动，变动的原因和情况。当时有哪些人到过现场，到达现场的哪些部位，触动过哪些物品，使现场发生了哪些变化。

⑤ 详细查询出车事由，包括：出车的阶段性目标和出险当天具体出车任务；出车人（驾驶人员、随车人员、搭乘人员）有哪几人；车辆平时的停放和出车规律；出险这天车停放什么位置，何人何时由何地点出发去何处干什么，一路到过几处地方，停留多长时间，接触过谁，进行过什么活动；到达目的地的时间及活动情况；返程时间，沿途经由的路线，停留的地点；车辆最后出险时停车的具体时间地点，停车的直接起因及车上人员各自的活动情况。

3）焚车事故现场调查应注意的问题。

① 焚车后撤离现场的时间，撤离方法及先后顺序，撤离时搭乘何人的什么交通工具（问清单位、姓名、车型、车牌号），返回到什么地方去干什么，撤离时现场交由谁来保护，保护状态如何，有无新的破坏。

② 出险报案的详细经过，包括：何人何日何时到何部门去报的案，被焚车辆所有权人有几人，公用还是私用，与保险登记申报人是否一致，肇事人与被保险人是否同一人，如不是，肇事人同被保险人属何关系，购置使用此车有无事先约定。

③ 被焚车辆的来源，包括：车辆型号、颜色、牌照号码、发动机号、使用性质、吨位或座位，购置时间及价格，购置目的、新旧程度，有无因故障或肇事使车辆损坏而修理的情况，重置价格、市场价格及实际价格各是多少，有何凭据。

④ 被焚车辆的保险情况，包括：此车以前由谁办理过几次投保，本次保险是谁于何时到哪个保险公司找谁办理的投保，投保金额计交保费各是多少，有效期，此车以前是否发生过肇事，获得过多少保险赔偿金，此车是否存在一保多投、低值高保。

⑤ 被焚车辆的审验情况，包括：本车有无牌照和行驶证，挂戴的号牌是否与行驶证相符，投保人与执证人名称是否一致，行驶证是何时由哪个交管部门核发，行驶证上是否依次有检验合格标记，进行货物运输或旅客营运活动有无合格证、许可证和增容管理费收据等。

（3）焚车赔案现场调查的方法

1）区分主次缓急。首先摸清被调查对象的身份和与案件的关系，确定询问的先后顺序。应先找出险事故的发现人、报案人，能够提供现场情况的知情人和行址不确定、事后难以找到的目击者、见证人进行询问。

2）选好调查询问的场所。为及时收集案件情况，询问地点不宜离现场太远，应尽可能在现场附近、当事人所在单位（如办公室或现场查勘车内）或住处进行，以便于报告和联络。要本着方便调查对象、有利于保密的原则，选择环境安静、无噪声干扰、便于谈话的场所。不要在大庭广众之下询问，防止泄露案情和给当事人造成心理压力。

3）因人因事发问。不同的被调查对象对待现场调查的态度是不同的，大体表现为积极、消极、对抗三种类型。积极型，不管其陈述内容与调查人员的主观想象是否合拍，都能按自己的感受如实陈述；消极型，对如实陈述心存疑虑，吞吞吐吐，推脱回避；对抗型，拒不陈述或故意虚假陈述。

询问中，对于积极配合的，无需做思想工作；对于消极对抗的，需针对其心理状态，做好疏导工作；对有思想顾虑、缺乏正义感的人，要有的放矢地进行法制宣传，鼓励他放下思想包袱，如实反映情况。

询问少年儿童，最好选择他们熟悉和习惯的环境，鉴于少年儿童对客观事物表述简单、爱幻想，询问中切忌提示，防止其顺竿爬，造成证言失真；应着重了解事实情节本身，提问时要注意观察其表情是否自然，分析有无添枝加叶的虚构成分。

对于记忆力差的人尤其是老年人，询问时要由浅入深，由外围到重点，耐心启发，帮助回忆，引导陈述。

对于涉嫌伪造现场、谎报假案的人。询问中要以听为主，不宜急于交锋、过早公开揭露。要以了解情况为由，让他反复详细地陈述经过和情况，自行暴露漏洞。

（4）焚车骗赔案现场调查的步骤与要求

每个现场调查组至少要两人组成，询问时一人负责提问，一人负责记录或录音录像。除个别情形外，对于同一个问题或同一个调查对象，原则上应由同一组调查人员进行询问。

现场调查一般分提问、陈述、发问、核对四个阶段。

1）恰如其分地提出询问事项。在要求调查对象如实陈述所知情况的时候，应当向他明确提出询问事项的主题，使对方把握询问意图，防止因问话不明确使人摸不着头脑，答非所问。

2）允许陈述人畅所欲言。调查中不要轻易打断被询问人的陈述，允许其按照询问事项的要求，根据自己所知道的事实和所掌握情况的思路进行自由陈述。这样可以保证所调查情况逻辑性强，内容连贯有序，因果关系清楚，有利于准确分析认定案情，避免或减少差错。听取被询问人自由陈述，有时还可意外获取到依靠提问无法知道的情报和信息。

3）有针对性地适时发问。对于陈述中未涉及的问题，或虽然讲到但一带而过，不详细、不具体的问题，或与其他情况相互冲突的某些细节向被询问人进行发问。发问要切中要害，突出重点，全面细致。根据每起焚车案件的具体情况，研究确定发问的重点问题，如出车事由、人员行址、出险经过、扑救及报险情况等，凡与此有关的情况，发问都要尽量周全、详细、具体、一步到位调查清楚。发问时必须首尾相顾，符合“七何”（即何时、何地、何人、何事、何故、何法、何果）要素要求。

4）认真核对询问笔录。对调查对象发问结束时，必须将记写好的询问笔录交给调查对象过目或向其宣读，同时必须告知对方，如果认为笔录某处记载有遗漏或有出入，可以提出补充、修改、更正意见；如果事后又回忆起了新的案情内容，可以作补充陈述。笔录材料核对无误后，必须由被询问人签字确认，这样才能起到证据作用。

（5）焚车骗赔案现场勘验取证

1）焚车现场实地勘验的内容。

① 对焚车现场周边环境进行勘验。查明焚车事件发生的具体方位，是城市还是农村，是发生在道路上还是村屯大院或车库内。如果是在道路上，要查明被焚车辆所处的具体位置和环境；

如果是室内，要查明停放车辆的具体部位，搞清进入现场作案的出入口及所处的环境情况。

② 对被焚车辆进行勘验。查明被焚车车型、车号、颜色、轮距。如果是肇事后焚烧的车辆，还要查明前悬、后悬、接近角、离去角、车况、停车姿势、烧毁的部位、烧毁程度，以及车内物品、油箱、操作台的情况。

③ 对被焚车辆行驶痕迹、燃烧痕迹及其他痕迹进行勘验。查明被焚车辆与现场路面、建筑物、路树相互作用所形成的碾压、撞击、刮擦等痕迹的形态及形成经过；查明焚烧机动车的火源、起火点、引燃物、助燃物、燃烧程度、火势蔓延方向；查明其他可疑痕迹的形成机理及与焚车事件的关系。

④ 对现场遗留物进行勘验。查明遗留在焚车现场的物质或物品来源、遗留时间、遗留方式，尤其要查明可疑物品的形态、特征、质量、气味、颜色、遗留缘由、与焚车事件之间的关系。

2）焚车现场勘验的步骤。对焚车现场的勘验，要按照整体巡视、局部观察、分别勘验三个阶段顺序进行。

① 整体巡视。通过整体巡视，判明现场方位，确定现场范围，提出切实可行的勘验方案：包括勘验的范围、重点、顺序、方法、措施等。划定勘验范围应力求准确，以避免过大或过小。过小会遗漏重要的痕迹物证，过大会无端浪费人力。整体巡视阶段需要完成的工作有：进行现场方位、现场概览照录像，绘制现场方位图。

② 局部观察。通过局部观察，了解车辆各部位焚烧后发生的变化，发现和记录各种痕迹物证的原始状况，分析研究各种痕迹形成的原因、特点、与焚车之间有何关系，现场状态、报案陈述、现场调查是否一致。这一阶段需要做好以下工作：一是要对有关痕迹作出明显标记和警示，划出通道，以便其他查勘人员进入现场；二是要按照要求，完成现场中心的照录像和现场平面草图的制作，详细记录现场情况；三是确定下一步分别勘验的重点目标和内容。

③ 分别勘验。分别勘验是指在局部观察的基础上对现场与焚车有关的痕迹和物体逐个地进行勘验和检查。通过分别勘验，力争发现细小隐蔽的痕迹物证，分析研究其形成过程、原因和与焚车的关系。

3）焚车出险现场勘验的方法。

① 静态勘验。静态勘验是指勘验人员在不变动现场客观事物的自然条件下，对与焚车有关的现场痕迹物证所进行的观察、固定、记录和研究的一种勘验方法。要求勘验人员对现场的任何物品都不要去动，全面认识、正确反映客观事物的真实情况和原始特征。通过观察研究，从案发的特定时空条件出发，正确分析判断焚车骗赔者的行为特点，发现痕迹物证。通过静态勘验，搞清被焚车辆与焚车现场之间、不同形态特征的痕迹物证之间的相互关系，并及时运用照录像、笔录、绘图等方式详细固定和保全现场情况，为下步的动态勘验做好准备。

② 动态勘验。动态勘验是指查勘人员在静态勘验的基础上，对被焚车辆及有关物体通过辗动、移挪、翻转所进行的勘验。动态勘验的目的是发现或检验出某种不易看见的痕迹、细小物品或微量物质，更深入、更全面地观察现场情况，研究痕迹物证遗留形成的过程和条件。

4）焚车现场实地勘验的操作规则。

① 先静后动。实地勘验时，对于任何痕迹物品都不要匆忙动手，要对现场首先进行一番宏观的静态观察，搞清楚痕迹物证的原始状态、形成原因和相互关系。在此基础上再翻转移动物品，进行详细的观察研究。在检查易损易变形的物体时要轻拿轻放、小心谨慎。为了

不损坏痕迹物证，勘验时要戴好手套，使用镊子等专用工具接触物品。

② 先照后提。在观察发现的基础上，对于焚车现场比较有价值、能说明问题、需要提取的现场痕迹物证，要在动手之前先采用照录像方法固定记录好它的原始状况，然后再根据痕迹物证的属性、类型和明显程度，采用相应的技术方法加以显现、固定、提取。

③ 由表及里。为保证痕迹物证不损坏、不遗漏，必须按照一定的顺序，先近后远、先下后上、先表面后内部、先地面后空间、先左后右、先前再后，先接触一侧再接触其他侧进行勘验，以期取得较好的勘验效果。必要时可借助白炽灯、红外灯、紫外灯等特殊光源显现观察，并可进一步置于放大镜、显微镜下观察研究痕迹物证的细微特征。

④ 突出重点。要根据每个不同焚车现场的具体状况，本着重点突出、循序渐进的原则进行实地勘验。要先勘验重点部位、重点痕迹、重点车辆，从中发现关键的痕迹物证。

(6) 焚车出险现场勘验记录

现场勘验记录既是保险理赔人员履行查勘职责的客观记载，又是固定和保全现场痕迹物证的重要措施；既是正确研究分析案情、合理赔付的客观依据，又是揭露证实保险欺诈骗局、公正裁判的客观依据。

制作现场勘验记录要遵循及时、全面、细致、客观的原则，符合一定的程序和规格要求。

一份系统完整的现场勘验记录，应当由现场勘验笔录、现场照片、现场录像和现场图四个部分组成。一般的现场勘验记录起码要具有现场笔录、现场照片和现场图三部分。随着电子技术的发展和视听资料证据力的增强，现场录像的作用也日趋重要。

1）现场勘验笔录的制作。现场勘验笔录按其规格要求和内容结构，大体可分为绪言部分、纪实部分和结尾部分。

① 绪言部分。绪言部分包括受案情况，指接案时间和地点，发现人，报案人，被保险人姓名、职业、住址及联系电话，以及他们所陈述的焚车案发现经过，现场保护和变动情况及原因；参与现场查勘的指挥员，勘验人员及其他现场人员的姓名、单位、职业；现场勘验的日期和起止时间，勘验的顺序，勘验时的气候、光线条件。

② 纪实部分。纪实部分包括焚车地址，现场位于的市、区（乡镇）、街（村）、组（胡同）、户（楼门号）等；被焚车辆所处确切位置、现场性质、现场周围环境、现场结构特征；被焚车辆的详细情况，指车辆的形态姿势、样式型号、牌照号码、规格尺寸；各种痕迹物证的所处位置、距离、形态、特征、数量、名称及发现方法和搜集情况；异常现象（如与出险报案陈述相悖或与有关痕迹物证相矛盾）。

③ 结尾部分。结尾部分包括发现提取痕迹物证的名称和数量；照录像的内容和数量；编制现场图的种类和数量；现场查勘指挥人、查勘人、记录人及现场见证人签名。

制作勘验笔录应当注意：记载的顺序应与现场勘验的顺序相一致；记载的内容要客观准确；笔录的结构要通俗易懂；笔录必须经勘验人和临场见证人签名确认。

2）现场图的绘制。勘验焚车现场应绘制现场图。根据其表达内容可分为现场方位图、现场全局图和现场局部图三种。后两种图又可分为平面图、平面展开图、立体图、透视图、剖视图等。

现场图应反映出焚车案发生的地点、方位，焚车现场的地理形态，交通运营环境，被焚车辆位置，遗留痕迹物证的部位及相互关系，以便为恢复现场原貌，分析鉴定案情提供依据。

绘制现场图必须图纸标准、定位准确、图形正规、标记完整、字迹清晰、图面整洁、线条流畅、线型统一、比例恰当、数据可靠、情况全面、相互联系、重点突出、简略得当。

（7）焚车赔案物证技术检验鉴定

1）焚车赔案物证技术检验鉴定的原则。

① 合法原则。由于鉴定结论作为证据的一种，其质量的优劣将直接影响到案件的处理和法律的适用。因此，物证技术检验鉴定必须按照规定程序提出，并委托有能力行使鉴定权的机构进行，以确保鉴定结论的合法性。

② 科学原则。要求鉴定人员必须具有依据科学、尊重科学、相信科学的态度，借助于高精尖的现代化的技术设备，按照规范的操作程序，利用物理学、化学、法医学等科学原理揭示物证的某些特性，使鉴定结论符合客观实际、无懈可击。

③ 求实原则。要求鉴定人员必须敢于坚持真理，实事求是，主持正义，秉公鉴定。要求鉴定人员必须防止和克服主观臆断、先入为主，在调查研究的基础上认识证据的基本属性，掌握证据的一般特征和特定特征，得出符合事物发展规律和客观实际情况的鉴定结论。

2）焚车赔案物证技术检验鉴定的方法。

① 化学分析鉴定。对焚车赔案现场不同的化学物质和易燃物质，通过化学分析仪器化验分析，得出其成分、性质、闪点、自燃点等方面的确切数据，为分析认定火因提供依据。

② 金相分析鉴定。利用金相显微镜等仪器，对金属组织进行分析，观察金属材料被烧后金相组织的变化状态，断定其加热、保温、冷却的条件，为认定火因提供证据。金相分析的原理是，火场上有熔痕的金属物证，其金相组织必然在一定的物理、化学条件作用下发生变化，可通过观察分析金相组织，判断提取的物证受热时的燃烧性质、燃烧温度、燃烧时间、冷却速度、导体熔痕形成的时间，进而对火因作出科学鉴定。

③ 热分析鉴定。通过检测被测样品在加热过程中的吸热和放热情况及热失重情况，鉴定出样品的热性能，为分析认定火因提供科学的依据。

对火场中某些受热后的物质进行试验分析，将其吸热、放热、减量等物理特征指标与标准样品进行比较，可推断出该物质的受热程度。把火场中各部位物质受热程度分布测出，能为分析断定起火点或剩磁检测鉴别起火部位提供参考依据。

3）肇事车辆性能鉴定。了解被焚车辆的结构、技术性能和使用状况，以及与发生焚案的关系，为分析焚车的成因及其可能性、确定保险责任提供客观证据。车辆鉴定必须围绕办案的需要有的放矢。除常规检验外，应针对具体情况进行特定内容检验，必要时还应进行车辆分解检验。

① 车辆常规检查。根据车辆管理部门颁布的《机动车运行安全技术条件》，鉴定该车是否符合上路行驶的标准，并应着重检验车辆的灯光、转向、制动等部分是否符合规范要求，检查变速器档位和驻车制动器杆的位置，气压表的指针位置和各制动管的完好情况。

② 特定内容检查。对车辆某些有疑义之处进行检查，为分析肇事成因提供依据。特定内容应根据需要确定，如对点火钥匙的状态、汽车油箱存油量及油箱盖情况的检查；对车内可燃物和助燃物的检查；对车辆识别信号的检查；对车辆结构及使用参数的检查，主要内容

有长度、宽度、高度、接近角、离去角及轮距、轴距、最小转弯半径和回转半径，从动力学角度分析肇事成因；对车辆的制动效能，运用制动减速仪测定肇事车辆的制动减速度，分析制动与肇事的关系；检查车辆是否跑偏，测出跑偏角；检查驾驶员座椅、视野、隔声、仪表盘设计、风窗玻璃的起落状态、眩光反差程度、后视镜的安装角度等与肇事有关的因素。

③ 分解检验。如果车辆焚烧严重，无法进行行走试验，或零部件的型号特征不清，检验困难，应进行分解检验，对其型号、品质、效能、痕迹进行鉴定。

4）道路鉴定。通过道路鉴定，可判定焚车赔案与道路通行条件的关系，为分析确定案情提供依据。道路鉴定检验的内容有：道路宽度，包括行车路面宽度、路肩宽度等。

路面宽度在一段路内的变化情况，如弯道加宽，路肩崩坍、隆起等；路面状况，包括道路面层材料（水泥、沥青、渣油、砂石等）、条件（干或湿、光滑或粗糙等）以及路面损坏情况；道路条件，包括视距、用于计算制动距离和车辆受重力影响速度变化所必需的纵向坡度，决定车辆允许最大速度稳定行驶的弯道曲率半径；超高、弧长等；还有交通管理设施及路面障碍情况。

5）机动车辆识别编号鉴定。通过对发动机、底盘和制造厂铭牌上的识别编号检验，确认车辆原始识别编号；甄别识别标志号有无更改；核查被焚车辆与投保车辆是否同台车辆，为办案提供科学依据。

6）文件检验鉴定。文件检验是运用文字、语言、生理、心理、物理、化学等各种技术方法，对与焚车赔案有关的笔迹和文件物证进行检验，如运用笔迹检验技术甄别保险单、出险通知书、事故证明、事故责任认定书、事故调解书、判决书、现场查勘记录、损失清单、结案报告、病历档案、单据凭证、驾驶证、行驶证等材料是否原始书证，字迹是谁书写，几人书写，内容有无添加、涂改和伪造，运用印章印文检验技术鉴定印文是否原始印章所盖印。

7）痕迹检验鉴定。运用痕迹学的专门理论和方法发现、提取、分析、研究、鉴别焚车赔案现场遗留的各种印象和形象，根据遗留痕迹的部位、形态、方向、数量、距离、角度，推断造成事故客体的种类和痕迹形成的原因，分析作案的手段和过程，为准确认定案情提供依据。

（三）履行告知

1）火烧车辆案件应告知被保险人或当事人及时向公安消防部门报案，要求相关技术人员对火灾现场查勘、调查、取证，必要时提取检验，应取得县级以上公安消防部门出具的火灾原因分析报告或火灾原因证明，驾驶证、行驶证在火灾中烧失无法提供复印件的，需到车辆管理所查抄驾驶员、车辆登记底档。另外，除要求被保险人正常填写《机动车保险出险通知书》外，还应对当事司机及被保险人作询问笔录。

2）详细告知保户索赔时所需材料及单证，送交客户索赔单证一览表，并由被保险人签收。

（四）火灾事故车损失核定

1. 火灾对车辆损坏情况的分析

火灾对车辆损坏一般分为整体燃烧和局部燃烧。

1）整体燃烧。整体燃烧一般情况下损坏较严重，主要是指发动机室内线路、电器、发动机附件、仪表台、内装饰件、座椅烧损，机械件壳体烧融变形，车体金属（钣金件）件脱炭（材质内部结构发生变化），表面漆层大面积烧损。

2）局部烧毁。局部烧毁分三种情况：一是发动机室着火造成发动机前部线路、发动机附件、部分电器、塑料件烧损；二是轿壳或驾驶室着火造成仪表台、部分电器、装饰件烧损；三是货运车辆货厢内着火。

2. 火灾车辆的定损处理方法

对明显烧损的进行分类登记。对机械件应进行测试、分解检查，特别是转向、制动、传动部分的密封橡胶件；对金属件（特别是车架，前、后桥，壳体类）考虑是否因燃烧而退火、变形；对于因火灾使保险车辆遭受损害的，分解检查工作量很大，且检查、维修工期较长，一般很难在短时期内拿出准确估价单，只能是边检查边定损，反复进行。

3. 火灾汽车的定损

汽车起火燃烧以后，其损失评估的难度相对大些。

如果汽车的起火燃烧被及时扑灭了，可能只会导致一些局部的损失，损失范围也只是局限在过火部分的车体油漆、相关的导线及金属管路、过火部分的汽车内饰。只要参照相关部件的市场价格，并考虑相应的工时费，即可确定出损失的金额。

如果汽车的起火燃烧持续了一段时间之后才被扑灭，虽然没有对整车造成毁灭性的破坏，但也可能造成比较严重的损失。凡被火“光顾”过的车身的外壳、汽车轮胎、导线线束、相关管路、汽车内饰、仪器仪表、塑料制品、外露件的美化装饰等可能都会报废，定损时按需更换件的市场价格、工时费用等确定损失金额。

如果起火燃烧程度严重，外壳、汽车轮胎、导线线束、相关管路、汽车内饰、仪器仪表、塑料制品、外露件的美化装饰等肯定会被完全烧毁。部分零部件，如控制计算机、传感器、铝合金铸造件等，可能会被烧化，失去任何使用价值。一些看似“坚固”的基础件，如发动机、变速器、离合器、车架、悬架、车轮轮毂、前桥、后桥等，在长时间高温烘烤作用下，会因“退火”而失去应有的精度，无法继续使用，此时，汽车基本是报废了。

（五）火灾事故现场施救技巧及索赔

1. 密切关注起火前兆

汽车自燃一般都有一个过程，如果是发动机起火，开始时可能仪表台会冒黑烟、有焦煳味儿，并伴随有异响、串火苗等，但在车前部一般是看不到的。如果司机开着空调，在起火初期就可以闻到发动机室内的焦煳味。如果是汽车尾部的行李箱起火，应该可以通过车窗及后视镜看到烟雾。

当发生汽车自燃征兆时，应该当机立断熄火停车，最好能将车停在避风处进行施救，避免产生更大的损失。

2. 起火后的施救

（1）自行灭火

确认汽车起火以后，驾乘人员应头脑清醒，切忌惊慌失措。将车停靠路边后，取出灭火器，确认起火部位，实施扑灭作业。

准备灭火时，要记住切不可马上打开发动机上盖，无论是前置发动机还是后置发动机，也无论是柴油机还是汽油机。因为此时火势仍然控制在发动机盖（罩）下燃烧，没有形成热对流，可燃物也不多，火势燃烧较为缓慢，对扑救有利，这与“先控制、后消灭”的消防灭火作战原则异曲同工。如有可能，可用随车灭火器，由发动机盖（罩）缝隙处，对准起火部位喷射灭火，如果慌乱之中胡乱喷射，往往不容易将火扑灭。如果两人协同灭火，可由一人手持灭火器，另一人打开发动机盖，在发动机盖打开的一刹那，对准起火部位猛喷。如果只有驾驶员一人灭火，应该一手持灭火器，一手去开发动机盖，发动机盖打开后迅速喷射；或者将灭火器放在身边，待发动机盖打开后立即拿起来喷射。

有些发动机盖开启时需要把手探到里面打开锁销，所以失火时应戴好手套，免得烫伤；如果开启发动机盖不熟练，建议平时多加练习。

如果火势较大，灭火器不够用时，可借用往来车辆上的灭火器或用沙土泼救。

若火势危及到车载易燃物时，应先将其卸下，如果是车载货物着火，应先把货物卸下扑救。

油料着火时，严禁泼水扑救，但酒精、酒类着火时，可用水泼救。

救火时，要防止烧伤，不要在灭火的同时张口喊叫，以免烟火呛伤呼吸道。

(2) 报警求救

如果火势很大，或者经过初步施救后，仍然无法将火扑灭，则应尽快远离现场并及时拨打119报警。此时，不要急着抢救车内的财物，防止被意外烧伤。

3. 保险索赔

汽车起火后，驾驶员在拨打119火警电话报警以后，应该拨打投保的保险公司的报案电话，在第一时间拿到报案号并熟记之，或要求保险公司到现场。在消防队灭火后，要及时向他们索要出警证明，并让其开具起火原因的说明。在保险公司定损以后，根据其要求拖到相应的修理厂进行修复。汽车修好以后，凭维修发票在额度内报销，一般赔付率在80%左右。

如果汽车自燃仅仅造成了电器、线路、供油系统的损失，保险公司是不予赔偿的。

(六) 知识点

1	汽车起火的分类	7	焚车赔案现场调查的要求
2	汽车自燃的原因	8	焚车赔案物证技术检验鉴定
3	火灾现场调查访问的重点	9	焚车出险现场勘验记录
4	对自燃汽车现场查勘的要求	10	火灾车辆案件的履行须知
5	焚车出险现场勘验的步骤和方法	11	火灾事故车损失核定
6	焚车现场实地勘验的内容	12	火灾事故现场施救技巧及索赔

二、典型案例

—庐山牌中巴遭纵火焚烧

2006 年 9 月 22 日凌晨 1 点多，停放在麻城市胜利村毛女士家的一辆庐山中巴车突然燃起大火，经过村民的奋力扑救，虽然大火被很快扑灭，但是损伤还是相当严重。遭纵火焚烧中巴如图 6-12 所示。

图 6-12 遭纵火焚烧中巴

1. 事故介绍

该事故车是客运车辆，晚上经常停放在毛女士家中，2006 年 9 月 22 日凌晨，毛女士被院外的动静惊醒，起身观察发现停在院子里的中巴车着火了，于是赶紧召集村民奋力扑救，火被扑灭了，但是由于火势太大，使得车子受损严重，经过观察发现车子下面有稻草，但是昨晚停车前下面根本没有，所以怀疑有人故意纵火。毛女士当场报警，22 日上午 9 点多打电话到保险公司报案。

2. 现场查勘

1）核对资料，核对毛女士驾驶证、行驶证查验信息，确认车辆保险情况。

2）现场查勘，分析车辆起火原因。判断是碰撞事故引起燃烧还是车辆自燃引起燃烧；标的是动态状态下起火还是静态状态下起火；检查车辆燃烧痕迹，判断燃烧起火点及火源。

3）现场查勘的重点依据案件的具体情况包括①查勘路面痕迹；②查勘路面上散落物；③对“火迹”及“过火时间”的查勘；④动态下着火燃烧的查勘；⑤静态下车辆着火等。

4）现场调查访问的重点包括①车辆碰撞或翻车的具体情节及造成着火的原因；②车辆起火和燃烧的具体情节及后果；③车辆起火后驾驶员采取了哪些扑救的措施；④车辆着火时灭火及抢救的具体情况。

5）走访、调查现场有关人员，就其当时看到的情况做好询问笔录，并对笔录签名，留下联系电话。应特别注意了解车辆着火时驾驶员从车内出来时的言行举止。

6）在对当事人作现场笔录时应注意的问题。当事驾驶员与被保险人的关系；车辆为何由当事驾驶人使用；保险车辆着火的详细经过，发现着火时当事人做了些什么应急处理；近来该车技术状况和使用情况如何，是否进行过修理，最近一次在哪家修理厂维修的。

7）重点查勘事故地周围有无异常物、车上配件、工具，调查起火前、起火中、起火后状况，特别注意通过认真比较有什么差异，发现下列问题，应深入细致地重点调查。①有几个起火点；②起火部位在一个不寻常的地方；③火势突然而且过分猛烈；④似乎没有合理的起火原因；⑤与起保日期或保险终止日期相近；⑥车辆上应有物品已不在；⑦车上物品、配件被移下，有被搜寻或拆装证据；⑧当事人反对某种调查；⑨当事人行动反常，表现特别冷淡；⑩当事人的叙述与已知的事实不相符，或证词相互矛盾。

3. 拍摄照片

现场拍摄的照片如图 6-13～图 6-17 所示。

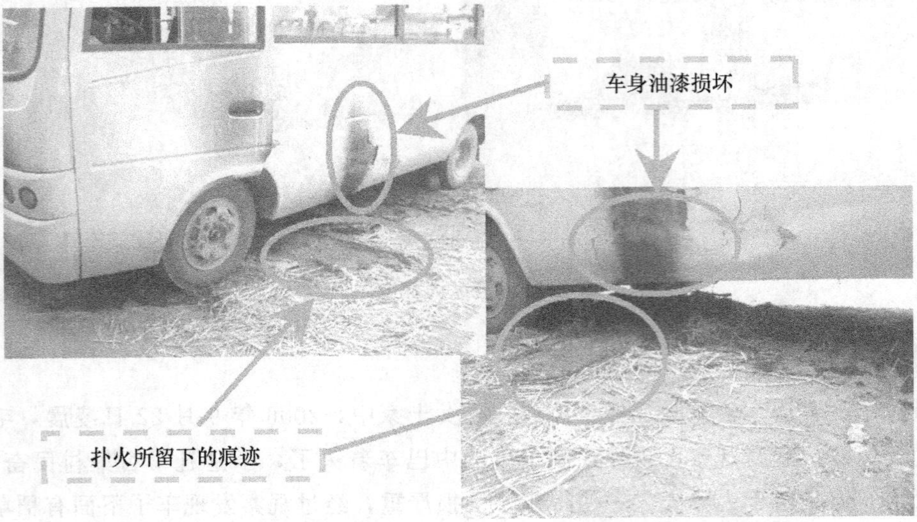

图 6-13　车身受损情况

图 6-14　底盘受损情况

图 6-15　发动机室烧损情况

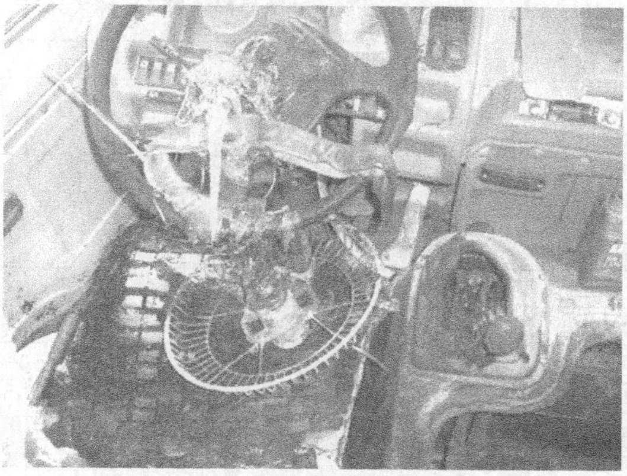

图 6-16　电扇、转向盘、变速器手柄、座垫等烧毁情况

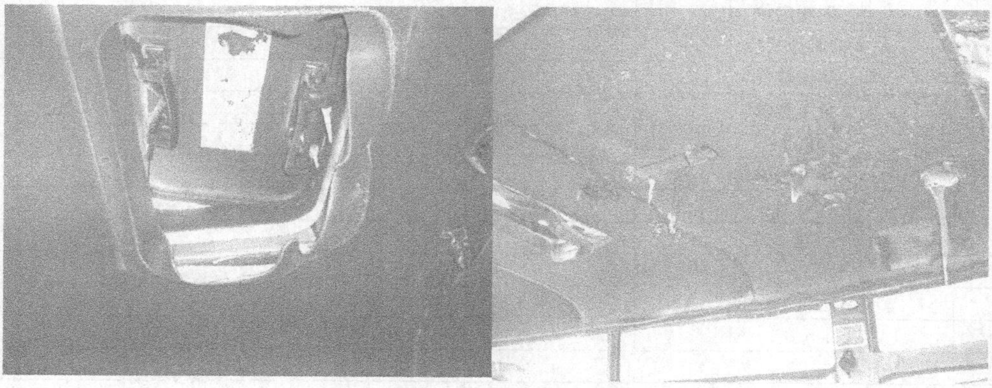

图 6-17　车顶内饰烧损情况

4. 现场定损

1）根据查勘和调查取证情况，判定事故责任，推定全损时根据市场调查的车辆价值推算着火车辆现在的实际价值，按照投保情况和免赔率，预估事故损失进行立案处理。

2）着火车辆发生部分损失时应立即进行定损核价，定损核价实际操作中特别注意的是：火烧车辆定损时一定要分析着火源、燃烧范围、热传导范围，对燃烧范围和热传导范围的金属薄壳件、塑胶件、密封件、电器、线路、油液类要进行重点检查，对因高温引起变形、变质件一定要予以更换。

3）及时在网上查勘平台进行查勘信息录入，在规定时间内及时立案。

4）确定损失项目，利用定损软件输出修理项目清单见表 6-3。

表 6-3　修理项目清单

PICC 中国人民财产保险公司
The people's insurance company of china

机动车辆保险车辆损失情况确认书
修理项目清单

承保公司：××××
报案编号：RDAA2006442000000×××××　　共 1 页，第 1 页　　条款类别：车损

保险单号：PDAA2006442001010×××××　　厂牌型号：厘山客车
保险金额：　　号牌号码：鄂 J×××××

序号	修理项目名称	工时	工时费	材料费	备注
一、	油漆：				
1	整车车身校正				
2	车顶				
3	左前门				
4	左后门				
5	底部横梁校正				
6	右后翼子板				
7	右后门				
8	右前门				
9	左前翼子板				
二、	机修：				
1	发动机检修				
2	变速器检修				
3	四轮定位				
4	前悬架检修				
5	制动检修				
6	全车拆装				
三、	电工：				
1	全车电路检修				
2	电扇				
	小计：				

核准人：　李××　　定损复核人：刘×　　定损制单人：程×

5. 案件处理

1）火烧车辆案件应告知被保险人或当事人及时向公安消防部门报案，要求相关技术人员对火灾现场查勘、调查、取证，必要时提取检验，应取得县级以上公安消防部门出具的火灾原因分析报告或火灾原因证明，驾驶证、行驶证在火灾中烧失无法提供复印件的，需到车

辆管理所查抄驾驶员、车辆登记底档。另外，除要求被保险人正常填写《机动车保险出险通知书》外，还应对当事司机及被保险人作询问笔录（图 6-18）。

2）详细告知保户索赔时所需材料及单证，送交客户索赔单证一览表，并由被保险人签收。

3）要求并指导报案人填写《机动车辆保险索赔申请书》（图 6-19）。

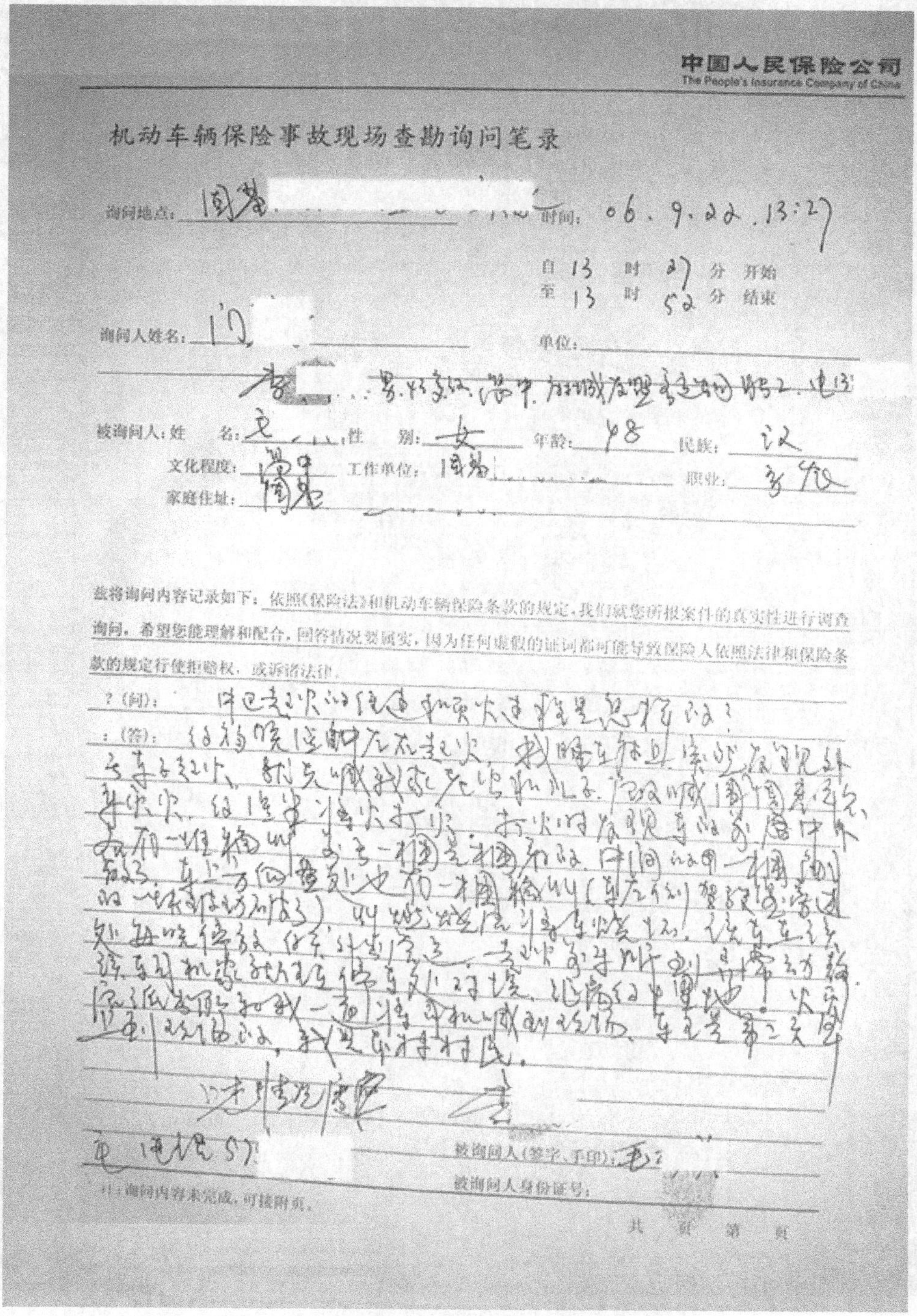

中国人民保险公司
The People's Insurance Company of China

机动车辆保险事故现场查勘询问笔录

询问地点：[illegible]　时间：06.9.22.13:27

自 13 时 27 分 开始
至 13 时 52 分 结束

询问人姓名：[illegible]　单位：

被询问人：姓　名：[illegible]　性　别：女　年龄：48　民族：汉

文化程度：高中　工作单位：[illegible]　职业：[illegible]

家庭住址：[illegible]

兹将询问内容记录如下：依照《保险法》和机动车辆保险条款的规定，我们就您所报案件的真实性进行调查询问，希望您能理解和配合，回答情况要属实，因为任何虚假的证词都可能导致保险人依照法律和保险条款的规定行使拒赔权，或诉诸法律。

？（问）：[illegible]

：（答）：[illegible]

被询问人（签字、手印）：[illegible]

被询问人身份证号：

注：询问内容未完成，可接附页。

共　页　第　页

图 6-18　现场查勘询问笔录

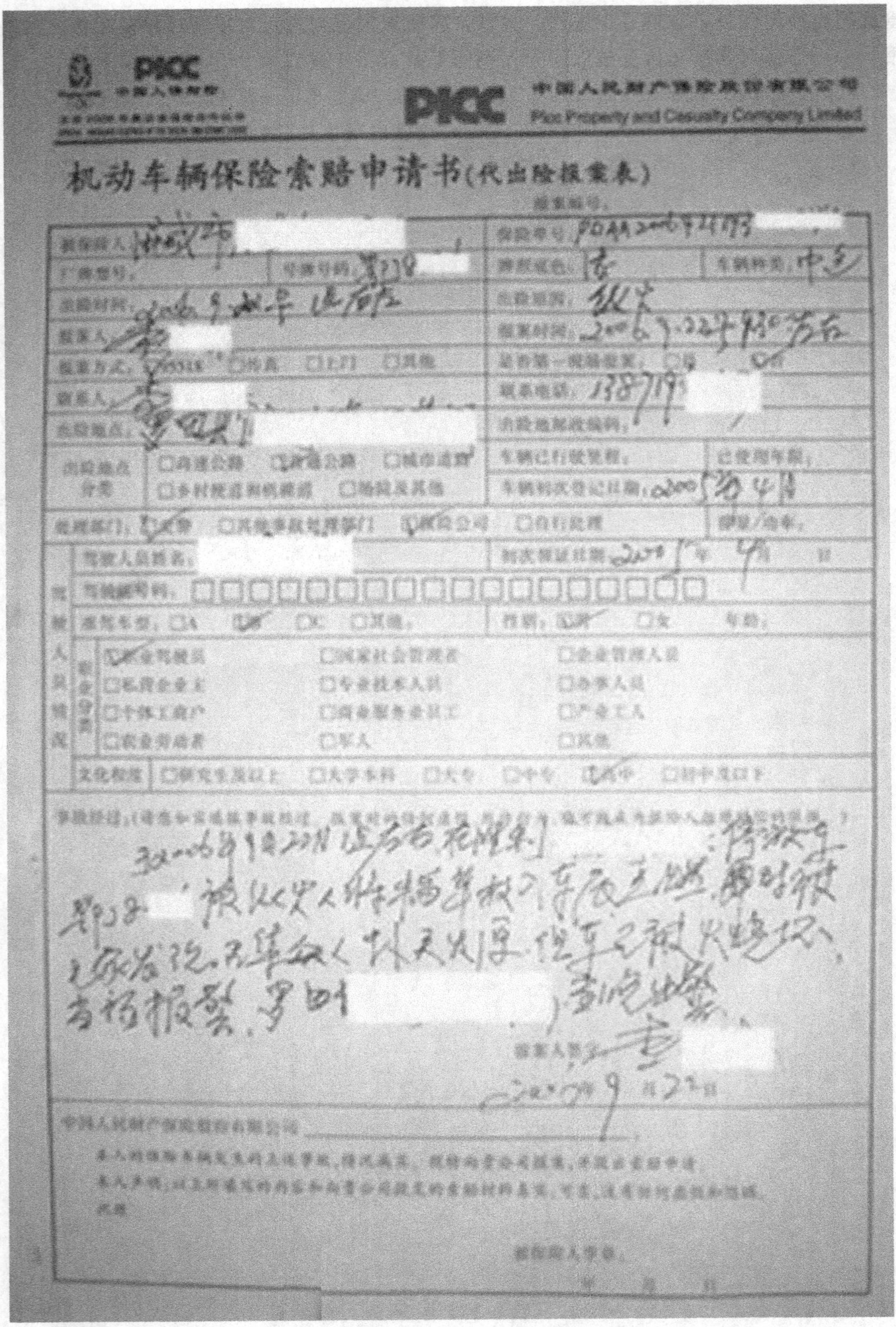

图 6-19 机动车辆保险索赔申请书

6. 案情分析

现场查勘院子周围有没有稻草，纵火者肯定是在附近抱的稻草，果然在他们的院子里就有，并且稻草散落的痕迹直到车子（图 6-20）；联系当地派出所了解细节；询问车主和附近的村民看他们的说法是否一致；最后综合所有情节分析这起事故是由人为纵火所致。

由于是一起纵火案，只有结案后，保险公司才能最后给出赔偿。

图 6-20　纵火者使用稻草物证

三、职业养成

1. 宣言——时间就是生命

我们若要生活，就该为自己建造一种充满感受、思索和行动的时钟，面对时刻不停的时钟，我们只有不断工作才能留住时间。

在今天和明天之间，有一段很长的时间；趁你还有精神的时候，学习迅速办事。放弃时间的人，时间也放弃他。

2. 细读宣言

1）每一点滴的进展都是缓慢而艰巨的，一个人一次只能完成有限的任务。

2）时间是世界上一切成就的土壤。时间给空想者痛苦，给创造者幸福。

3）今天，我开始新的生活。我郑重地发誓，绝不让任何事情妨碍我新生命的成长。

4）我在人群中昂首阔步，不会有人认出我来，因为我不再是过去的自己，我已拥有新的生命。

5）生命是可贵的，千万别以挥霍时间来浪费生命！

6）时间就是生命，无端地空耗别人的时间，其实无异于谋财害命。

3. 职业养成

1）武断下事故结论，对事故要仔细观察，保持深入查勘才能确定全部损失的习惯。

2）要学会用语言的沟通技巧向车主了解事故发生的原因。

3）谨记火灾现场查勘的重点：①查勘路面痕迹；②查勘路面上散落物；③对“火迹”及“过火时间”的查勘；④动态下车辆着火燃烧的查勘；⑤静态下车辆着火的查勘。

4）在与车主沟通的时候侧重车辆起火和燃烧的具体情节及后果；起火后驾驶人采取了哪些扑救的措施；车辆着火时灭火及抢救的具体情况。

5）查勘定损员要仔细了解起火的原因，细心观察收集证据，区分是自燃还是其他原因引起的火灾事故。

4. 阅读材料

珍惜时间，就是珍惜生命！

时间，像河水一样不停地流淌着，永远遵循着滴答作响的钟摆声有条不紊的逝去，脚步轻盈，难以察觉，往往让人忽视它的存在！然而，看似如流水般轻弱无力的时间又是这世界最有力量的东西，它可以使辉煌变成腐朽，使俊美变成枯萎，使孱弱变得强健，使野蛮变成文明，也使存在的一切变为历史！沧海桑田，水滴石穿，都是时间的巨作。

在时间的遗存容器里，同等分配给每个人的时光，皆因利用者自身的差别，而显现截然不同的结果！脚踏实地者容纳的是充实，碌碌无为者收容的是空虚。虽然，人生充满了戏剧因素，而我们只不过将其一一随着时间的流逝而收进记忆！但是，在熙熙攘攘的街头，每一个人手中掌握的命运都是不一样的。时间是上天给的，命运却是自己主宰的！

对待生命，每个人持不同的观念和态度是正常的！我们每个人都可以按照自己的意愿去安排生命。生命是可贵的，千万别以挥霍时间来浪费生命！我们无力去改变别人的生命观，但绝对可以随时告诉自己：爱护好自己！

其实，一生并不是那么的漫长，弹指间，就由一个有朝气、能拼搏、不服输的年轻人，变为一个夕阳西下的老年人！如果，过去的几十年，没有留下任何生命的痕迹，该会多么的沧桑、痛苦呢？也许，因为很多无奈，错失了很多创下辉煌的机会，但是，你努力了吗？

活着，感知生命的希望和幸福！而希望就是生命的动力，有了动力，还有什么事情不能够去尝试呢？努力后的失败，是成功之母，平复一下再次起航，不经历风雨又怎么会见彩虹？

珍惜时间，就是珍惜生命！

四、学习工作页

见附录B学生手册。

附　录

附录A　交通事故处理流程图

1. 交通事故处理流程

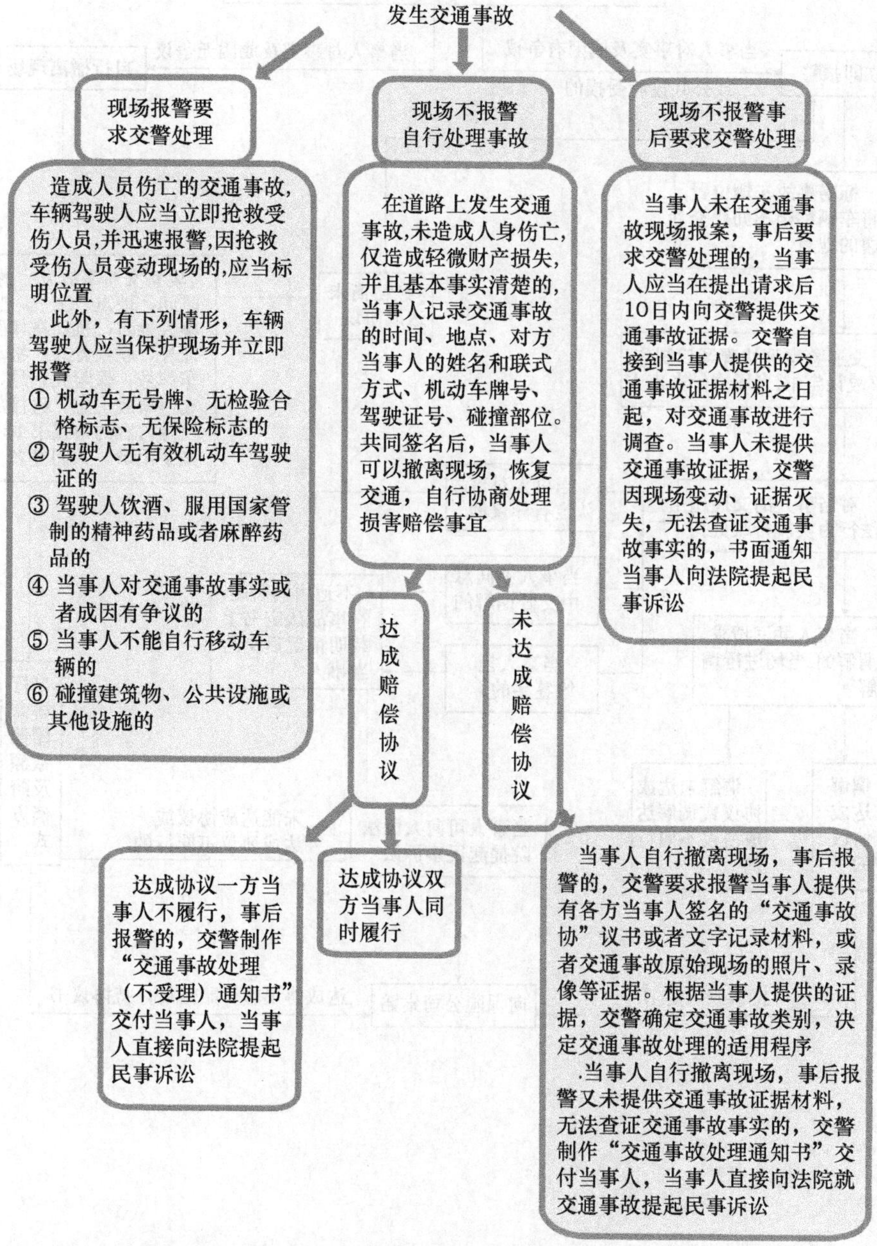

注：如果事故车当事人向保险公司理赔，现场通知保险公司的勘验员应及时赶到现场。

2. 交通事故处理的简易程序

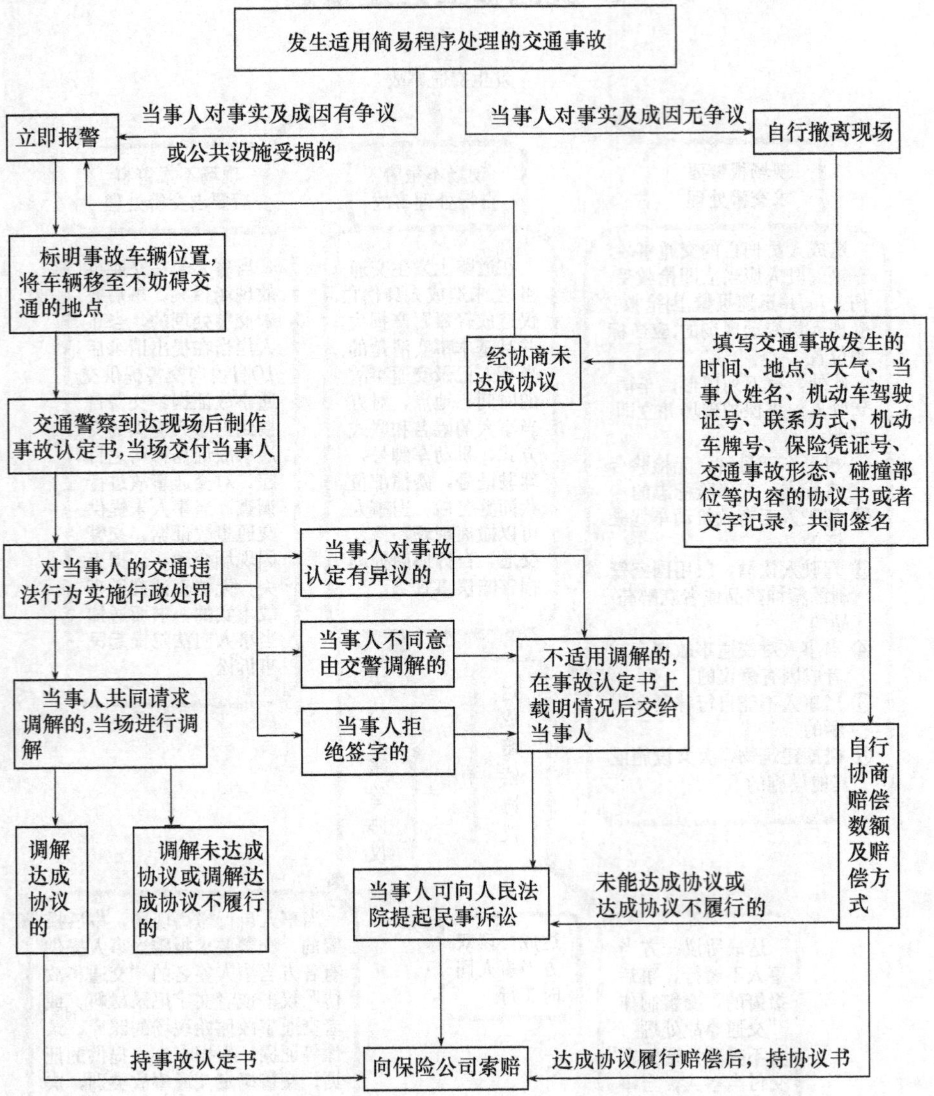

3. 交通事故处理的一般程序

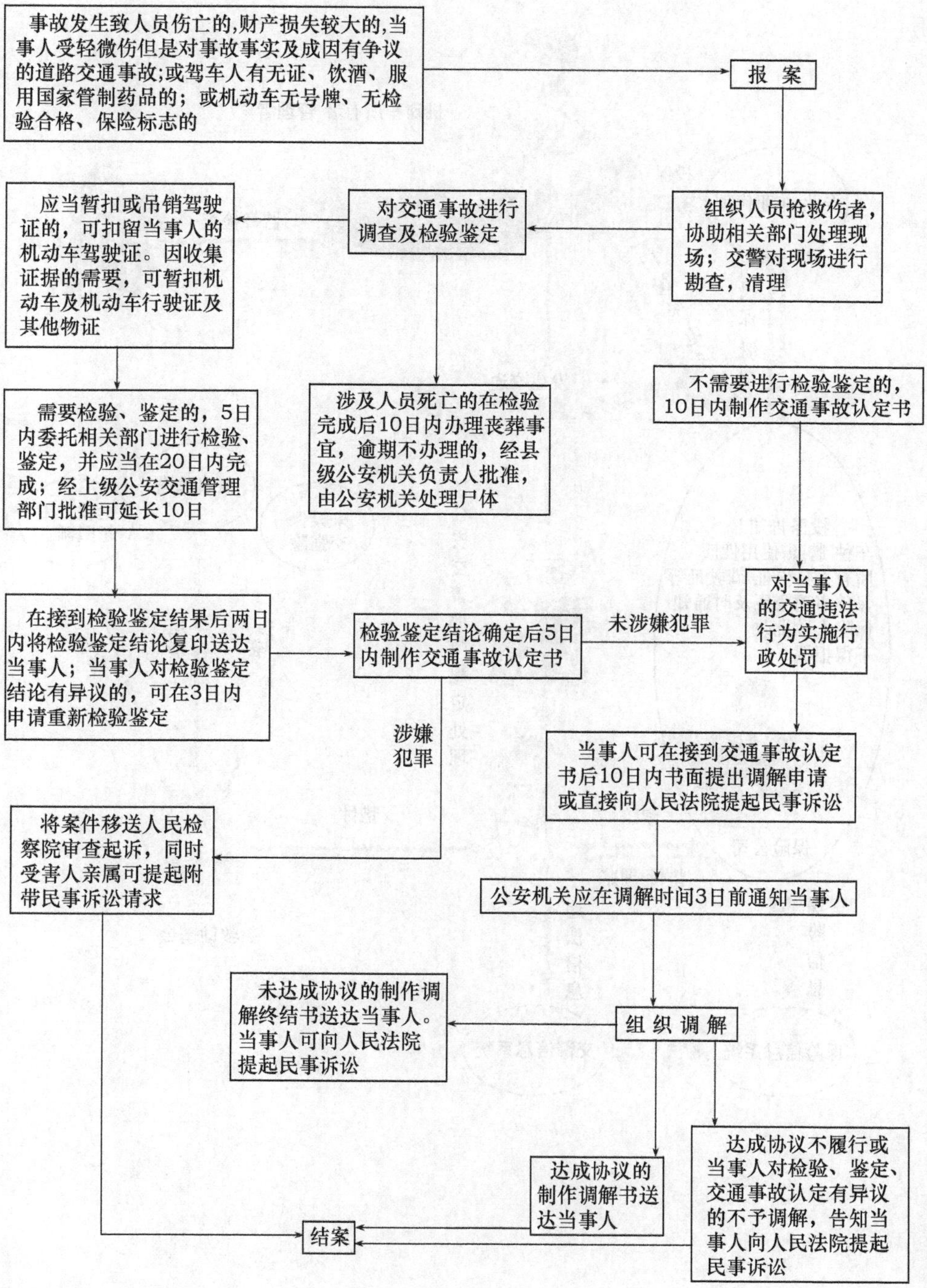

4. 交强险简要业务流程图

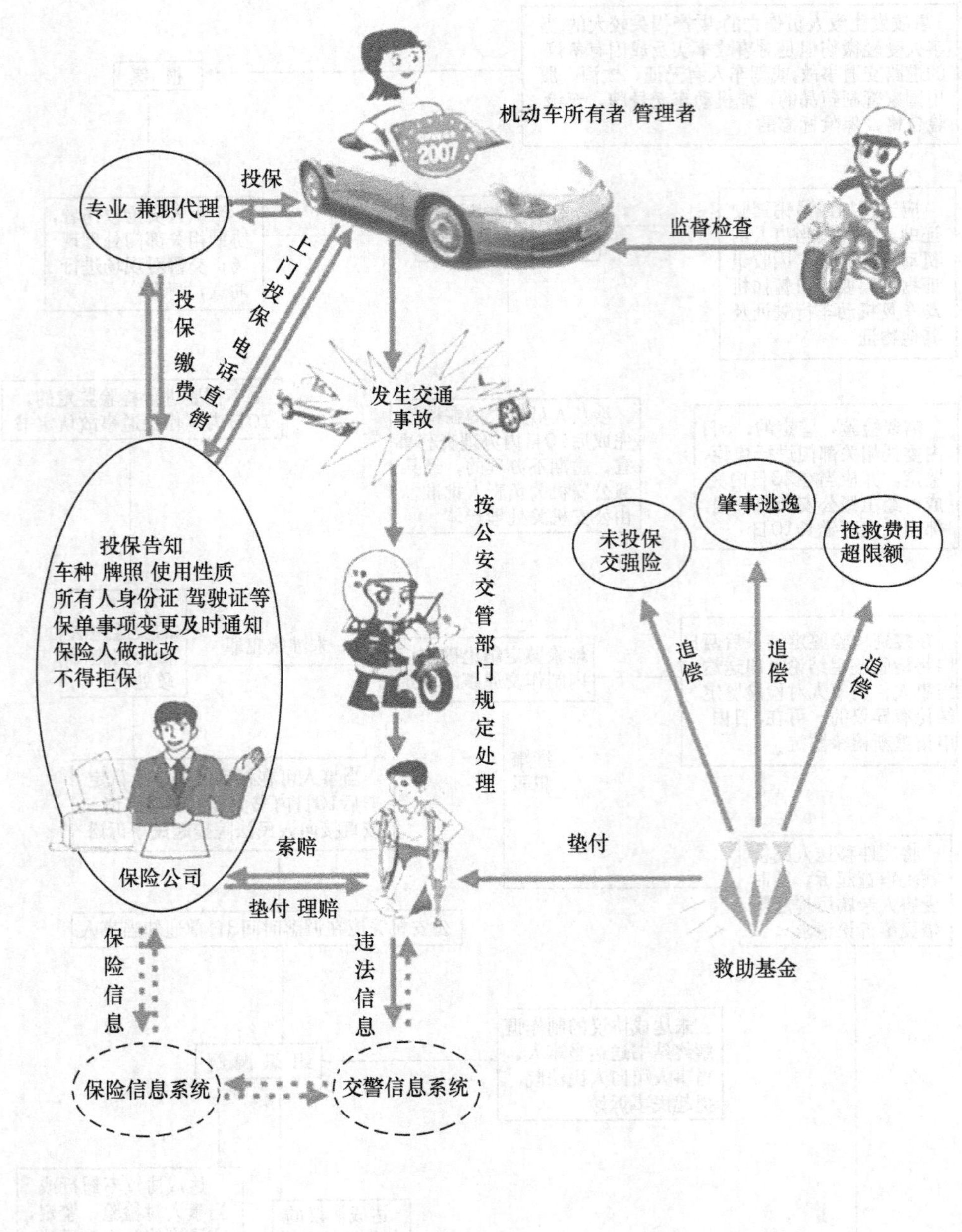

5. 中国人保财险工作流程图

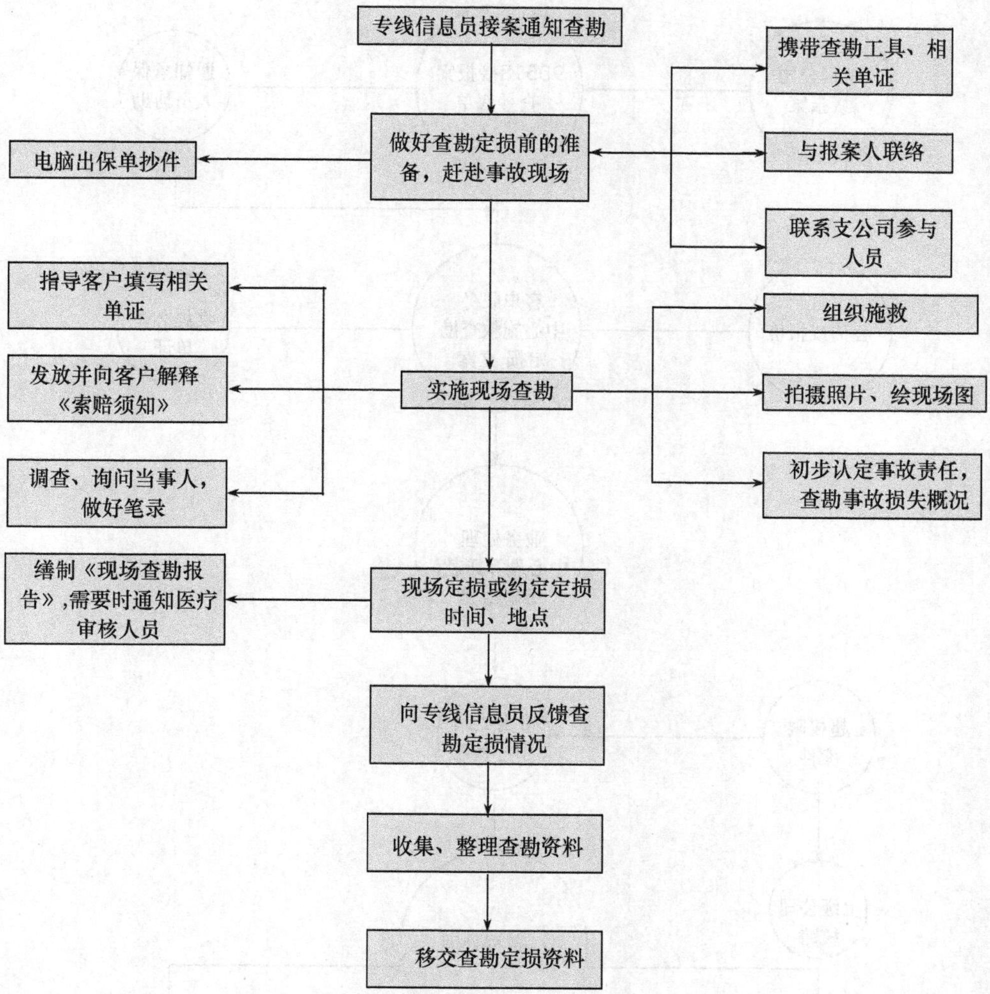

6. 中国人保财险一般理赔流程图

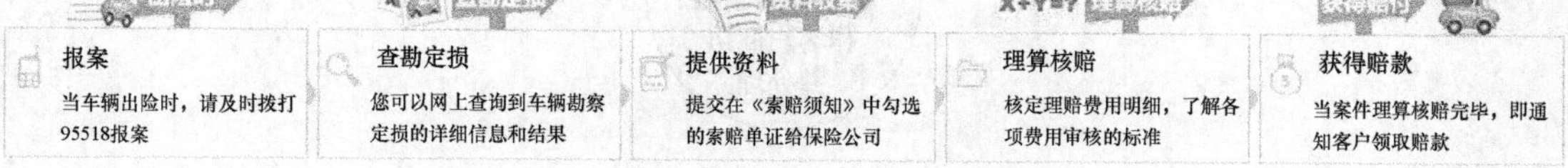

7. 中国人保财险理赔流程图

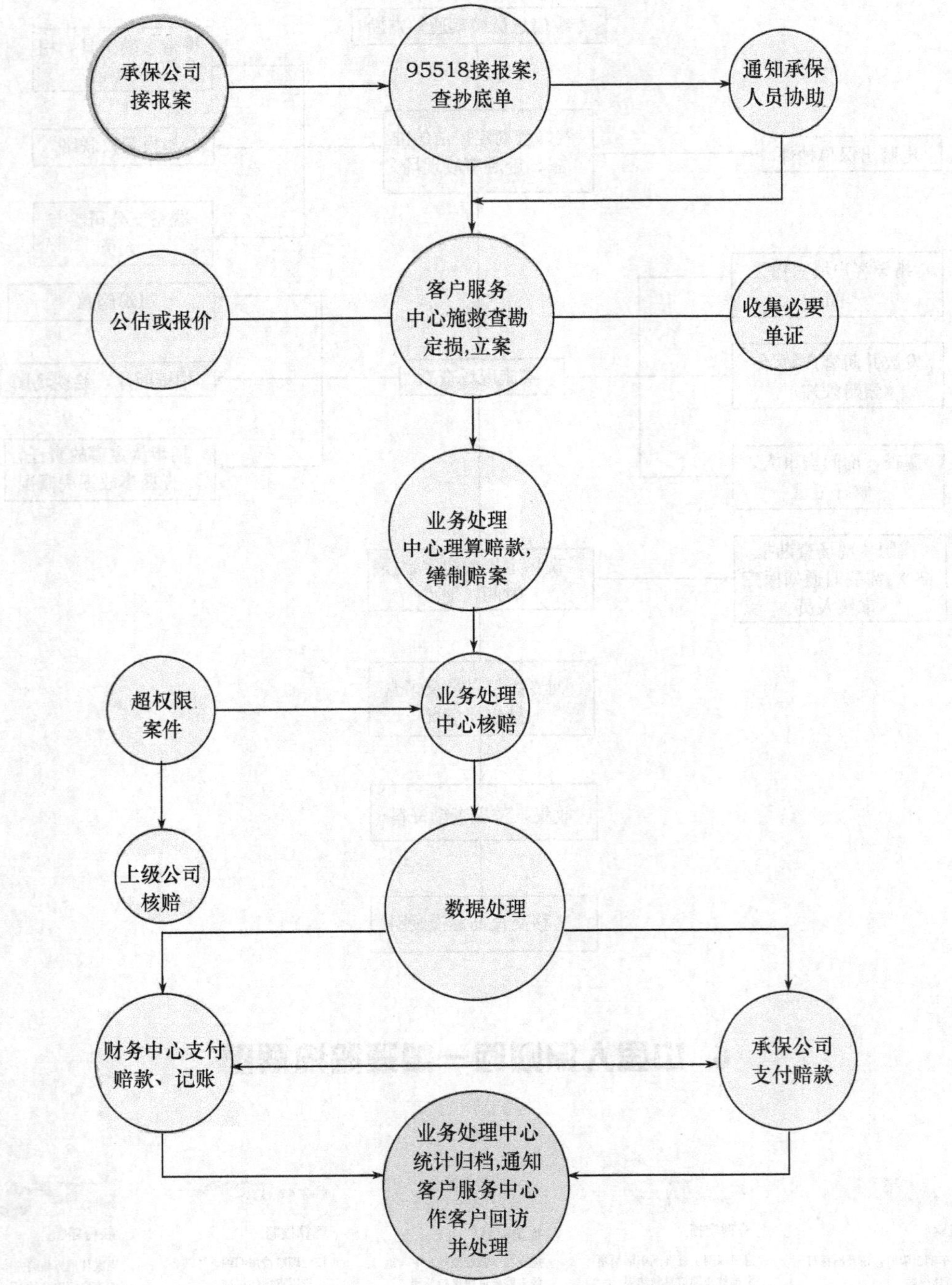

8. 中华联合财险工作流程图

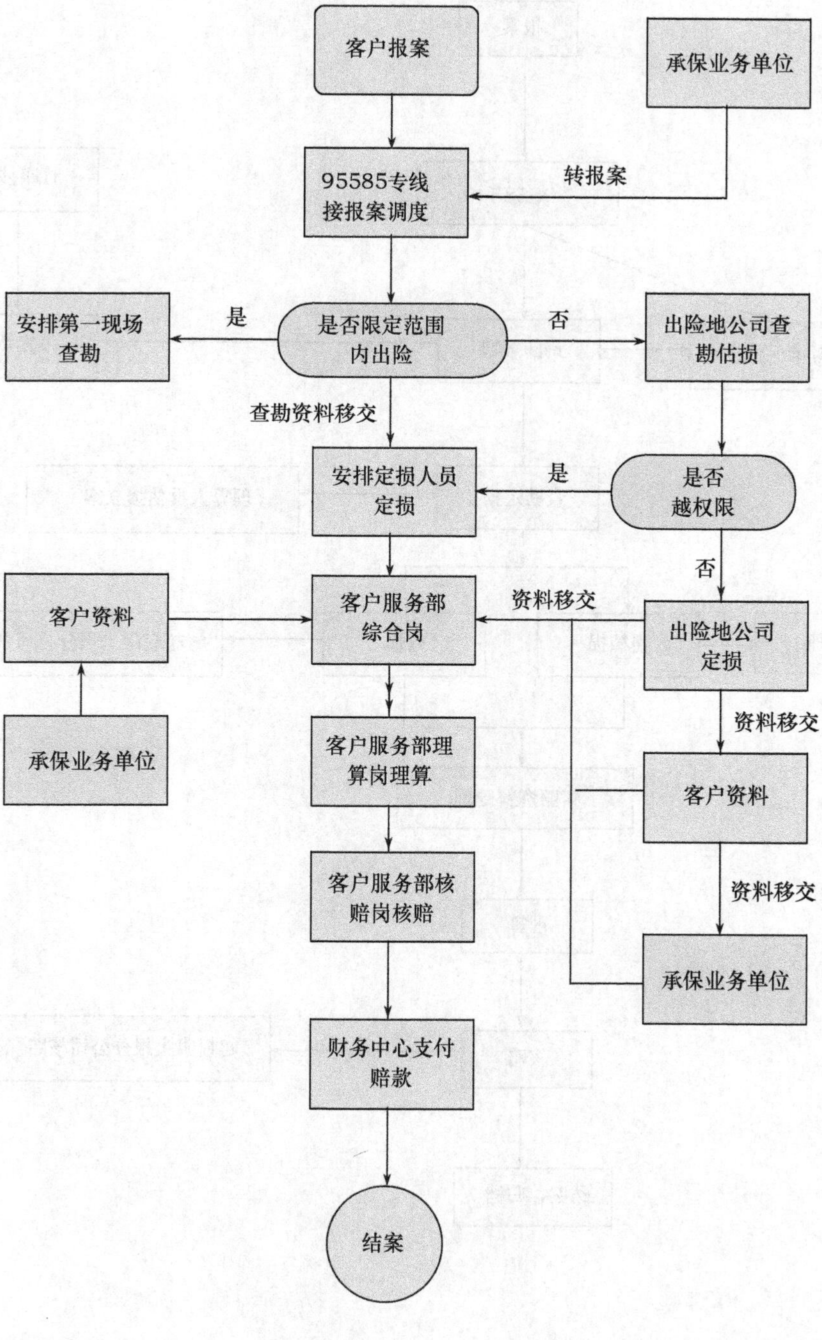

9. 中华联合财险理赔流程

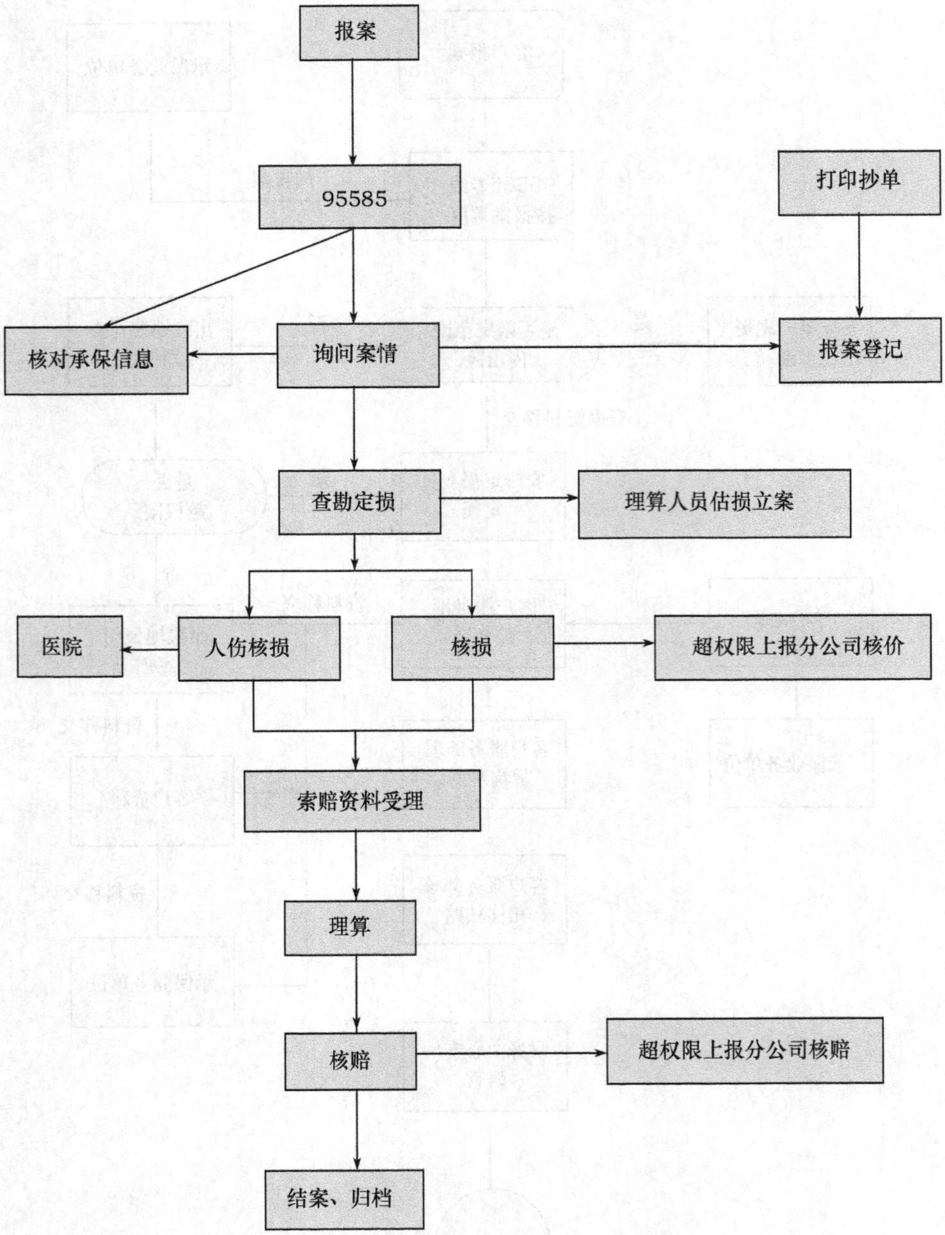

10. 报险、调度及查勘流程图

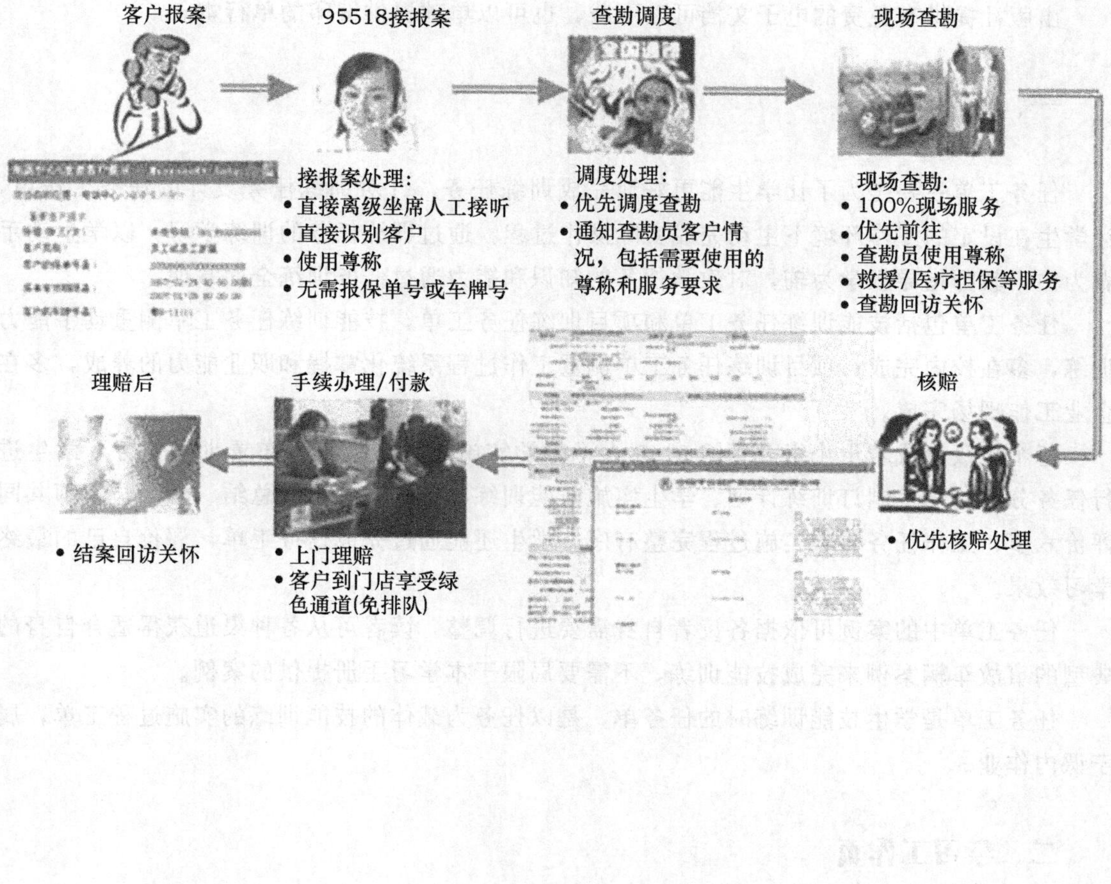

附录B 学生手册

学生手册主要是帮助学习的手册，建议配合《事故车的查勘与定损》教材使用。主要包括任务工单、学习工作页和考核评价。本附录仅提供主要的样本以供借鉴。

出版社提供有免费的电子文档可以下载，也可以单独提供编印的单行本。

一、任务工单

任务工单主要是为了让学生能更好地完成训练任务，针对训练任务设计的任务工作单，让学生在设定的工作环境下主动完成实际操作过程，通过训练任务的训练学习，以学生动手做为主，教师指导教学为辅，对教学任务的知识和能力通过任务训练全面掌握。

任务工单包括技能训练任务工单和项目训练任务工单，技能训练任务工单侧重动手能力训练，多在校内完成；项目训练任务工单侧重工作过程系统化掌握和职业能力的养成，多在企业工作现场完成。

每个班级分成若干小组，每组3～5人，教学实施过程包括教师布置训练任务、学生进行任务分析、学生制订训练计划、学生实施技能训练、分组开展自我总结、学生与教师共同评价六步，工作任务教学实施过程完整有序。学生还能通过完成任务工单，评价自己的最终学习效果。

任务工单中的案例可依据各读者自身需要进行调整，读者可从各种渠道获得适合自身的典型的事故车辆案例来完成技能训练，不需要局限于本学习手册提供的案例。

任务工单是学生技能训练时的任务单，是以任务为载体的技能训练的实施过程工单，属于课内作业。

二、学习工作页

学习工作页主要是考核学生对教学任务的掌握，通过对教学任务的学习，完成相关的作业。学习工作页侧重对理论知识的掌握和动手技能要点的记忆。

学习工作页是通过教师边做边教的引导和示范，学生配合学习的巩固与加强作业，属于课后作业。

三、考核评价

考核评价的目的是指导和督促学生系统地复习和巩固所学知识及技能，调动学生学习的主动性和积极性，督促学生主动将理论学习与工作实际相结合，提高学生分析与解决实际问题的能力，培养学生的创新精神和创新思维，培养本专业高技能人才。

1. 强调过程评价，实现过程评价和结果评价相结合

在评价方法上既要对考核结果进行终结性评价，也应重视对教学过程中学生的学习情况与进步程度进行过程性评价；逐步对教学形成良性、健康的导向，促进学生注重过程积累，淡化期末考试。强调最终的评价应指向实现这个教育目标的全过程，而不仅仅是一个结果。

因此，考核评价应联系学生的行为表现，考查学生在某一阶段内与教学目标相关的行为表现的全过程。

2. 突出能力考核，引进真实性评价

以能力考核促进高职教学向能力本位转型，切实提高学生就业能力，促进高职学生的全面发展。坚持以“能力为本位”的指导思想，通过全面素质培养提高学生的就业能力。改变“一考拿学分”、忽视学生能力提高的倾向，根据不同学习内容、不同教学方法、不同训练方式确定切实可行的课程考核方式。

引进真实性评价，真实性评价是指当一个评价使学生进入一个具有重要意义的任务时，这个评价就是真实的。这些任务来自于企业、社会的真实需要，至少是有真实背景的模拟课题。并发生在学生的真实生活中，对学生意义重大。着眼于学生实际能力的培养，从行业、工作岗位的实际需要出发，制订各门课程的评价标准。学生是否真的具备胜任岗位工作要求的能力，要通过能反映学生实际能力水平的考核方法来加以评价，也就是说需要反映学生技术、业务实际工作能力的真实性评价。

3. 重视全面评价，多方面构成考评成绩

重视学生学习过程的全面评价，构成完整的考评成绩体系。课程成绩＝教学任务考核成绩（45％）＋项目训练考核成绩（35％）＋综合训练考核成绩（20％）。

考核评价是提供给教师和学生的，让他们通过贯穿全过程的考核评价来完成本课程学习效果的评价认定。

任务1　报案与处理　学习工作页

情境一	交通事故的判别与处理	姓名		日期	
任务1	报案与处理	班级		组别	
1. 报案的方式 2. 简述交通事故的处理流程： （1）交通事故当事人 （2）处理交通事故的交警					

（续）

情境一	交通事故的判别与处理	姓名		日期	
任务 1	报案与处理	班级		组别	

3. 想一想，下列三起交通事故分别属于什么类型的交通事故以及该如何处理（提示：是否需要报警、报险以及如何把握报险时机，是否可以采用“互碰自赔”的方式）

（1）2009 年 2 月 3 日，张某驾驶其标致 307 在行驶到武黄高速公路鄂州段时，为超越前面的车辆而引发交通事故，标致 307 撞到隔离带上，所幸制动及时未造成人员伤亡，但是车辆受损严重已无法行驶。

（2）2007 年 12 月 13 日 7 时 55 分左右，在和平区常德道与民园体育场西门，某公司的桑塔纳轿车由于超车而与前方的运钞车相撞。事故造成运钞车和桑塔纳受损，但受损程度不大。

（3）2008 年 12 月 10 日晚 9 时 40 分许，一辆牌号为湘 C. 21538 的黑色小车在由北向南行驶下桥时，迎面与一辆牌号为湘 A. 63740 的白色小货车发生碰撞，又径直撞向一辆由南往北行驶的牌号为贵 H. 03066 的蓝色大货车。事故造成一名妇女当场死亡，另外还有 3 人受伤。

评语：

教师：

时间：

任务1　报案与处理　考核评价

学习情境一	交通事故的判别与处理	姓名		班级	
学习任务1	报案与处理	组别		日期	

考核项目			教师评判					分数	得分
平时表现	为人正直、有责任心		是 □	否 □				4	
	性格沉稳、办事严谨		是 □	否 □				4	
	时间观念强		强 □	不强 □				4	
	具有较强的适应能力		是 □	否 □				4	
	善于协调、沟通工作		是 □	否 □				4	
学习工作页	知识掌握程度		熟练 □	一般 □	不熟练 □			10	
	分析问题的能力		强 □	一般 □	不　强 □			10	
训练任务考核	任务方案	小组讨论的方案是否合理	合理 □	不合理 □				10	
	过程总结	操作过程是否规范	规范 □	不规范 □				20	
	最终答辩	答辩效果	好 □	一般 □	差 □			10	
学习过程评估	表格填写情况		记录技巧□	详细程度□	规范程度□			6	
			仔细程度□	书写情况□	填写速度□				
	电话沟通情况		交流技巧□	耐心程度□	沟通要点□			3	
	电话服务情况		语言亲和力□	服务意识□	服务理念□			3	
	团队协作情况		团队荣誉感□	协作能力□	领导能力□			3	
	学习工作态度		谦虚□	诚恳□	刻苦□	努力□	积极□	5	

教师评价：

教师：

时间：

任务2 报险与接险 学习工作页

情境一	交通事故的判别与处理	姓名		日期	
任务2	报险与接险	班级		组别	

1. 报险电话你知道吗？

人保：____________；太保：____________；平安：____________；大地：____________。

2. 报险的方式及要素

3. 在实施调度过车中采用的原则

4. 回访的目的

评语：

教师：

时间：

训练任务一、查勘人员的交通事故接险　任务工单

<table>
<tr><td>学习情境一</td><td>交通事故的判别与处理</td><td>日 期</td><td></td></tr>
<tr><td>训练任务 1</td><td>查勘人员的交通事故接险</td><td>班 级</td><td></td></tr>
<tr><td>指导教师</td><td></td><td>组 别</td><td></td></tr>
<tr><td>任务地点</td><td></td><td rowspan="2">姓 名</td><td rowspan="2"></td></tr>
<tr><td>完成时间</td><td></td></tr>
<tr><td>所需设备</td><td colspan="3">电话、上网电脑、接待桌椅、《机动车辆出险信息表》、《业务出险登记表》、《出险立案查询表》、索赔单证</td></tr>
<tr><td>任务描述</td><td colspan="3">2009 年 2 月，四方房产公司司机驾本田雅阁在浦东杨高南路上突然撞向路边隔离栏，造成特大交通事故。事发后，肇事司机将车辆开离现场。因该车此前已投保，四方公司立即通知保险公司。但对事故报案，四方公司却在次日早晨 7 时才到交巡警大队报案。经交管部门认定，对这起事故，肇事司机负全责。
</td></tr>
</table>

1. 资讯

教师分析案例提出引导问题，学生通过小组讨论、查找和教师指导等形式获得准备工作的信息。

(1) 该起交通事故是属于什么类型的交通事故？

(2) 单方肇事当事人事故处理流程？

2. 决策

● 学生小组讨论确定当事人的报险方案：

(1) 方案1：电话报险？

(2) 方案2：网上报险？

(3) 方案3：到保险公司报险？

(4) 方案4：业务员转达报险？

(5) 方案5：传真报险？

● 学生小组讨论确定保险公司接险方案，将下面内容排序：

接险、调度、现场查勘、事故定损、事故车辆维修、结算

3. 计划

● 工作分配：以6人为一组进行训练，______人代表当事人实施报险和现场处理，______人作为保险公司接险，______人作为查勘定损人员现场处理，______人分析、记录、评估。

● 时间安排：报险（______分钟）＋当事人现场处理（______分钟）＋接险及调度（______分钟）＋查勘定损人员现场处理（______分钟）＋分析、记录（______分钟）。

● 工作步骤：按照小组讨论的决策方案______实施。

● 设备和工具：需要准备哪些设备和工具？

4. 实施

(1) 报险电话：

中国人保：　　　　　　　　　　中华联合：

中国太保：　　　　　　　　　　中国平安：

(2) 报案方式的选择及报险时机的把握？

(3) 利用车险理赔系统，查询保单信息。

(4) 调度的原则

(5) 完成下面单证的填写：

① 出险登记表（见附录常见单证）。

② 查勘员出险通知（见附录常见单证）。

③ 异地出险，代理查勘并填写单证（见附录常见单证）。

5. 检查

- 自查：

自查人：

- 互查：

互查人：第　　组，组长：

6. 教师评估

教师签名：

日　　期：

任务3　查勘前的准备　学习工作页

情境二	轻微交通事故车的查勘与定损	姓名		日期	
任务3	查勘前的准备	班级		组别	

1. 你认为作为一名合格的查勘定损人员，应具有怎样的素质，定损人员到达现场的首要任务是什么？

2. 查勘定损人员在查勘前要做哪些准备工作？

3. 分析几种附加机动车险的用途。

（1）如果车主没有投保玻璃单独破碎险，是不是以后玻璃破了都得不到理赔？

（2）车上货物掉落砸伤路边停放的其他车辆，保险公司能不能给予理赔？

（3）投保了不计免赔险，车辆被盗也能获得100%赔付吗？

4. 简单叙述现场勘查的任务和内容包括哪些？

评语：

教师：

时间：

任务 4 现场车损照片的拍摄 学习工作页

情境二	轻微交通事故车的查勘与定损	姓名		日期	
任务 4	现场车损照片的拍摄	班级		组别	

1. 当交通事故发生后，当事人或保险公司人员该如何对事故车进行拍照才能作为理赔的证明材料？

王先生在十一期间驾车去外地游玩，但是不小心在倒车的时候撞到树，他观察了一下车辆的受损程度并不影响安全驾驶。于是给保险公司打电话，在保险公司人员无法赶到现场的情况下，让王先生自己拍摄现场照片，请问该如何进行拍摄？

2. 下面的几张照片拍摄对不对，为什么？

评语：

教师：

时间：

项目训练二、轻微事故车的查勘与定损　任务工单

项目训练一	轻微事故车的查勘与定损	日　期	
		班　级	
指导教师		组　别	
任务地点		姓　名	
完成时间			
所需设备	数码照相机、定损笔记本电脑、卷尺、手电筒、笔、记录本、出险报案表、报单抄件、索赔申请书、报案记录、现场查勘记录、索赔须知、询问笔录、事故车辆损失确认书等		
任务描述	根据具体的临时案件实例进行描述		

1. 资讯

- 教师分析事故提出引导问题，学生通过小组讨论、查找和教师指导等形式获得准备工作的信息。

(1) 该起交通事故是属于什么类型的交通事故？

(2) 查勘人员到达事故现场前该准备哪些东西，到达现场后应该怎样进行拍照？

2. 决策

- 小组讨论确定查勘人员查勘前应该准备哪些工具和资料：

- 小组讨论确定查勘人员查勘时拍照的步骤，将下面内容排序：

全景照、45°受损部位整车照、近距离接触受损照、车和物受损部位照

- 小组讨论拍摄的内容，并填写相关单证：

3. 计划

- 工作分配：以 6 人为一组进行训练，______人作为当事人报险，______人作为接线员接险、调度员实施调度，______人作为保险公司查勘人员现场拍照，______人分析、记录、评估。
- 时间安排：报险（______分钟）＋当事人现场处理（______分钟）＋接险及调度（______分钟）＋查勘定损人员拍照（______分钟）＋分析、记录（______分钟）。
- 工作步骤：

- 设备和工具：

4. 实施

（1）准备相关设备和单证：

（2）数码照相机的使用：

（3）查阅抄单，了解案情：

（4）填写相关单证：

① 立案登记——并填写（见附录常见单证）

② 填写出险通知书（见附录常见单证）

③ 现场询问，并填写单证（见附录常见单证）

④ 现场拍照，并将打印照片贴在粘贴纸上（见附录常见单证）

⑤ 定损，并填写修理项目清单（见附录常见单证）

5. 检查

- 自查：

自查人：

- 互查：

互查人：第______组，组长：

6. 教师评估

教师签名：
时　　间：

任务5　现场测量、绘制草图　学习工作页

情境三	一般事故车的查勘与定损	姓名		日期	
任务5	现场测量、绘制草图	班级		组别	

1. 现场测量的基本内容有哪些，一个完整的现场图所要反映的信息有哪些？

2. 按规范绘画出现场图的图形符号？

(1) 客车平面图　(2) 轿车平面图　(3) 自行车平面图

(4) 指示标志　(5) 人行横道灯　(6) 轮胎侧滑印

3. 如何进行事故现场定位，定位的方法有哪些？

4. 如下图所示，简要对这起事故进行说明，并指明现场图上的一些符号和参数表示什么意思？

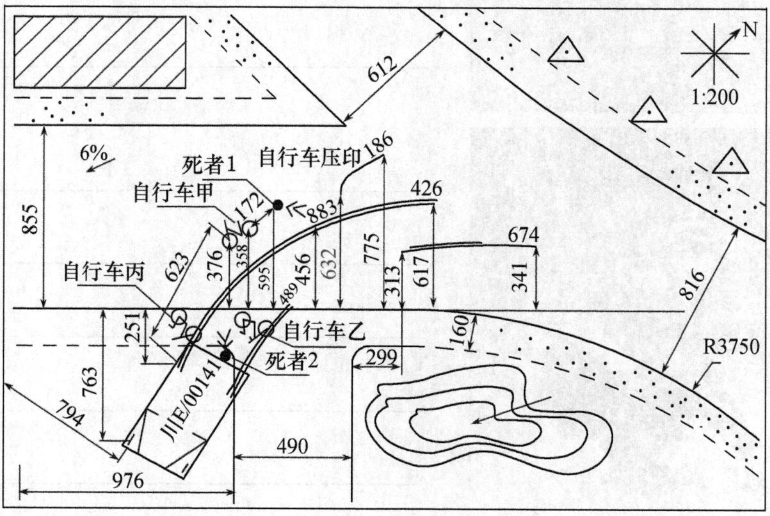

评语：

教师：
时间：

任务6　收集物证、缮制查勘记录　学习工作页

情境三	一般事故车的查勘与定损	姓名		日期	
任务6	收集物证、缮制查勘记录	班级		组别	

1. 交通事故发生后，现场提取的物证基本性质是什么，有哪些物证种类？

2. 在进行缮制查勘记录时，记录的主要内容包括哪些，注意非现场查勘的要点有哪些？

3. 如下图所示，请问交警在做什么，对于交通事故处理来说有何意义？

评语：

教师：

时间：

任务7 事故车维修方案的确定 学习工作页

情境四	重大事故车的查勘与定损	姓名		日期	
任务7	事故车维修方案的确定	班级		组别	

1. 交通事故发生后，定损人员在对事故车进行定损时，车主觉得某些零部件总成受损严重希望更换，事故损失确定过程中应坚持哪些定损原则？

2. 如下图所示，在维修方案制定过程中，是否可以修复，该怎样修复？

评语：

教师：

时间：

任务8 材料、工时费的核定 学习工作页

情境四	重大事故车的查勘与定损	姓名		日期	
任务8	材料、工时费的核定	班级		组别	

1. 维修成本构成主要包括哪些内容，下图所示的引擎盖、制动油壶采用什么材料，材料费该如何核定？

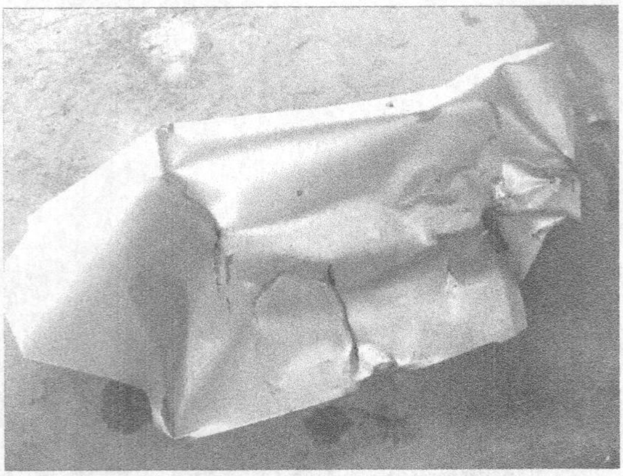

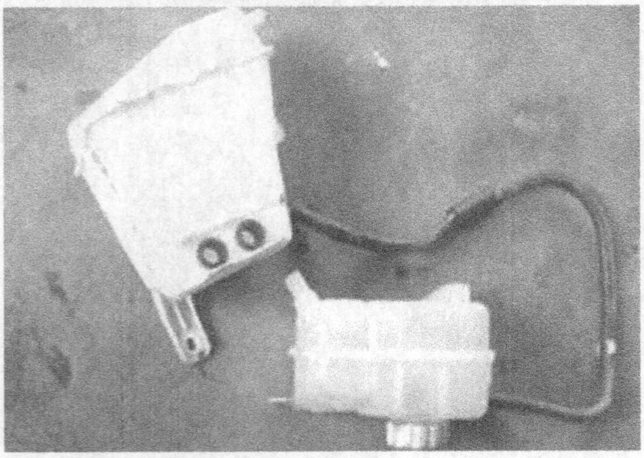

2. 工时费包括哪些内容，该如何核定？

3. 什么是零配件管理费，管理费该如何进行核定？

评语：

教师：

时间：

任务 9　现场施救和人员伤亡处理　学习工作页

情境五	特大事故车的查勘与定损	姓名		日期	
任务 9	现场施救和人员伤亡处理	班级		组别	

2006 年 10 月 1 日中午，吕某驾驶公路运输（集团）利民出租汽车有限公司的客车从江北区驶向沙坪坝区，行至沙坪坝区石门大桥南桥头时，客车冲上 0.37m 高的桥梁路沿，撞坏大桥护栏后，坠落 19.3m 高的桥下，车辆实载 50 人，现已造成 30 人死亡，20 人受伤，其中重伤 10 人。

1. 事故现场比较混乱该如何进行现场施救，采用什么样的方式？

2. 在特大交通事故中，人员伤亡处理是最主要的，其中人员伤亡费用该如何进行核定？

3. 在人员伤亡处理中，不符合保险赔偿范围的费用包括哪些？

评语：

教师：

时间：

任务10 残值的处理 学习工作页

情境五	特大事故车的查勘与定损	姓名		日期	
任务10	残值的处理	班级		组别	

1. 简述特大事故的损失确认包括哪些？

2. 交通事故发生以后，事故车残值是如何进行处理？

3. 分析下图发生特大事故的事故车车损照片，请问该如何进行定损？

评语：

教师：

时间：

任务 11　水灾事故车的查勘定损　学习工作页

情境六	特殊事故车的查勘与定损	姓名		日期	
任务 11	水灾事故车的查勘定损	班级		组别	

1. 简述导致水灾事故车的起因有哪些，查勘定损的重点是什么？

2. 写出水灾事故车现场查勘的步骤，以及如何区分是动态水灾还是静态水灾？

3. 如下图所示，在汽车水灾事故中是什么情况下导致连杆断裂，是否可以进行索赔，理由是什么？

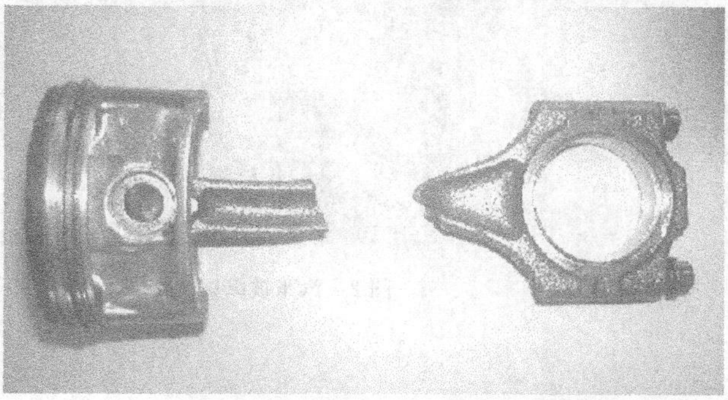

评语：

教师：

时间：

任务12　火灾事故车的查勘定损　学习工作页

情境六	特殊事故车的查勘与定损	姓名		日期	
任务12	火灾事故车的查勘定损	班级		组别	

1. 简述导致机动车火灾事故的起因有哪些，查勘定损的重点是什么？

2. 在现场查勘的时候，如何区分自燃还是非自燃？

3. 如下图所示，是否可以得到索赔，若要能够被索赔需要什么条件？

图1　雷诺自燃

图2　汽车被纵火焚烧

评语：

教师：

时间：

附录C 常见单证

车险理赔单证表（非人伤案件）

案件类型	保险公司内部单证	客户提供单证
小额快速处理案件	小额案件查勘定损记录	行驶证、驾驶证原件拍照，留存复印件
	索赔申请书和材料交接单，赔款收据	委托书（可下载）；被保险人和领款人身份证原件出示，留存复印件
		交警认定书、调解书或当事人自行协商的协议书
常规案件	查勘报告、损失确认书	交警处理的，事故认定书、调解书；非交警处理的，当事人处理协议或其他证明
		行驶证、驾驶证原件拍照，留存复印件
	索赔申请书和材料交接单、赔款收据	委托书（可下载）；被保险人和领款人身份证原件出示，留存复印件
全车损失案件	查勘报告、损失确认书	交警认定书或其他事故证明
	索赔申请书和材料交接单、赔款收据	行驶证原件、驾驶证复印件
		购车发票、机动车登记证原件
		车辆注销证明
		委托书（可下载）；被保险人和领款人身份证原件出示，留存复印件
全车盗抢案件	盗抢案件询问笔录	全套车钥匙原件
		购车发票、机动车登记证、行驶证原件
		公安机动车盗抢立案证明、未破案证明
	索赔申请书和材料交接单、赔款收据	车辆档案封存证明、养路费报停手续
		权益转让书（可下载）
		委托书（可下载）；被保险人和领款人身份证原件出示，留存复印件
火灾或自燃案件	查勘报告、损失确认书	消防部门火灾原因证明或火灾原因鉴定结论
		行驶证、驾驶证原件拍照，留存复印件
	索赔申请书和材料交接单、赔款收据	委托书（可下载）；被保险人和领款人身份证原件出示，留存复印件

备注：

1. 权益转让书与委托书可从 www.95590.cn 网站上下载。
2. 本表仅供参考，具体赔案所需单证请以当地机构理赔人员告知为准。

理赔服务咨询电话：95590　　投诉受理电话：95590

车险理赔单证表（人伤案件）

单证类型		所需单证	备　注
事故单证	事故处理单证	事故认定书、调解书或法院判决书、调解书	同时涉及车损、人伤的，车损及人伤单证均需提供
		交通事故经济赔偿凭证	
		行驶证、驾驶证原件拍照，留存复印件	
	事故调查单证	人伤案件调查报告（内部提供）	
	事故理赔单证	人伤费用拟算表（内部提供）	
		索赔申请书和材料交接单；赔款收据（内部提供）；委托书（可下载）；被保险人和领款人身份证原件出示，留存复印件	
费用单证	医疗费	住院病历	涉及相关费用时，才提供相关单证
		医疗费发票（门诊治疗需提供处方发票）	
		住院费用明细清单	
		诊断证明	
		出院小结	
		医疗费用审核说明表（内部提供）	
	护理费	护理证明	
		护理人员身份证明；工资、收入证明	
	误工费	误工证明	
		误工人工资、收入（减少）证明	
	交通费	交通费票据	
	住宿费	住宿费发票	
	死亡赔偿金（丧葬费）	死亡证明或鉴定结论	
		死者身份证或户口原件出示，留存复印件	
	残疾赔偿金	残疾鉴定结论	
		受害人身份证原件出示，留存复印件	
	被扶养人生活费	户口原件出示，留存复印件	
		共同扶养人数证明	
	残疾辅助器费	配置证明、购买发票	

备注：

1. 内部提供是指本单证由保险公司提供，委托书可从 www.95590.cn 网站上下载。
2. 本表仅供参考，具体赔案所需单证请以当地机构理赔人员告知为准。

理赔服务咨询电话：95590　　投诉受理电话：95590

服务专线登记表

编号：

出险情况登记	来电人姓名		联系电话				
	驾驶员	男/女	联系电话				
	出险时间		出险地点				
保险标的承保情况	被保险人		车主				
	牌照号码		厂牌型号		颜色		
	保险单号		保险险别	车损	三者	车上人员	货物
	保险证号		保险金额				
	保险期限		承保部门		业务员		
电话受理内容	保险事故概要：(咨询情况概要、投诉情况概要、救援情况概要等)						
	保险标的损失情况及停放地点：						
调度处理	调度时间：		查勘定损人员：				
	到达现场时间：		定损完毕时间：				
	估损金额：	标的车损：	三者损失：	其他损失：			
跟踪回访记录	回访时间：						
	客户意见：						
备　注：							
专线员签名：		记录时间：					

机动车辆保险出险通知书

被保险人			保单、批单号		
车牌号码		厂牌型号		发动机号	
车架号		吨/座位	吨/座	初次登记年月	
出险时车辆使用性质	营业运输□ 非营业运输□		驾驶员姓名		男/女
驾驶证号		准驾车型		初次领证时间	
出险时间			出险地点		
保险期限：自 年 月 日零时起至 年 月 日二十四时止。					
出险情况，主要原因及施救经过：					
损失项目、数量、程度及估损金额：					
本车损失：车损 元； 人员：伤□ 人，亡□ 人； 货物： 元 施救费用： 元； 其他： 元。 合计： 元					
第三者损失：车损 元； 人员：伤□ 人，亡□ 人； 货物： 元 施救费用： 元； 其他： 元。 合计： 元					
杂支费用： 元。					
经办部门意见： 电脑报案编号： 电脑立案编号： 经办人（签字）： 经办日期：			驾驶员（签字）： 联系地址： 联系电话： 报案时间： 被保险人（签字）：		

代理查勘委托书

代查勘业务编号：

______________________公司：

我公司签发的____________除第____________号保险单项下的被保险人____________的____________，于________年________月________日________时在________省（自治区）____________市（地区）____________县（区）____________公路（地段），因____________出险致损，现委托贵公司办理如下事宜：

1. 代查勘。

2. 代定损，如损失金额在____________万元以上，请速通知我公司。

3. 查勘定损完毕后，请将查勘记录、定损协议、事故照片等全套查勘定损资料及查勘费用收据邮寄或（交由____________带回）我公司。

谢谢合作！

中华联合财产保险公司　　　公司

年　　月　　日

被保险人联系电话：	联系人：
我公司地址： 联系电话： 经办人：	邮编： 传真：
备注：	

机动车辆保险赔案照片粘贴用纸

保险车号牌号码：	是否是第一现场： □是 □不是
三者车号牌号码：	是否在修理厂家拍照： □是 □不是 车辆是否已经解体： □是 □不是
拍照人：	事故照片数量 张
事故照片情况说明：	照片粘贴处：

PICC 中国人民财产保险公司

The people's insurance company of china

机动车辆保险车辆损失情况确认书

修理项目清单

承保公司：

报案编号：　　　　共　　页，第　　页　　　　条款类别：车损

保险单号：　　　　厂牌型号：

保险金额：　　　　号牌号码：

序号	修理项目名称	工时	工时费	材料费	备注
小计：					

核准人：　　　　定损复核人：　　　　定损制单人：

年　　月　　日

交通事故现场图

时间	年 月 日	地点		天气	路面性质
说明：					
			绘制时间： 年 月 日 时 分		

查勘员 绘图员 当事人或见证人签字

询问笔录（第　　次）

时间______年______月______日______时______分至______年______月______日______时______分

地点______________________________

询问人________________工作单位________________

记录人________________工作单位________________

被询问人________性别______出生日期__________文化程度______

户籍所在地（国籍、护照号）________________________

现住址及身份证号____________________________

工作单位及联系电话____________________________

问：我们是____________的民警，现依法向你询问有关问题，请你如实回答。对与本案无关的问题，你有拒绝回答的权利，你听清楚没有？

答：______________________________

被询问人（签名、指印）：　　　　　　　　第　　页共　　页

保险事故现场查勘询问笔录

第________次 共________页

年　　月　　日

自　　时　　分开始

至　　时　　分结束

询问地点：____________________

询问人姓名：__________　　单位：______________________________

被询问人姓名：__________　性别：______　出生年月日____________________　民族________

身份证件号码：____________________文化程度：________联系电话：____________________

现住地址：____

工作单位：____

被询问人与本次事故当事人________是______________________________关系

兹将询问内容记录如下：

问：我们是______________________的定损员（出示证件），依照《保险法》和保险条款的规定，我们将就您所报案件的真实性进行调查询问，希望您能理解和配合，回答情况要属实，因为任何虚假的证词都可能导致保险人依照法律和保险条款的规定行使拒赔权或诉诸法律。

问：____

答：____

被询问人（签字、手印）：____________

机动车辆保险车辆损失情况确认书

承保公司：

报案编号：　　　　　　　　　　　　　　　　　　　　　　　　条款类别：

<table>
<tr><td colspan="4">被保险人：</td><td>出险时间：</td></tr>
<tr><td colspan="4">保险单号：</td><td>出险地点：</td></tr>
<tr><td colspan="4">保险金额：　　　号牌号码：</td><td>事故责任：□全部　□主要　□同等　□次要　□无责　□单方</td></tr>
<tr><td colspan="5">厂牌型号：</td></tr>
<tr><td>制造年份</td><td></td><td colspan="2">发动机号：</td><td>定损时间：</td></tr>
<tr><td colspan="4">车架号码（VIN 号）：</td><td>定损地点：</td></tr>
<tr><td colspan="4">发动机型号：</td><td>变速器形式：□手动档　□自动档</td></tr>
<tr><td colspan="4">送修时间：　　　修复竣工时间：</td><td>报价公司：□总公司　□省公司　□地市公司</td></tr>
<tr><td colspan="5">损失部位及程度概述：</td></tr>
<tr><td colspan="5">换件项目共计　　项，总计金额：（人民币大写）　　　　（￥：　　　元）
修理费总计金额：（人民币大写）　　　　（￥：　　　元）
残值作价金额：（人民币大写）　　　　（￥：　　　元）</td></tr>
<tr><td colspan="5">保险合同当事人各方经协商，同意按本确认书及所附《修理项目清单》及零部件更换项目清单载明的修理及更换项目为确定本次事故损失范围的依据，并达成如下协议：
1. 本确认书所列修理费总计金额均已包含各项税费，其为保险公司认定的损失最高赔付金额，超过此金额部分，保险公司不予赔付。
2. 修理项目、修理工时费及修理材料费以所附《修理项目清单》为准。
3. 更换项目及换件工时费以所附《零部件更换项目清单》为准。
4. 更换项目需要报价的，本确认书只确认更换项目的数量，金额及换件工时费以所附《零部件更换项目清单》中的保险公司报价为准。</td></tr>
<tr><td colspan="2">保险公司定损员

签章：

年　月　日</td><td colspan="2">被保险人

签章：

年　月　日</td><td>

年　月　日</td></tr>
</table>

机动车辆保险结案报告书

承保公司：　　　　　　　　　　　　条款类型：　　　　　　　　　　　　立案编号：
被保险人：　　　　　　　　　　　　保单号码：　　　　　　　　　　　　赔案编号：

_____年_____月_____日_____时，驾驶人员（姓名）：__________（驾驶证号码：__________；驾龄：______；准驾车型______）驾驶（号牌号码：__________；厂牌型号：__________）车辆，因__________原因发生__________（出险原因）事故，造成保险损失。

接到报案后，由______和______及______同志于______年______月______日到__________（地点）进行了查勘。根据查勘情况以及有关证明材料，认定该事故属__________（险种）保险责任。此次事故经__________认定被保险人负______责任，被保险人应承担______%的损失。

本车承保情况如下：

被保险人应缴保费：______元，已缴付______元。

经过（□第一现场　□第二现场）定损，本次事故损失核定如下：（按险种列明）

经计算，赔款建议如下：（按险种列明）

赔款总计：

报告人：

日期：______年______月______日

机动车辆特约救助书

承保公司：　　　　　　　　　　　　　　　　救助通知编号：

保险公司求助通知					
	被保险人			保险单号码	
	驾驶人员姓名		联系电话	救助车辆颜色	
	厂牌型号		号牌号码	救助类型：□车险条款救助　□其他救助	
	发生事故时间	年　月　日　时　分		付费方式：□免费救助　□现场收费救助	
	救助项目：□拖车　□简单故障　□送电　□送油　□更换轮胎　□其他（　　　）				
	救助（事故）地点			车辆送至地点	

救助协作单位（名称）________________

我公司承保的上述机动车辆发生事故，请贵单位自接到本《通知书》后，立即按本《通知书》中所列的救助地点、救助内容和救助结算方式，对我公司的保险车辆给予救助。

95585 人员工号：　　　　　　　　　　　　保险公司签章：

姓名：　　　　　　　　　　　　日期：

救助项目：□拖车　□简易　□故障　□送电　□送油　□更换轮胎　□其他（　　　）			
救助（事故）地点		车辆送至地点	
拖运路线		救助距离	公里
收费标准	（计算公式）		
救助费用（金额）	（人民币大写）　万　仟　佰　拾　元整		￥：　　元

救助车到达时间：　　　　年　月　日　时　分

救助单位经办人（签字）　　　　　　　　被救助车辆驾驶员：

对救助服务确认（签字）：

救助协作单位（签章）：　　　　　　　　确认时间：　年　月　日

年　月　日

中华联合财产保险公司________________：

我单位（个人）的机动车辆在使用过程中发生事故，得到了以上救助单位的及时救助，我单位（个人）对救助单位提供的以上救助服务项目确认无误。本人声明，将本次救助服务所发生费用的索赔权益转让给该救助单位，以便于该救助单位代表本人向贵公司办理本次救助费用的索赔事宜。

此致

被保险人签章：

签字人身份证号码：

授权日期：　　年　月　日

预付赔款申请书

<table>
<tr><td>被保险人</td><td></td><td rowspan="2">保险金额</td><td>车损险</td><td>三者险</td><td>车上人员</td><td>货物</td><td>其他</td></tr>
<tr><td>保险单号码</td><td></td><td></td><td></td><td></td><td></td><td></td></tr>
<tr><td>保险期限</td><td></td><td>出险日期</td><td colspan="5"></td></tr>
<tr><td>保险责任</td><td></td><td>损失金额</td><td colspan="5"></td></tr>
<tr><td colspan="8">申请理由及预付金额：

申请人签章：　　　年　　月　　日</td></tr>
<tr><td colspan="8">经办公司意见（盖单）：</td></tr>
<tr><td colspan="4">负责人：　　　　经办人：</td><td colspan="4">年　　月　　日</td></tr>
<tr><td colspan="8">中支公司意见（盖章）：</td></tr>
<tr><td colspan="4">负责人：　　　　经办人：</td><td colspan="4">年　　月　　日</td></tr>
<tr><td colspan="8">分公司意见（盖章）：</td></tr>
<tr><td colspan="4">负责人：　　　　经办人：</td><td colspan="4">年　　月　　日</td></tr>
<tr><td colspan="8">注：本表一式二份，一份附赔案卷内；一份交计财部门做记账凭证附件。如整个赔案赔款预计超过经办公司核赔权限的，还须报上级公司审批。</td></tr>
</table>

湖北省道路交通事故车物损失价格鉴定委托书

（20 ） 号

____________________：

____________（单位/车主）的车辆，车牌号：____________，车辆类型：________，发动机号：____________，厂牌型号：____________，识别码/车架号：____________，该车于______年______月______日在____________地段发生交通事故，停放在____________。现委托你机构对该车及受损物品的损失价值予以价格鉴定。

需鉴定的物品（建筑物/设施/车载物）是：

附：1.《机动车行驶证》复印件

2. 其他需要提供的材料：

委 托 人：（签名或盖章）

联系电话：

委托日期： 年 月 日

编号：

受理回执

____________________：

我单位现已正式接受你方委托____________的车物损失价格鉴定，拟定______年______月______日______时______分到现场勘查检验，请依时参加。

委 托 方：（盖章）

联 系 人：

联系电话：

年 月 日

湖北省道路交通事故车物损失价格鉴定结论书

［20　　］　　号

车属单位（车主）		车牌号码	
当事人（委托人）		事故时间	
事故地点			

根据《中华人民共和国价格法》、《中华人民共和国道路交通安全法》及《湖北省道路交通事故车物损失价格鉴定操作规程》等有关规定，受____________委托，对该事故车辆及物品之损失价格进行了鉴定。

经鉴定，损失价格结论如下：

1. 更换零配件　　项，价格为人民币：　　　　　元；

2. 修理项目　　项，价格为人民币：　　　　　元；

车辆损失价格合计（1项+2项）为人民币：　　　　　元；

3. 车载物品　　项，损失价格为人民币：　　　　　元；

4. 建筑物或设施等　　项，损失价格为人民币：　　　　　元。

鉴定损失总价为人民币（大写）：仟　佰　拾　万　仟　佰　拾元整（¥______________元）。

附注：1. 车辆损失价格鉴定结论明细表（共　　页）；

2. 物品/设施损失价格鉴定结论明细表（共　　页）；

3. 双方当事人（或委托人）如对此鉴定结论书有异议的，可在接到鉴定书7个工作日内向处理该起事故的公安交通管理部门或原价格鉴证（评估）机构提出补充鉴定或重新鉴定的书面申请。

价格鉴定人员：（签名）　　　　　　价格鉴定机构（盖章）

二〇　　年　　月　　日

第一联：交委托人